郑州升达经贸管理学院年鉴编委会

主　　任	王淑芳					
副 主 任	王新奇	雷　霆	张　欣			
委　　员	张金安	吴益民	张其武	杨存博	张红阳	朱永恒
	秦　旻	韦杨建	沈定军	袁　征	罗秉鑫	王新平
	张延霞	李　博	刘景向	冯　科	晁国立	李保华
	岳桂英	顿雁峰	程敏姿	李霄锋	王　铮	何　伟
	钟江鸽	张景空	张　蕾	纪德尚	职正路	郭　峰
	白朋飞	白　鑫	张现水	张　梦	石皓召	段丰乐
	刘晓川	李惠莉	张小雁	杨开云	韩炎涛	张王利
	杨明志	王　凯	陶金仓	王宪政	窦　峰	王莉莉
	张志银					

郑州升达经贸管理学院年鉴编辑部

主　　编	雷　霆	张　欣				
副 主 编	杨存博	朱永恒	秦　旻			
执行编辑	徐　珩					
编　　辑	袁向阳	刘　帅	周少卿	杜玉红	王　鑫	杨海滨

郑州升达经贸管理学院年鉴

· 2021 ·

郑州升达经贸管理学院年鉴编委会　组编

河南大学出版社
·郑州·

图书在版编目(CIP)数据

郑州升达经贸管理学院年鉴. 2021 / 郑州升达经贸管理学院年鉴编委会组编. --郑州：河南大学出版社，2023.6

ISBN 978-7-5649-5521-2

Ⅰ. ①郑… Ⅱ. ①郑… Ⅲ. ①郑州升达经贸管理学院-2021-年鉴 Ⅳ. ①G649.286.11-54

中国国家版本馆 CIP 数据核字(2023)第 106058 号

责任编辑	谢明子
责任校对	王丽芳
封面设计	马 龙

出 版	河南大学出版社
	地址：郑州市郑东新区商务外环中华大厦 2401 号　　邮编：450046
	电话：0371-86059701(营销部)　　网址：hupress.henu.edu.cn
排 版	郑州市今日文教印制有限公司
印 刷	广东虎彩云印刷有限公司
版 次	2023 年 6 月第 1 版　　印 次　2023 年 6 月第 1 次印刷
开 本	787 mm×1092 mm　1/16　　印 张　23.5
字 数	377 千字　　定 价　78.00 元

(本书如有印装质量问题，请与河南大学出版社营销部联系调换。)

2021年1月9日,2020—2021学年第一学期工作要点督查汇报会举行

1月24日,郑州升达经贸管理学院领导干部会议举行,
雷霆同志(右二)任学校党委书记

3月26日,学校第三届董事会第一次会议举行

4月1日,学校2021年度工作视频会举行

4月1日,学校举行党史学习教育专题报告会,湖北大学原党委书记尚钢教授以《加强党对高校领导的若干思考与实践》为题分享工作经验

4月8日至9日,学校"特色发展"大讨论交流会举行

4月15日,中国高等教育学会常务理事、河南省政府参事、河南省优秀专家、河南大学原校长娄源功教授作《应用型大学战略规划与解码》专题报告

4月27日至29日,副校长兼教务长吴益民、董事会秘书兼科研处处长杨存博等一行五人在太原参加第十二届中国高等财经教育校长论坛

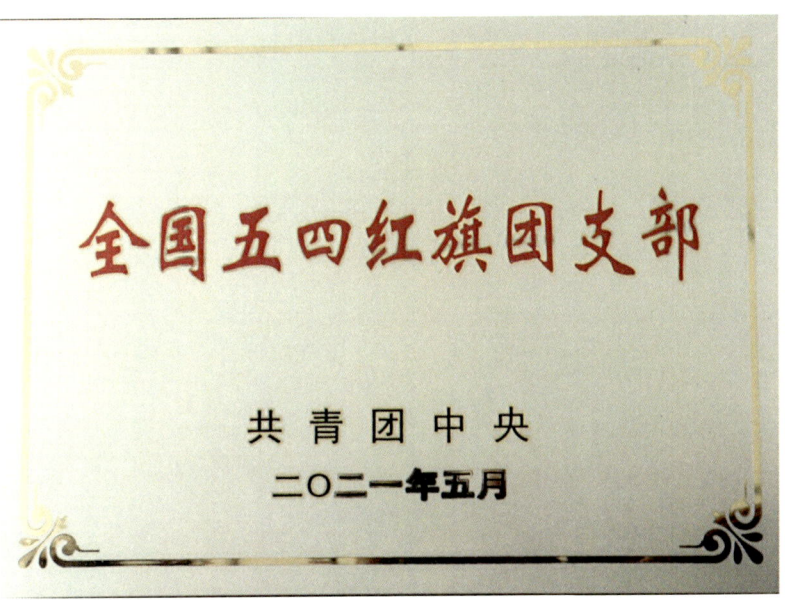

5月6日,学校国旗班团支部获"全国五四红旗团支部"光荣称号

5月12日至16日,升达女子足球代表队参加河南省大学生"华光"体育活动第三届五人制足球比赛,获得冠军

5月21日,学校辅导员素质能力大赛决赛暨辅导员表彰大会举行

学校《知行合一,助力"三型"人才培养——郑州升达经贸管理学院科学工作能力实训基地》入选教育部学校规划建设发展中心产教融合实训基地优秀案例

6月5日,河南省民办教育协会党建工作委员会换届暨党建基地建设工作会议在学校举行

6月23日,学校与中国联通郑州市分公司举行5G智慧校园建设战略合作签约仪式

6月24日,学校庆祝中国共产党成立100周年暨"七一"表彰大会举行,图为执行董事王新奇为先进基层党委(党总支)颁奖

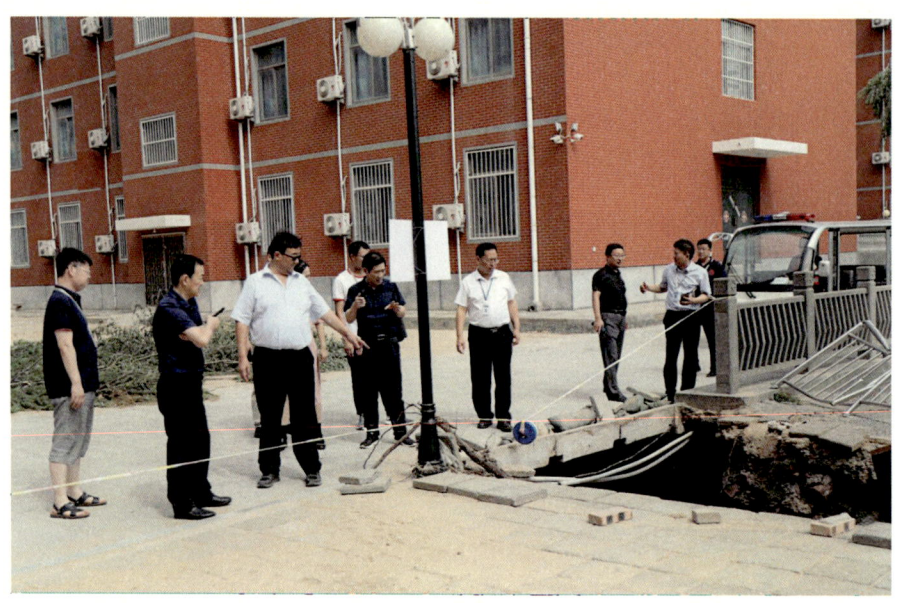

7月29日,河南省教育厅政策法规处、防汛救灾督导组平奇副处长一行莅校检查督导防汛救灾工作

9月9日,学校2021级新生开学典礼(线上)举行

10月28日,外国语学院崔瑾英(右二)、信息化处徐亚杰(右一)、双创学院曹华莹(左一)获得学校第三届"淑芳师德奖"先进个人奖,图为执行董事王新奇与获奖者合影

11月1日,年度阅读推广活动启动暨《梅花香自苦寒来》新书首发仪式举行

11月11日,学校第三次学生代表大会举行

12月2日,中国共产党郑州升达经贸管理学院第二次代表大会举行

12月10日,学校与京东科技信息技术有限公司进行校企共建——升达·京东云乡村振兴电商产业学院签约仪式举行

编写说明

《郑州升达经贸管理学院年鉴》是学校权威性的资料工具书和史料性文献。《郑州升达经贸管理学院年鉴·2021》(以下简称《年鉴·2021》)收录郑州升达经贸管理学院(以下简称学校或升达)2021年1月1日至12月31日期间发生的重要事件,部分内容依据实际情况略有延伸。主要反映学校2021年工作情况和发展成就,同时兼顾建校以来部分重要改革与发展成果。

本年鉴以篇目、分目、条目为基本结构,分为学校基本情况、人才培养、学生工作、科学研究与社会服务、国际交流与合作、董事会工作、党建与思想政治工作、行政管理服务、教学单位工作、人物、特稿、专文、表彰与奖励、毕业生名单、2021年大事记、附录等内容,并附有彩页。

《年鉴·2021》所刊内容由学校各单位指定专人负责撰写,并经单位领导审定,再由郑州升达经贸管理学院校长办公室统一组织编纂工作。在编纂过程中,此项工作得到了学校各部门的积极配合,在此谨致谢忱。

由于篇幅大,人手少,《年鉴·2021》还存在缺点和不足,希望广大师生和读者批评指正,提出合理意见和建议,以期不断提高编纂质量。

目 录

特　　载 ………………………………………………………………（ 1 ）
　中共郑州升达经贸管理学院委员会2021年党建工作要点 ………（ 1 ）
　中共郑州升达经贸管理学院委员会2021年工作总结 ……………（ 8 ）
　郑州升达经贸管理学院2021年工作要点 …………………………（13）
　守正创新　勠力同心　全面推进学校高质量发展
　　——在年度工作会议上的行政工作报告 ……………郭爱先（20）

专　　文 ………………………………………………………………（33）
　在2021年党的建设暨全面从严治党工作会议上的讲话……………
　　………………………………………………………………雷　霆（33）
　在党史学习教育动员大会上的讲话 ……………………雷　霆（39）
　在第二届董事会第八次会议上的讲话 …………………王淑芳（43）
　在2021年学校工作部署会上的讲话 ……………………王淑芳（45）
　清明节在建校纪念碑广场献花仪式上的致辞 …………王新奇（46）
　在升达郑州校友会2021年年会上的致辞 ………………王新奇（47）
　在2020届毕业生就业工作表彰会上的讲话 ……………王新奇（50）
　在建党100周年"黄河教育奖"颁奖仪式上的讲话 ……王新奇（51）
　在省委高校工委巡回指导会议上的欢迎辞 ……………王新奇（53）
　在2021届毕业生毕业典礼上的讲话 ……………………王淑芳（54）
　在2021年大学生读书节闭幕式上的讲话 ………………王新奇（55）
　在党建工作委员会换届会议暨党建基地授牌仪式上的致辞 ………
　　………………………………………………………………王新奇（56）
　在庆祝中国共产党成立100周年文艺晚会上的讲话 ……王新奇（57）

在"郑州科技职业技术学院"设置汇报会上的欢迎辞 …… 王新奇（58）
在2020—2021学年第二学期主管联席会扩大会议上的讲话…………
………………………………………………………… 王新奇（59）
学习百年党史　汲取精神力量　奋力推进学校党建和教育事业高质量
发展 ………………………………………………… 雷　霆（60）
在疫情防控暨灾后重建工作会议上的讲话 ………… 王新奇（65）
在2021级新生开学典礼上的讲话 …………………… 王新奇（66）
在学校2021年暑期全体教职员工培训会上的讲话 …… 王新奇（68）
牢记时代使命　书写青春华章
　　——在2021年秋季开学第一课上的讲话 ……… 雷　霆（70）
与升达共成长　与祖国共奋进
　　——在2021级新生入学教育上的讲话 ………… 雷　霆（74）
在学生返校和迎新工作会议上的讲话 ……………… 王新奇（80）
在郑州市第七届职业技能竞赛茶艺师大赛上的讲话 …… 王新奇（81）
在创办人王广亚博士书画作品展暨建校28周年办学成果展上的致辞…
………………………………………………………… 王新奇（82）
在建校28周年捐赠仪式上的致辞 …………………… 王新奇（83）
在建校28周年建校纪念碑广场献花仪式上的致辞 …… 王新奇（84）
在学校第三次学生代表大会上的致辞 ……………… 王新奇（85）
在2022届毕业生就业创业工作会议上的讲话 ……… 王新奇（87）
在中国共产党郑州升达经贸管理学院第二次代表大会上的致辞 ………
………………………………………………………… 王新奇（88）
在阅读推广活动颁奖暨闭幕式上的讲话 …………… 王新奇（90）

学校基本情况 …………………………………………………（91）
　机构与负责人 …………………………………………………（91）
　基本数据 ………………………………………………………（103）

人才培养 ………………………………………………………（109）
　教育教学 ………………………………………………………（109）
　教师队伍建设 …………………………………………………（131）

质量保障建设 ………………………………………… (133)
　　实验室建设 …………………………………………… (135)
　　创新创业教育 ………………………………………… (136)
　　学位授予 ……………………………………………… (137)
　　产教融合 ……………………………………………… (137)
　　毕业生就业情况 ……………………………………… (142)
学生工作 ………………………………………………… (144)
　　学生日常管理 ………………………………………… (144)
　　辅导员队伍建设 ……………………………………… (146)
　　学生资助工作 ………………………………………… (147)
　　心理健康教育 ………………………………………… (148)
　　招生情况 ……………………………………………… (150)
　　校园文化建设 ………………………………………… (155)
科学研究与社会服务 …………………………………… (158)
　　科研工作 ……………………………………………… (158)
　　学科建设 ……………………………………………… (160)
　　学报编辑工作 ………………………………………… (161)
　　社会服务 ……………………………………………… (163)
交流与合作 ……………………………………………… (165)
董事会工作 ……………………………………………… (170)
党建与思想政治工作 …………………………………… (171)
　　综合 …………………………………………………… (171)
　　组织工作 ……………………………………………… (172)
　　宣传思想工作 ………………………………………… (178)
　　纪检工作 ……………………………………………… (183)
　　统战工作 ……………………………………………… (186)
　　共青团工作 …………………………………………… (189)
　　教代会与工会工作 …………………………………… (192)
行政管理服务 …………………………………………… (196)

教务处工作 …………………………………………………（196）

　　学务处工作（含学生工作部工作）……………………………（196）

　　心理健康教育中心工作 ………………………………………（197）

　　总务处工作（含登封筹备处工作）……………………………（197）

　　校长办公室工作（综合行政管理）……………………………（199）

　　融媒体中心工作 ………………………………………………（201）

　　教学质量监测与评估工作 ……………………………………（204）

　　人事管理工作（含教师工作部工作）…………………………（206）

　　教师发展中心工作 ……………………………………………（208）

　　财务管理工作 …………………………………………………（210）

　　发展规划处工作 ………………………………………………（212）

　　科研处工作 ……………………………………………………（213）

　　学科建设办公室（申硕办）工作 ………………………………（215）

　　招生办公室工作 ………………………………………………（215）

　　就业处工作 ……………………………………………………（216）

　　校地合作处工作 ………………………………………………（218）

　　校友工作 ………………………………………………………（218）

　　图书馆藏与管理工作 …………………………………………（222）

　　校园信息化建设工作 …………………………………………（230）

　　医疗与卫生工作 ………………………………………………（235）

　　国际交流处工作 ………………………………………………（238）

　　实训管理处工作 ………………………………………………（240）

教学单位工作 ……………………………………………………（242）

　　创新创业教育学院 ……………………………………………（242）

　　金融贸易学院 …………………………………………………（249）

　　会计学院 ………………………………………………………（251）

　　管理学院 ………………………………………………………（255）

　　商学院 …………………………………………………………（258）

　　信息工程学院 …………………………………………………（263）

外国语学院 …………………………………………………（266）
　　文法学院 ……………………………………………………（270）
　　艺术学院 ……………………………………………………（272）
　　建筑工程学院 ………………………………………………（274）
　　体育学院 ……………………………………………………（276）
　　交通管理学院 ………………………………………………（280）
　　马克思主义学院 ……………………………………………（282）
　　基础部 ………………………………………………………（283）
人　　物 …………………………………………………………（289）
　　特聘教授名单 ………………………………………………（289）
表彰与奖励（省部级以上） ……………………………………（290）
　　教职工表彰与奖励 …………………………………………（290）
　　学生表彰与奖励 ……………………………………………（290）
2021 届毕业生名单 …………………………………………（293）
　　本科毕业生 …………………………………………………（293）
　　专科毕业生 …………………………………………………（327）
郑州升达经贸管理学院 2021 年大事记 …………………（336）
附　　录 ………………………………………………………（358）

特　载

中共郑州升达经贸管理学院委员会
2021年党建工作要点

2021年是中国共产党成立100周年,是实现第一个百年奋斗目标的收官之年,是"十四五"规划开局之年。学校党建工作的总体要求是:以习近平新时代中国特色社会主义思想为指导,全面贯彻落实党的十九届五中全会精神,深入贯彻落实习近平总书记关于教育的重要论述和考察调研河南时重要讲话精神;坚持以党的政治建设为统领,坚持社会主义办学方向,牢牢把握立德树人根本任务,持续加强党的全面领导,统筹推进新冠疫情防控工作和教育事业发展;践行初心使命,强化担当作为,不断增强党组织的创造力、战斗力、凝聚力,为推进学校高质量、内涵式发展提供坚强的政治保证、思想保证和组织保证,以优异成绩向建党100周年献礼。

一、坚持正确方向,持续加强党的全面领导

(一) 坚持政治建设统领地位

目标任务:坚持以政治建设为统领,严格落实党的全面领导,把牢社会主义办学方向。

工作措施:全面贯彻落实新时代党的建设总要求,深入学习贯彻《中共中央关于加强党的政治建设的意见》,坚持和加强党的全面领导,持续巩固

"不忘初心、牢记使命"主题教育成果,推动党员干部不断提高政治判断力、政治领悟力、政治执行力,进一步增强"四个意识",坚定"四个自信",做到"两个维护"。认真落实《民办学校党建工作重点任务》,修订完善院部党组织会议和党政联席会议议事规则,组织实施基层党建工作考核,深入开展党组织书记抓基层党建述职评议工作,持续完善党建工作机制。加强党的政治纪律和政治规矩学习教育,开好民主生活会和组织生活会,落实好双重组织生活制度,进一步严肃党内政治生活。

(二)抓实意识形态工作

目标任务:健全工作体系,落实好意识形态责任制,牢牢把握意识形态工作主导权。

工作措施:深入贯彻落实全国高校思想政治工作会议精神、《中国共产党宣传工作条例》和意识形态工作责任制,层层签订年度工作责任书,定期召开意识形态研判会议,认真做好舆情分析研判和突发事件应急处理,进一步压紧压实各级党组织抓好意识形态工作的主体责任。持续加强学校各级各类阵地建设和管理,积极建好、管好、用好网络阵地,严格落实"一会一报"制度,切实加强校内报告会、研讨会、讲座等的审批和管理,严格课堂教育教学管理。加强网络评论员队伍建设,适时开展网络意识形态培训教育工作,切实提升工作队伍业务能力和水平。巩固完善学校意识形态工作机制,坚决做好宗教领域防渗透和反邪教工作,切实提高师生辨邪、识邪、防邪和反渗透意识与能力。

(三)扎实开展党史学习教育

目标任务:围绕建党百年重大主题,深化师生理想信念教育,提升党员干部党性修养。

工作措施:以喜迎党的百年华诞为契机,开展系列庆祝活动,进一步坚定理想信念,提升党性修养。落实中央和上级部署,认真开展"学党史、强信念、育新人"党史学习教育活动,召开动员大会,紧密围绕"学史明理、学史增信、学史崇德、学史力行"四个目标要求,教育引导党员干部和广大师生在专题学习中感悟思想伟力,在强化引领中坚定理想信念,在专题培训中深化初心使命,在实践活动中体现为民情怀,在组织生活中强化责任担当,做到学党史、悟思想、办实事、开新局。

(四)隆重庆祝建党100周年

目标任务:充分调动广大师生的积极性、主动性和创造性,着力深化和拓展活动内容,营造浓厚党建氛围。

工作措施:聚焦建党100周年庆祝活动,深入开展"永远跟党走,奋斗新征程"庆祝活动、"网上重走长征路"暨推动"四史"学习教育活动,组织举办讲党史大赛、红歌接力、知识竞赛、书画展等全覆盖、全媒体、全方位的宣传教育活动,引领师生牢记初心使命,坚定理想信念,担当时代责任,擦亮奋斗底色。组织开展"两优一先"表彰活动,树典型、扬正气,激励广大党员干部干在实处、走在前列。

(五)筹备召开第二次党代会

目标任务:深刻理解党代会召开的重要意义,把握好成功召开党代会的总要求和目标,确保党代会顺利圆满举行。

工作措施:开好党代会是学校各级党组织的一项重要政治任务。要进一步统一认识、振奋精神、凝聚力量,认真梳理工作成就,科学制订发展规划,明确筹备工作的主要任务和要求,严格按照组织程序做好党代会的各项筹备工作。号召全体党员以高度的政治责任感,立足本职岗位,勤奋扎实工作,以实际行动迎接学校第二次党代会的胜利召开。

二、突出主责主业,全面夯实基层党建工作基础

(一)加强基层组织建设

目标任务:进一步强化基层党组织政治功能,持续加强党支部建设,更好地发挥基层党组织的战斗堡垒作用。

工作措施:牢固树立党的一切工作到支部的鲜明导向,认真学习贯彻落实《中国共产党普通高等学校基层组织工作条例》和《抓好党支部工作条例落实的具体措施》,持续推进"两化一创"强基引领三年行动计划,改进党支部设置方式,统筹推进基层党委设置,提升党支部标准化规范化建设水平;

扩大校级样板党支部覆盖面,巩固省级样板党支部创建成果,努力争创全国样板党支部。选优配强支部领导班子,加大党务干部培训力度,扎实推进党建工作创新发展,积极培育党建优秀品牌,推动各级党组织全面进步、全面过硬。

(二)认真做好发展党员工作

目标任务:提高党员发展质量,优化发展党员结构,确保新发展党员质量合格、政治过硬。

工作措施:坚持把政治标准放在首位,严格执行"双推双评三全程"工作规程,落实政治审查制度,提高发展党员质量。加大在低年级大学生中发展党员力度,防止出现低年级不发展、高年级扎堆发展的现象。注重发展教师中高层次人才、优秀青年教师入党。维护好中央组织部的全国党员管理信息系统,推进发展党员工作信息化建设。

(三)扎实推进党员教育工作

目标任务:把学好党的最新理论成果作为首要政治任务,坚持常态化学习教育,确保党员政治过硬、信念坚定。

工作措施:持续深入开展习近平新时代中国特色社会主义思想主题教育和党的十九届五中全会精神教育培训,依托"三会一课"、学习强国等载体,采取线上线下相结合的方式,提升党课对党员的吸引力,充分发挥党课在教育管理党员工作中的重要作用。积极开展党史、新中国史、改革开放史、社会主义发展史学习教育,使党的伟大理论和精神入脑入心。坚持重温入党誓词、党员过"政治生日"等活动,积极利用党和国家的重要时间节点组织开展主题党日活动。

三、聚焦思想引领,落实立德树人根本任务

(一)持续强化思想理论武装

目标任务:在学懂、弄通、做实上下功夫,把学习贯彻习近平新时代中国特色社会主义思想引向深入。

工作措施:坚持把习近平总书记最新重要论述和党的十九届五中全会

精神列入党委理论学习中心组学习暨党委会议"第一议题"、党员干部教育培训和师生政治学习的重要内容,统筹线上线下载体,认真做好党委中心组学习和师生政治理论学习工作,持续推动习近平新时代中国特色社会主义思想入脑入心入魂,确保习近平总书记重大要求和党中央决策部署落到实处。落实领导干部上讲台要求,邀请领导干部、专家学者走上讲台为师生讲思政课、作形势政策报告。

(二) 持续落实"三全育人"要求

目标任务:健全完善育人工作体系,不断提升思想政治工作的针对性和实效性。

工作措施:持续完善"十大育人体系",大力推进"三全育人"综合改革,构建全员、全过程、全方位育人大格局,提升思想政治工作质量。坚持每天举行升国旗、唱国歌仪式,有效利用重大活动、开学典礼、毕业典礼、重大纪念日、主题党团日等契机,借助重点文化基础设施开展爱国主义教育,强化价值引导,厚植爱国情怀。积极开展优秀传统文化教育、勤俭节约教育,深化"升国旗爱国主义教育""劳动育人工程""交流时间""青马工程力行实验班"等系列活动,引导师生不断增强"四个自信",凸显升达特色,厚植升达文化。持续加强网络文化建设精品项目培育和管理,深入推进网络育人工程,探索建立网络文化成果评价认证体系,推动将优秀网络文化成果纳入科研成果统计、职务职称评审条件、评奖评优依据。认真做好大学生日常管理、心理健康教育、资助帮扶和就业工作。

(三) 深入推进思政教学改革

目标任务:创新构建课程思政与思政课程协同育人体系,营造浓郁的立德树人氛围,厚植课程育人土壤,提升人才培养质量。

工作措施:充分发挥思想政治理论课主渠道作用,深化思政课改革创新,打造思政"金课",提高思政课实践教学质量和效果,不断增强思政课的思想性、理论性、亲和力和针对性。深入推进以"课程思政"为目标的课堂教学改革,持续推进课程思政"四个一"工程,推进专业教育和思政教育协同育人。强化思政课教师队伍建设,加强思政课教师培训,开展思政课教师教学技能大赛和"思政课活动周"等特色思政教学活动,全面提升思政课教师政治素质、师德修养、专业素养和教育教学能力。

（四）持续推进师德师风建设

目标任务:以师德师风建设为抓手,加强教师队伍思政工作,提升教师职业道德素养。

工作措施:加强《新时代高校教师职业行为十项准则》教育,建立健全师德师风建设的长效机制,组织举办师德师风主题教育活动,组织评选"淑芳师德奖",表彰先进人物,引导广大教师不忘初心使命,争做"四有"好老师。

四、抓紧"两个责任",纵深推进全面从严治党

（一）严格落实"两个责任"

目标任务:压紧压实"两个责任",持之以恒、正风肃纪。

工作措施:持续强化"党政同责"和"一岗双责",压紧压实责任链条。组织签订党风廉政建设责任书和廉洁自律承诺书,开展廉政风险点排查,强化守土有责、守土担责、守土尽责的政治担当。紧盯"关键少数""关键岗位",围绕权力运行各个环节,严格落实日常监督。坚决破除形式主义、官僚主义,持续整治师生身边的不正之风和腐败问题,健全作风建设制度体系,推动中央八项规定精神落地生根。

（二）深入推进以案促改工作

目标任务:把以案促改作为推进全面从严治党向纵深发展的一项制度化常态化工作。

工作措施:深化运用监督执纪"四种形态",强化党风党纪教育和警示教育,制定实施学校《一体推进不敢腐、不能腐、不想腐,深化以案促改实施方案》,努力实现"三不",三者同向发力、同步推进,充分释放标本兼治综合效能,持续巩固风清气正的政治生态。

五、坚持围绕中心,服务学校事业发展大局

(一) 凝聚事业发展强大合力

目标任务:加强思想政治引领,团结和引导各方力量积极参与学校建设,不断凝聚事业发展强大正能量。

工作措施:认真贯彻落实《中国共产党统一战线工作条例》,深入实施"同心圆"工程,推进民主党派、统战团体和党外代表人士队伍建设,做好新的社会阶层人士、民族宗教、侨台海归工作,凝聚政治共识,提升建言献策水平,推动学校事业发展。进一步完善工会工作机制,推进民主政治建设,维护教职工合法权益,开展丰富多彩的文体活动和困难帮扶活动,做好女职工工作,加快"教工之家"建设,切实增强教职工的凝聚力、向心力。坚持党建带团建,强化政治引领,推进团学组织宣传思想建设。坚持大抓基层的鲜明导向,持续深化共青团改革、学生会组织改革,加强学生社团建设管理。

(二) 积极构建平安文明校园

目标任务:围绕"创建安全文明校园,构建和谐育人环境"目标积极行动,落实各级党组织工作责任,建立长效机制,有力保障校园安全稳定。

工作措施:深入贯彻落实《新时代公民道德建设实施纲要》和《新时代爱国主义教育实施纲要》,广泛开展理想信念教育、传统美德教育,积极培育和践行社会主义核心价值观。巩固、深化省级文明校园创建成果,坚持开展群众性精神文明建设活动,推动文明行为习惯的养成,不断提升师生文明素养和道德涵养。牢固树立"安全稳定压倒一切"的思想,严格落实校园维稳工作责任制,强化维稳工作措施,及时排查、化解、处置影响校园稳定的各种矛盾和问题,强化源头治理,深入推进安全隐患双重预防体系建设。深入开展国防和国家安全教育,切实增强广大师生维护国家安全的意识和能力。深入开展"平安校园"创建工作,重点抓好重要节点、重要时期的安全稳定工作,认真做好毕业生文明安全离校管理,扎实做好外教管理和师生出国(境)留学培训工作,全面筑牢安全防线,确保校园安全稳定。

(三)扛稳扛牢防疫政治责任

目标任务:坚持把常态化疫情防控作为当前一项重大的政治任务和政治责任,严格落实各级党组织工作责任。

工作措施:全校各级党组织要扛起巩固拓展决定性成果的政治责任,督导落实常态化疫情防控各项举措的落实,坚决维护师生生命安全和身体健康。要进一步激发全校干部师生的责任担当,引导广大师生"把灾难当教材、把困难当磨砺",弘扬伟大抗疫精神,激发爱党爱国情怀。

(四)围绕中心服务发展

目标任务:围绕学校事业高质量发展中心工作,切实做到党建工作和教育教学中心工作同步加强、相互促进。

工作措施:牢固树立"围绕中心抓党建,抓好党建促发展"工作理念,始终坚持学校党建工作服务中心、服务大局,充分发挥各级党组织在"十四五"发展规划制定、现代学校制度建设试点、本科教学工作审核评估等中心工作中的政治核心和保障引领作用。

(党委办公室供稿)

中共郑州升达经贸管理学院委员会2021年工作总结

一年以来,在省委高校工委、省教育厅的坚强、正确领导下,郑州升达经贸管理学院始终坚持以习近平新时代中国特色社会主义思想为指导,深入学习、贯彻落实党的十九大和十九届历次全会精神,持续加强党的全面领导,全面贯彻党的教育方针,牢牢把握社会主义办学方向,严格落实立德树人根本任务,紧密结合民办高校工作实际,团结带领全校广大党员和师生员工,牢记为党育人、为国育才初心使命,以高质量党建引领学校事业发展高质量,扎实完成了学校各项工作重点任务,推动学校发展取得新成效。

一、强化政治担当,不断增强推进党的政治建设的自觉性和坚定性

一是持续提升师生政治意识。始终坚持把政治建设摆在首位,认真贯彻落实习近平总书记关于高校党的政治建设的重要指示精神,深入开展党的政治纪律和政治规矩学习教育,教育引导师生增强"四个意识",坚定"四个自信",做到"两个维护"。

二是严肃党内政治生活。校党委坚持将民主集中制作为领导班子思想政治建设的重要内容,着力构建系统科学的党的组织体系和民主决策机制。严格党的组织生活制度,认真抓实"三会一课"制度,学校党员领导干部带头参加双重组织生活,提高组织生活会质量。坚持党员领导干部讲党课、讲思政课制度,由党委书记、校长和党委班子成员带头讲党课或思政课。党委书记及班子成员认真落实联系党支部、民主党派人士、党外知识分子、青年教师、学生宿舍和学生社团任务。坚持和完善重温入党誓词、入党志愿书以及党员过"政治生日"等制度,利用党和国家的重要节点组织开展主题党日活动。

三是营造风清气正的政治生态。坚持把政治标准作为选人用人的重要导向,把师德师风作为评价教师队伍的第一标准,严格把好政治关、师德关。进一步落实中央八项规定精神,驰而不息纠正"四风",组织层层签订党风廉政建设责任书和廉洁承诺书,强化以案促改警示教育,持续开展校园廉洁文化活动,加大对重点领域和关键环节的监督检查力度,推动全面从严治党向基层延伸、向纵深发展。

二、坚持知行合一,扎实开展党史学习教育

一是统筹安排。结合学校实际,制定印发《开展党史学习教育实施方案》,成立党史学习教育领导小组,强化组织领导,统筹有序地推进。

二是抓好专题学习。领导干部带头为师生讲专题党课,充分发挥"头雁效应"。组建宣讲团,开展专题知识竞赛,为广大党员订购发放学习资料近2000册,组织党员干部参观学习"出彩中原——河南红色文化陈列展"和"旗帜飘扬——党旗国旗军旗诞生珍贵史料展",邀请专家学者做专题报

告,不断丰富学习形式。

三是坚持服务导向。扎实开展"我为群众办实事"实践活动,校领导班子带队深入基层开展调研,研究确定重点项目清单共9项,通过书记信箱、校长信箱、"交流时间"等师生交流制度,从基层党组织建设、师生关切的问题、防疫救灾等方面,切实为师生排忧解难,把好事实事办到师生心坎上。

三、聚焦根本任务,全面提升思政工作质量

一是政治理论学习不断深入。坚持政治学习制度,深入学习宣传贯彻党的十九届六中全会精神,及时跟进学习党和国家教育方针政策以及习近平总书记关于教育的重要论述,全年共组织召开党委中心组学习11次,坚持每周四组织广大党员政治学习,不断把理论学习引向深入。

二是立德树人能力不断提升。深入开展理想信念教育、爱国主义教育和优秀传统文化教育,不断深化养成教育、国旗教育、劳动育人工程、思政课活动周等系列活动,扎实推进"三进"工作。稳步推进"书院制"育人改革,推动形成育人合力。积极发掘红色文化、传统文化与思政教育的契合点,排演《刑场上的婚礼》《那时的你》等校园版舞台剧,打造"身边的思政课"。《刑场上的婚礼》在"百年党史青年说"——百校青年大学生讲党史大赛中获得一等奖,学校获得"优秀组织奖"。

三是工作队伍建设不断强化。加强新时代马克思主义学院建设,选配马克思主义学院院长,配齐配强思政工作队伍,组织开展学习培训和业务评比,提升思政队伍建设质量。组织全体思政课教师学习《关于加强新时代马克思主义学院建设的意见》,推动马克思主义学院内涵式发展。组织开展第三届"师德淑芳奖"评选,重奖师德先进个人。加强师德师风建设,组织开展全员师德培训,贯彻执行凡进必审(政审和品德审查)、凡聘必签(廉洁自律承诺书)制度,把好教师和干部评聘任用政治关。

四、抓牢主责主业,为学校各项事业发展提供坚强政治保证

一是学校第二次党代会成功召开。认真谋划并组织召开第二次党代会,总结第一次党代会以来的经验,提出了围绕学校奋斗目标和发展思路的

主要工作任务,对提升学校党的建设高质量发展作出系统部署,提出"一坚定两聚焦三深入"的总体路径,充分发挥党委政治核心作用、党支部战斗堡垒作用和党员先锋模范作用。

二是组织工作机制更加完善。结合学校实际,调整二级党组织设置,成立10个二级党委、5个党总支和2个直属党支部,进一步优化教师党支部、学生党支部和管理、后勤等部门党支部设置。组织开展党支部书记培训,贯彻落实"两化一创"强基引领三年行动计划,实施"双带头人"建设,实现基层党支部有形、有力、有效覆盖。配备专职党委副书记,进一步增强党委班子力量。进一步明确教师工作部、学生工作部职责,协调成立学生思想政治教育科,为二级党组织配备足额建设经费,增加专职组织员,强化党务工作力量。加大样板党支部建设力度,获批省级样板党支部1个。修订施行《基层党建工作考核评价指标体系》,不断优化基层党建量化考核方式。学校被评为河南省民办高校"党建示范基地建设单位"。

三是党员发展管理更加规范。严格政治标准,全年共发展党员1200人。着力加强培训,本年度共举办党员培训班3期。

四是党员示范引领作用被充分发挥。组织召开庆祝中国共产党成立100周年暨"七一"表彰大会,激励广大党员干部汲取榜样力量,激发奋进动力。共有15个先进基层党组织、49名优秀共产党员和17名优秀党务工作者受到表彰,其中3名同志和2个基层党组织受到省委高校工委表彰。

五是扎实推进意识形态工作。认真落实《意识形态责任制实施细则》《意识形态工作分析研判联席会议制度》,逐级建立责任清单,健全责任链条。落实"一会一批"制度,加强对论坛、讲座、报告会等阵地的管理,全年共计审批报告会87场次。加强网络平台管理,坚持"人防"加"技防"24小时监测并妥善处置舆情。创新宗教"双防"和反邪教工作,创新大学生反邪教"四课"教育模式。

五、提高思想认识,深入推进文明平安校园建设

一是文明校园建设不断加强。持续深化文明校园建设,坚持把培育和践行社会主义核心价值观融入教育教学全过程。组织开展"两创两争""龙

湖榜样""出彩河南人""最美教师"等先进典型评选活动,举办防汛救灾与疫情防控先进事迹展,教育引导师生牢记初心使命,当先锋、做表率。学校顺利通过省级文明校园创建的年度复查和抽查工作,受到检查组高度肯定。

二是厉行节约工作扎实推进。大力贯彻落实习近平总书记关于厉行节约、反对铺张浪费的重要指示精神,坚持节约型校园建设,广泛宣传动员,加强教育引领,积极开展"节粮、节水、节电""文明餐桌""光盘行动"等形式多样的主题教育活动。

三是校园稳定工作取得实效。认真做好了重要节点和重大节假日的安全稳定工作,不断强化人防、物防和技防,着力完善安全稳定工作长效机制,为学校持续健康发展营造了安全和谐稳定的环境。四是新闻宣传工作卓有成效。深入学习贯彻习近平总书记关于推动媒体融合发展、建设全媒体的重要指示精神,全力打造全媒体平台,构建多元化、立体化宣传格局。

六、凝聚发展合力,高质量推进统战群团工作

一是持续完善"大统战"格局。及时调整统一战线工作、宗教工作领导小组,组织全校师生学习《中国共产党统一战线工作条例》,认真落实联谊交友制度,推动建设"侨胞之家",主动邀请党外人士参加校第二次党代会等重大会议,支持党外人士为学校发展建言献策。制定施行专项行动方案,组织开展宗教政策法规宣传月,推动宗教治理工作由治标向治本深化。认真落实《深化新时代学校民族团结进步教育指导纲要》,开展了丰富多彩的有关民族团结进步的创建活动。

二是持续激发群团工作活力。结合学校实际,调整基层工会设置,做好困难职工帮扶解困、女职工关爱、金秋助学等品牌工作。组织参加全省教学技能竞赛,获得一等奖5名、二等奖3名、三等奖2名,取得了参赛以来的最好成绩。组织开展趣味运动会、红色观影、文艺创作比赛等活动,丰富教职员工业余文化生活。深入推进学习型团学组织建设,组织开展"百年党史青年说"大学生讲党史大赛、"永远跟党走 奋斗新征程"文艺汇演等活动30余场次。开展"青马工程-力行实验班",提升青年素质能力。扎实推进学生会和社团改革,推动学生组织健康有序发展。获得"全国五四红旗团

支部""河南省五四红旗团委(团支部)"等多项称号。

一年来,郑州升达经贸管理学院各项工作取得了显著成效,党建和教育教学工作水平进一步提升,人才培养质量进一步增强,服务地方经济社会发展能力进一步提升。2022年,郑州升达经贸管理学院将高举习近平新时代中国特色社会主义思想伟大旗帜,秉承"勤俭朴实、自力更生"校训,勇担新使命,开启新征程,为早日建成特色鲜明的高水平应用型民办大学而努力奋斗,为高质量建设现代化河南、高水平实现现代化河南,谱写新时代中原更加出彩绚丽篇章做出更大贡献,以优异成绩迎接党的二十大胜利召开!

(党委办公室供稿)

郑州升达经贸管理学院 2021 年工作要点

2021年学校行政工作总体思路是:以习近平新时代中国特色社会主义思想为指导,深入贯彻党的十九大以来历次全会精神和全国、全省教育大会精神,按照学校党建工作会议部署与要求,以高质量发展为主题,以改革创新为动力,坚持和加强党的全面领导,落实立德树人根本任务,巩固拓展疫情防控和转型发展成果,贯彻既定工作思路,保持战略定力。始终坚定一个目标,继续强化两个战略,持续提升三种能力,努力做好四项保障,全面落实五大工程,主要做好以下重点工作,奋力谱写新时代高水平应用型民办高校建设新篇章,为"十四五"学校高质量发展开好局、起好步,以优异成绩庆祝建党 100 周年。

一、做好"十四五"发展规划研制工作

1. 高水平谋划学校顶层设计。加强顶层设计,科学设定学校"十四五"战略目标、发展思路、重点任务和主要措施;把学校高质量发展目标贯穿于规划编制全过程;突出前瞻性、针对性和可行性,使规划彰显学校特色,推动

学校发展目标的实现。

2. 高效率推进规划研制过程。发展规划处牵头推进规划研制和宣讲工作,组织学习相关政策文件;做足做好社会需求调研和校情研究,广泛收集建议;邀请政府、行业、高校知名规划专家和优秀校友莅校指导、参与规划的制订和论证;抓好规划的宣讲和实施等工作,全面推进新时代高水平民办大学建设。

3. 抓紧推进学校更名为郑州升达学院的工作。

二、做好特色发展大讨论总结及成果转化工作

1. 组织好交流会。四月上旬,学校召开大讨论交流会,集思广益以形成共识。

2. 做好成果转化运用。教务处要将大讨论成果进行梳理,通过转化运用,确保把大讨论的成效落到发展思路上、落到制度建设上、落到行动效果上,形成学科专业特色发展的制度性设计,出台实施办法,建立健全学科专业调整与经济社会发展的联动机制。根据社会需求和学校优势,加强学科专业融合与资源整合,综合谋划学科专业布局,明确建设思路与路径,打造学校学科专业特色与核心竞争力,不断提高学科专业建设与地方产业结构的匹配度,增强服务社会发展的能力。

3. 做好一流本科专业申报工作。各学院要认真对标优化条件,打造专业亮点,在今年省"一流本科专业"的申报中争创佳绩。

4. 做好2021年专业大类招生试点和专升本考试工作。

5. 凝练育人特色。学务处、校团委等要进一步深化爱国教育、劳动教育、伦理教育"三大教育",促进学生成长、成才。

6. 打造升达管理服务特色。人事处等职能部门要认真总结升达管理经验,深化改革,守正创新,优化管理服务制度,打造升达管理特色,提升管理服务水平。

三、做好产业学院和专业集群建设工作

1. 健全完善制度机制。做好相关文件的学习与落实工作,尽快出台学

校产业学院和专业集群建设实施意见,完善建设、运行和管理机制,明确激励政策,充分调动教学单位和行业、企业积极性,保证校企合作的互利共赢、可持续发展。

2. 加快专业集群建设。各学院要面向河南省现代服务业和郑州市主导产业,按照"资源共享、相互支撑、优势突出"的建设思路,立足学科专业优势,融合具有内在关联的相关专业和资源,加强新文科与新工科融合,"以特建群""以链建群",着力打造满足地方产业需求的特色优势专业集群。

3. 加快行业学院建设。积极联系相关政府部门、行业协会和企业,争取"乡村振兴电商学院"早日挂牌运行,相关大数据应用、数字经济、文化创意等产业学院要相继跟进;圆通科学工作院、茶文化学院、昆山学院等要扩大辐射效能,帮助、促进学生创业、就业。

4. 创新协同育人模式。以产业学院建设为平台,进一步深化产教融合,创新多方协同育人的应用型人才培养模式,推进"引企人教"改革实践,打造高水平"双师双能型"教师队伍,开发一批高质量校企合作课程、教材和工程案例集,打造基于产业发展和学生职业能力培养的实践教学平台和实训实习基地,搭建产学研服务平台,为学校申报河南省示范性应用技术类型高校创造条件。

四、完善五育并举、全面发展的教育体系

1. 发挥大思政铸魂育人的主渠道作用。教务处要科学构建"五育并举"的课程体系和长效机制,加强教材监督管理和课程思政建设。马克思主义学院要深化思政课改革创新,扎实开展"四史"特别是党史学习教育,引导学生听党话、跟党走。各院部要以课程思政为切入点,引导教师围绕政治认同、家国情怀、文化素养、法治意识、道德修养等,重点优化课程思政内容,发挥教材和课堂育人的基本功能,推进专业教育和思政教育协同育人;团委、宣传部、学务处等要深化完善学校的爱国教育和伦理教育体系,引导学生践行社会主义核心价值观,弘扬伟大抗疫精神,厚植家国情怀、滋养文明习惯,让学生成为有大爱大德大情怀的人。

2. 发挥智育安身立命的关键作用。学校要进行基于学生能力培养和分类发展的教学改革，启动"卓越人才"培养计划，开设"广亚英才班"。

3. 提高现代化教学水平。总结混合式课程建设经验，加强教师现代教育技术的培训，持续加强教学基层组织建设，打造高水平教学团队，加快推进智慧教学环境和线上教学资源建设，推进信息技术与教学过程的融合，深入推动本科教育"四个回归"。

4. 提升课堂教学质量。全体教师要积极推动"以学为中心、以教为主导"的课堂教学发展，提高课程高阶性、创新性和挑战度，打造"金课"，争创省级一流课程，提升课堂教学质量和学生学习获得感，培养学生政治判断、科学思辨、自主学习、解决问题和专业发展等能力，使他们更好地就业、创业或深造发展，成为更好的自己。

5. 发挥体育育人的综合效应。体育学院要抓好公共体育教学，帮助每一名学生树立健康第一的理念，掌握健康知识、基本运动技能和1至2项专项技能，促进全校学生身心协调发展。

6. 发挥美育育人的综合效应。艺术、文法学院和团委及图书馆要以提高学生审美和人文素养为目标，弘扬中华美育精神，开齐、上好美育课程和实践活动，继续组织好读书活动和学生社团活动，构建课内外相结合的美育教育体系和工作体系，完善课程教学、实践活动、校园文化和艺术展演"四位一体"的艺术教育普及推进机制，让每位学生在校期间掌握1至2项艺术技能，引领学生树立正确的审美观念，陶冶高尚的道德情操、塑造美好心灵，培养全面发展的时代新人。

7. 持续发挥学校劳动教育的育人功能。学务处和各学院要进一步拓展劳动教育成果，创新劳动教育形式，丰富劳动内容，增强其针对性、实效性和创新性，真正实现"以劳树德、以劳增智、以劳强体、以劳育美、以劳创新"的宗旨，培养学生自立意识、执着精神和勤劳品格，养成尊重劳动成果、厉行勤俭节约、反对铺张浪费的良好习惯。

五、做好现代大学制度建设试点工作

1. 制订试点单位建设方案，按计划有序推进建设工作。

2. 做好章程修订工作。以章程修订为抓手,全面加强党的领导,认真落实立德树人根本任务。

3. 健全内部治理体系。发挥民办高校机制优势,健全内部治理体系,推动管理重心下移,落实由党委领导形成的政治权力、董事会领导形成的决策权力、校长负责形成的行政权力、教授治学形成的学术权力和师生参与形成的民主权力。

4. 健全内部运行机制。优化学校管理、监察督查制度,健全内部运行机制,加强防风险体系建设,确保制度落实到位,运行保障有力。

5. 加强大学文化建设。凝练升达文化特色,激发学校发展内生动力,提升治理水平。

6. 加强校地合作、产教融合机制建设。

六、做好二级学院目标管理试行工作

1. 学校从本学期起试行二级学院目标管理。

2. 明确考核内容。根据升达行事准则的主旨,坚持守正创新、注重实效的原则,突出目标考核的激励和导向功能,对考研、考证、招生、就业、双创、学科竞赛、学科专业建设、教学团队建设、人才培养、学生发展、管理服务等工作进行考核,充分发挥二级学院工作的积极性、主动性和创造性。

3. 制订工作方案。由人事处牵头,组织有关职能部门认真总结、发扬光大学校人事考核工作的传统与优势,学习吸收兄弟高校经验,在广泛征求基层意见的基础上,拿出目标管理考核工作方案,经学校党、政会议审定、董事会批准后试行。

4. 严格落实方案。各单位要认真贯彻实施,把目标管理工作融入日常工作,确保圆满完成各项任务,促进学校人才培养水平和综合治理能力的提升。

七、做好省硕士学位授权立项建设单位申报工作

1. 成立组织机构。成立学校申硕工作领导小组,统筹领导申硕工作。学科办要牵头组织好学习和调研,及时了解国家和省市相关政策与要求,科

学制订学校申硕工作方案,完成校内硕士点申报遴选工作。

2. 加强目标建设。相关学院要对标对表进行申硕工作建设,加大重点投入,打造高水平学科团队,产出高质量应用科研成果,力争成功申报专业硕士点建设单位。

3. 加强联合培养。学科办和国际处等部门要积极协同推进与国内外高校联合培养专业硕士工作,为申硕培养导师队伍,积累硕士培养经验,奠定研究生教育基础,提高办学层次,更好地服务学生发展和地方发展。

八、做好审核评估启动工作

1. 做好启动工作。评建办要科学制定工作方案和时间表,全面启动评建工作。

2. 坚持以评促建。全校各单位要认真学习、掌握教育部文件精神,发扬教学工作合格评估时的韧劲和拼劲,全面完成自查,落实建设方案,扎扎实实按照国家审核评估的指标体系做好各项工作,促进学校本科教育提质量、强特色、上水平,把学校建设成教师成长、学生成才、家长满意、社会认可的高水平应用型本科大学。

九、做好疫情防控和校园安全工作

1. 筑牢疫情防线。始终把师生生命安全和身体健康放在第一位,严格落实属地防控要求和学校措施,做好新冠病毒疫苗接种工作,构筑免疫防线,帮助师生养成良好的卫生习惯,进一步织牢学校的疫情防护网,再接再厉做好常态化疫情防控工作。

2. 加强安全教育。加强对学生的安全教育、管理与引导,及时摸清、化解学生思想和心理问题,积极发挥辅导员和班级心理信息员的作用,做好心理健康教育和校园交通安全管理。

3. 严管食品安全。严格落实安全主体责任,完善安全风险预警机制。增强学生食品安全意识,加强餐厅食品安全卫生管理,严防严控校园食品安全风险,确保师生饮食安全、身体健康。

十、做好登封校区建设和新建图书馆装修工作

1. 加快登封校区一期建设。总务处和登封校区筹备处要做好登封校区一期建设的基建工作，加快建设速度，保证建筑质量。

2. 积极推进登封校区第二期项目土地证的办理。

3. 加快推进新建图书馆内部设计与装修工作。总务处等部门要加快推进新建图书馆内部设计与装修工作，优化功能，保证质量，使其早日投入使用，满足师生学习需求。

4. 高质量做好常规工作。全校教职工要秉承学校创办人教育理念，发扬爱岗敬业精神和勤俭节约传统，认真履行岗位职责，团结协作，高质量做好本职常规工作。学务处要做好学生发展中心的完善工作，推进辅导员考评机制建设；总务处要做好学生宿舍楼等基建工作和后勤保障服务；校长办公室要做好学校各项重要活动的协调组织；融媒体中心要加强校内外宣传，着力讲好升达故事；教学质量监测与评估中心要做好专项督导与评估；人事处要做好高层次人才引进和职称认定评审工作；财务处要做好学校资金预算和管理工作，切实提高财务信息化管理水平；发展规划处要做好高教研究工作；科研处要组织好第七届科研工作大会，做好项目管理服务和学报相关工作；招生办公室要做好2021年招生宣传和总结工作；就业处要做好就业管理与服务，打造升达特色就业指导体系，组织好2022届毕业生校园双选会活动；校地合作处要丰富校企合作项目，深化产教融合；校友办公室要继续做好校友联络工作；图书馆要做好阅读推广和文献资源保障与利用工作；现代教育技术中心和信息化办公室要有序推进智慧校园建设，推动现代信息技术与教育教学实现深度融合；健康中心要做好卫生防疫工作，维护师生健康；国际交流处要做好外教招聘和管理工作，积极拓展国际合作办学项目；实训处工作要做好实验室和智慧教室建设论证、立项与实施工作，有效利用实验室。

（校长办公室供稿）

守正创新　勠力同心　全面推进学校高质量发展

——在年度工作会议上的行政工作报告

郭爱先

（2021年4月1日）

尊敬的董事长，各位领导、老师、同学：

大家下午好！

今天我们召开2021年度工作会议。首先，请允许我代表学校向寒假坚守在工作岗位，特别是坚守在疫情防控和网上教学第一线的各位老师表示衷心的感谢和崇高的敬意！向新入职的所有老师表示热烈的欢迎！现在，我就2020年主要工作、2021年重点工作向大家作简要报告，请审议。

第一部分　2020年主要工作总结

2020年是极不平凡的一年，也是学校成绩辉煌的一年。面对突发疫情，全校师生迎难而上、砥砺前行，付出了艰辛努力，经受住了疫情大考，取得了疫情防控和事业发展的双丰收，成绩显著、亮点纷呈。

一、思想引领，特色发展凝共识

全校认真学习习近平总书记关于教育的重要论述和上级文件精神，并邀请省内外专家学者莅校讲学，组队赴教育部规划建设中心和省内外高校学习调研；全面开展"特色发展"教育思想大讨论，设专题网站，办征文比赛，出版《教育思想大讨论优秀文集》。这些活动的开展为特色发展的深入推进凝聚了思想共识，形成了奋进合力。

二、生命至上，疫情防控好成效

学校坚持"健康第一""生命至上"，全力做好疫情防控工作。成立防控指挥部和工作专班,召开40多次专题部署会议;不断完善医疗保障条件,全面做好防疫宣传和培训;及时开设网上课程847门次,有力保证了学生"停课不停学";精心组织毕业生返校离校和秋季开学工作,学院的周密安排和教职工志愿者的热情服务受到学生、家长一致好评;新郑市两次在学校召开疫情防控相关工作会,对学校疫情防控工作给予充分肯定。

三、以人为本,增资退费获好评

疫情期间,董事会不吝资金为全校师生送温暖:为员工普涨工资11%,投入200多万元购买疫情防控物资,为后勤相关商户免三个月租金,退还全校学生一学期2200万元住宿费用,为2020届考研、考证学生及优秀毕业生等提供100多万元奖励,为参加专升本考试的毕业生免费提供住宿、用水用电、租车送考等服务,大大提升了师生的归属感、获得感,受到学生家长和社会高度好评。

四、师资为要,促进队伍新发展

学校重视青年教师专业发展,开展校本培训10余场、网培课300余门,组织国内外访学和青年教师导师制考核工作,提高青年教师素质。实施了辅导员岗位技术职务晋升办法和职员代课补贴,改善待遇,拓宽职员和辅导员成长通道;学校有34人攻读国内外大学博士研究生,29人通过教师高级职称评审,43人通过"双师型"教师认定;25人分别获得"河南省教学标兵""学术技术带头人""优秀教育管理人才"和"郑州市优秀青年社科专家"等称号。

五、培优育特,专业建设创品牌

学校组织并迎接第九批河南省重点学科的中期检查工作,制定了一流专业和一流课程建设方案。新增3个本科专业、3个专科专业,3个专业获批中外合作办学项目;4个专业被评为河南省一流专业,3个专业获批省民办教育专业建设资助项目,1个专业获批郑州地方高校急(特)需专业建设点;3门课程获批省级一流课程,6门获批省级本科教育线上教学优秀课程;

1门获批河南省高校课程思政样板课程,2门获批郑州市思政课教改项目。

六、质量立校,教学建设争一流

学校举办"精彩一课"比赛,12位教师获奖,5人被评为校级"教学名师";教师中有18人获省级课堂教学大赛奖;教学设备利用率稳步提高;质量监控中心开展网上课堂教学、毕业论文等专项质量督查,完成了国家数据平台填报和本科教学质量报告。

学校获批河南省教育教学改革重点项目1项、一般项目4项,市级项目8项;1项教学成果获得河南省高等教育教学成果一等奖;7个教研室获评省级优秀基层教学组织,3个获评郑州市优秀基层教学组织。

学生创新训练项目获批国家级立项2个、省级8个、市级8个,22个项目获得河南省"挑战杯"竞赛奖。

七、严管慈爱,育人水平再提升

学务处、团委和各学院扎实做好学生教育、管理和服务工作。强化学风建设,严抓课堂考勤秩序;编制《辅导员工作手册》,创建学生宿舍辅导员工作室,助推服务前移;组织学生教官圆满完成2020级新生军训任务;持续开展"文明礼貌月""好学月""赠棉衣、送温暖"等活动,改进优化"劳动教育",深入开展"爱国教育"和志愿服务活动,学生在省市、国家级各类竞赛中共获奖737项。就业处不断创新"冯老师工作坊"等就业指导形式,组织线上线下招聘企业近2000家,提供就业岗位5万多个,2020届毕业生就业率位居全省高校前列。其中241人考取硕士研究生,600人通过专升本考试,4人考取注册会计师,36人通过司法考试,116人获得中高级职业资格证。

八、融合发展,社会服务结新果

应用科研水平稳步提升。2020年学校科研立项358项,结项451项;科研成果获厅级以上奖励65项,纵横向科研到账经费40万元;发表学术论文585篇,核心期刊论文60篇,出版专著27部,获授权专利8项;开展学术交流活动67场次,2个研究中心获批首批郑州市哲学社会科学研究基地。

产教融合力度持续加大。已建设圆通科学工作院、升达本相茶文化学院和昆山学院3个产业学院。科学工作能力实训示范基地被评为教育部"产教融合实训基地"优秀案例,教育部学校规划建设发展中心的"教育之弦"平台刊文予以宣传。

九、以服务为导向,保障能力稳步增强

学校加强综合保障,持续提升管理服务水平。筹备处完成了登封校区一期土地证的办理;总务处建成1栋学生宿舍楼、2栋教职工公寓,统筹做好了相关动力供应和饮食保障等工作。保卫科昼夜无休为师生值守,把疫情挡在校门之外。校长办公室统筹协调全校大型活动、会议和第七次人口普查等工作。财务处保障学校财务工作平稳运行。发展规划处制订了"十四五"规划编制方案,编印了《高教发展动态》共3期。图书馆创新开展阅读推广活动,免费开放电子文献资源校外服务。信息化办公室为线上教学、数字迎新和视频会议等提供技术保障。健康中心完成了2020级新生与教职工体检和校园防控医疗保障。国际交流处开展了中外合作办学和联合培养博士项目。实训管理处改革优化了实验室建设与管理体制机制。校友办公室举办校友大讲堂等特色活动,扩大了校友智库团队。校语委积极组织参与校级、省级汉字大赛,完成8次普通话水平测试。广亚研究中心深入推进创办人教育理念的研究与传承工作。

十、亮点纷呈,社会影响力大提升

对外宣传卓有成效。学校举办"十三五"办学成果展和创办人王广亚博士书画艺术展,展示创办人的光辉业绩,记录升达学院的辉煌历程。省教育厅主办的《河南教育信息》和省委教育工作领导小组主办的《河南教育工作情况》专题报道学校19次,《中国教育报》《河南教育》等刊文4篇,20多家知名媒体报道学校500余次、推发文章700多篇,学校官方微博、抖音取得全省第六、民办高校第一的最好名次,极大提升了学校的美誉度和社会影响力。

招生工作成绩斐然。2020年新生报到人数突破1万，报到率达98%，普通本科录取分数线文理科分别超过省二本线26分、36分。

学校成功承办了由省教育厅主办的全省民办高校工商管理专业骨干教师培训班和省财政厅主办的全省会计专业技术高级资格考试，受到两厅领导和社会高度好评。

各位老师、各位同仁，2020年是全体升达人砥砺奋进之年，也是硕果累累的丰收之年。全体升达人始终以改革的新突破、实干的新成果成就了一个又一个高光时刻。学校被省委省政府授予"河南省文明校园"，获批"河南省现代学校制度建设试点单位""河南省教育融媒体建设试点单位""河南省优秀民办学校""河南省平安校园""郑州市教育系统新冠肺炎疫情防控工作先进集体"等荣誉称号。霍金花副省长在2020年9月初莅校指导疫情防控工作时说："升达学院是一所办学时间早、历史长、家喻户晓、知名度高、很多学子向往的高校，是省内民办教育的一面旗帜。"

过去一年的成绩来之不易，这是董事会正确领导、党政班子团结协作、全校师生奋进拼搏的结果。在此，我谨代表行政班子，向关心、理解、支持我们工作并为学校事业发展付出智慧和心血的董事会、校党委和全体师生，表示崇高的敬意和诚挚的感谢！

第二部分 2021年重点工作

"十四五"期间是学校特色发展、高质量发展的关键时期，2021年又是"十四五"规划开局之年。

学校行政工作总体思路是：以习近平新时代中国特色社会主义思想为指导，深入贯彻党的十九大以来历次全会精神和全国、全省教育大会精神，按照学校党建工作会议部署与要求，以高质量发展为主题，以改革创新为动力，坚持和加强党的全面领导，落实立德树人根本任务，巩固拓展疫情防控和转型发展成果，贯彻既定工作思路，保持战略定力。始终坚定一个目标，继续强化两个战略，持续提升三种能力，努力做好四项保障，全面落实五大工程，主要做好以下十项重点工作，奋力谱写新时代高水平应用型民办高校建设新篇章,为"十四五"学校高质量发展开好局、起好步,以优异成绩庆祝建党 100 周年。

一、做好"十四五"发展规划研制和宣讲工作

科学研制"十四五"发展规划是 2021 年最重要的工作。我们要高水平研制好规划。一要加强顶层设计、统筹谋划,科学设定学校"十四五"战略目标、发展思路、重点任务和主要措施。二要把学校高质量发展战略贯穿于规划编制全过程,在发展目标上对标高质量,在发展思路上体现高质量,在资源配置上支撑高质量,在任务举措上保障高质量。三要突出前瞻性、针对性和可行性,使规划更加适合新时代要求,更加契合高等教育发展规律,更加彰显学校特色,推动学校发展目标的实现。

发展规划处牵头推进规划研制和宣讲工作,组织学习相关政策文件;做足做好社会需求调研和校情研究,广泛收集建议;邀请政府、行业、高校知名规划专家和优秀校友莅校指导、参与规划的制定和论证工作;抓好规划的宣讲和实施等工作,为全面推进新时代高水平民办大学建设绘就五年发展蓝图。

抓紧推进学校更名工作(郑州升达学院)。

二、做好特色发展大讨论总结及成果转化工作

办学特色是新时代高校的核心竞争力。特色发展是学校坚持的基本理念和发展战略。上学期我们开展了卓有成效的"特色发展"大讨论,下周学校将召开大讨论交流会,集思广益,形成共识,把大讨论的成果落到发展思路上、落到制度建设上、落到行动效果上。

教务处要做好大讨论成果梳理和转化运用,形成学校学科专业特色发展的制度性设计,出台实施办法,建立健全学科专业调整与经济社会发展的联动机制。要根据社会需求和学校优势,加强学科专业融合与资源整合,综合谋划学科专业布局,明确建设思路与路径,打造学科专业特色与核心竞争力,不断提高学科专业建设与地方产业结构的匹配度,增强服务社会发展能力。

各学院要认真对标优化条件,打造专业亮点,争取在今年省"一流本科专业建设点"申报中取得优异成绩。

做好今年学校专业大类招生试点和专升本考试组织工作。

学务处、校团委等要进一步深化爱国教育、劳动教育、伦理教育"三大教育",优化"三大竞赛",完善"三方育人",强化"三全育人",凝练升达育人特色,彰显升达学生"三爱特征"(爱祖国、爱劳动、爱学习),促进学生成长。

人事处等职能部门要认真总结管理经验,深化改革,守正创新,优化管理服务制度,打造升达管理特色,提升管理服务水平。

三、做好产业学院和专业集群建设工作

现代产业学院建设和应用型本科专业集群建设是本科高校转型发展、高素质应用型人才培养、地方经济发展服务的根本路径。省教育厅出台了《关于推进高等学校产业学院建设的指导意见》,要求本科高校围绕全省优势产业、支柱产业和新兴产业集群建设需求,建设一批特色鲜明的产业学院,并遴选一批能够紧密围绕重点领域需求、基于产业链需求组建的定位准确、特色鲜明的应用型本科专业集群;近期要扩充遴选5所示范性应用技术类本科院校,持续推动本科高校转型发展。

加快推进产业学院和专业集群建设成为学校今年的破冰工程。我们要以转型发展为动力,以校企合作、协同创新为抓手,以产业学院建设为着力点,全面推进本科专业集群建设。

教务处和校地合作处牵头。一要组织好相关文件的学习贯彻,尽快出台学校产业学院和专业集群建设实施意见,完善建设、运行和管理机制,明确激励政策,充分调动教学单位和行业、企业积极性,保证校企合作的互利共赢、可持续发展。二要组织各学院面向河南省现代服务业和郑州市主导产业,按照"资源共享、相互支撑、优势突出"的建设思路,立足学科专业优势,融合具有内在关联的相关专业和资源,加强新文科与新工科(特别是学校计算机类专业)融合,以特建群,以链建群,着力打造满足地方产业需求的特色优势专业集群。三要积极联系相关政府部门、行业协会和企业,争取

"乡村振兴电商学院"早日挂牌运行,大数据应用、数字经济、文化创意等产业学院要相继跟进;借助圆通科学工作院、茶文化学院、昆山学院等扩大辐射效能,促进学生创业就业。四要通过产业学院建设,进一步深化产教融合,创新多方协同育人的应用型人才培养模式,推进"引企入教",打造高水平"双师双能型"教师队伍,通过校企合作建设一批高质量校企合作课程、教材和工程案例集,打造基于产业发展和学生职业能力培养的实践教学平台和实训实习基地,搭建产学研服务平台,提升应用型人才培养水平,为学校申报河南省示范性应用技术类高校创造条件。

四、做好"五育"并举、全面发展的教育体系完善工作

习近平总书记在全国教育大会上指出,要努力构建德智体美劳全面培养的教育体系,形成更高水平的人才培养体系。要把立德树人思想融入思想道德教育、文化知识教育、社会实践教育各环节,贯穿教育各领域,学科体系、教学体系、教材体系、管理体系等都要围绕这个目标来设计,教师要围绕这个目标来教,学生要围绕这个目标来学。

习近平总书记的重要论述为我们完善德智体美劳全面培养的教育体系提供了根本遵循和实践指南。全校上下要继续深入学习、深刻领会其深刻内涵和精神实质,齐心合力,建设完善学校"五育"并举、全面发展的一体化教育体系。

德智体美劳是相辅相成、不可或缺的有机整体和系统工程,要"五育"并举,不能有短板。我们要围绕"培养什么人、怎样培养人、为谁培养人"这一根本问题,全面落实"五育"并举和"六个下功夫"要求。

发挥大思政铸魂育人的主渠道作用。教务处要科学构建"五育"并举的课程体系和长效机制,加强教材监督管理和课程思政建设。马克思主义学院要深化思政课改革创新,扎实开展"四史"特别是党史学习教育,引导学生听党话、跟党走。各院部要以课程思政为切入点,引导教师围绕政治认同、家国情怀、文化素养、法治意识、道德修养等重点优化课程思政内容,发挥教材和课堂育人的基本功能,推进专业教育和思政教育协同育人;团委、宣传部、学生处等要深化完善学校的爱国教育和伦理教育体系,引导学生践

行社会主义核心价值观,弘扬伟大抗疫精神,厚植家国情怀、滋养文明习惯,让学生成为有大爱大德大情怀的人。

发挥智育教育安身立命的关键作用。智育是提高学生科学素质、专业能力、实现全面发展的重要途径。学校要进行基于学生能力培养和分类发展的教学改革,启动"卓越人才"培养计划,设立"广亚英才班"。总结混合式课程建设经验,加强教师现代教育技术的培训,持续跟进教学基层组织建设,打造高水平教学团队,加快推进智慧教学环境和线上教学资源建设,推进信息技术与教学过程融合,深入推动本科教育"四个回归"。

教师要创新教学模式,推动"以学为中心、以教为主导"的课堂教学发展,提高课程高阶性、创新性和挑战度,打造"金课",争创省级"一流课程",提升课堂教学质量和学生学习获得感,培养学生政治判断、科学思辨、自主学习、解决问题和专业发展等能力,使他们更好地就业创业或深造发展,成为更好的自己。

发挥体育美育育人的综合效应。健全人格的形成,必有体育和美育助力。体育学院要抓好公共体育教学,帮助每一名学生树立健康第一的理念,掌握健康知识、基本运动技能和1至2项专项技能,促进全校学生身心协调发展。美育是培根铸魂、育人化人的工作。艺术、文法学院和团委及图书馆要以提高学生审美和人文素养为目标,弘扬中华美育精神,开齐上好美育课程,开展实践活动,继续组织好读书活动和学生社团活动,构建课内外相结合的美育教育体系和工作体系,完善课程教学、实践活动、校园文化和艺术展演"四位一体"的普及艺术教育、美育教育推进机制,让每位学生在校期间掌握1至2项艺术技能,增强美育辅德、益智、健体、塑人的综合功能,引领学生树立正确的审美观念、陶冶高尚的道德情操、塑造美好心灵,以美育人、以美化人、以美培元,培养全面发展的时代新人。

持续发挥学校劳动教育的育人功能。劳动教育是学校育人的一大特色。学务处和各学院要进一步拓展劳动教育成果,创新劳动教育形式,丰富劳动内容,增强其针对性、实效性和创新性,真正实现"以劳树德、以劳增智、以劳强体、以劳育美、以劳创新"的宗旨,培养学生自立意识、执着精神和勤劳品格,养成尊重劳动成果、厉行勤俭节约、反对铺张浪费的良好习惯。

五、做好现代大学制度建设试点工作

学校历来重视大学制度建设,去年我校被省教育厅选定为全省现代学校制度建设试点。我们要以此为契机,完善学校现代大学内部治理体系,不断推进学校治理法治化、制度化、规范化,扎根中原大地,办好人民满意的教育。

发展规划处要牵头制定方案,积极开展建设工作。一是以章程修订为抓手,全面加强党的领导,认真落实立德树人根本任务。二是发挥民办高校机制优势,健全内部治理体系,推动管理重心下移,落实由党委领导形成的政治权利、董事会领导形成的决策权利、校长负责形成的行政权力、教授治学形成的学术权力和师生参与形成的民主权利。三是进一步优化学校管理、监察督查制度,健全内部运行规则,加强防风险体系建设,确保制度落实到位,运行保障有力。四是加强大学文化建设,凝练升达大学文化特色,激发学校发展内生动力,提升大学治理水平。

六、做好二级学院目标管理试行工作

二级学院目标管理是学校科学评价教学单位工作成效的重要手段,是管理重心下移、调动基层积极性、提升学校管理水平的有效举措。学校从本学期起试行二级学院目标管理办法。

要做好此项工作,我们必须贯彻国家和省关于教育评价改革的精神,根据升达行事准则的主旨,坚持守正创新、注重实效的原则,突出目标考核的激励和导向功能,对考研、考证、招生、就业、双创、学科竞赛、学科专业建设、教学团队建设、人才培养、学生发展、管理服务等工作进行考核,充分发挥二级学院工作的积极性、主动性和创造性。人事处要牵头组织有关职能部门认真总结、发扬光大升达人事考核工作的传统与优势,学习吸收兄弟高校经验,在广泛征求基层意见的基础上,拿出目标管理考核工作方案,经学校党、政会议审定、董事会批准后试行。各单位要认真贯彻实施,把目标管理工作融入日常工作,确保各项任务圆满完成,促进学校人才培养水平和综合治理能力的提升。

七、做好省硕士学位授予立项建设单位申报工作

专业硕士点是高水平应用型大学的重要标志,成功申报立项建设单位是学校"十四五"期间的重要任务,也是创办人的夙愿、董事长的心愿。

我们要集全校之力,汇全校之智,开展相关建设与申报工作。一是成立学校申硕工作领导小组,统筹领导申硕工作。学科办要牵头组织好学习和调研,及时了解国家和省里的政策与要求,科学制订学校申硕工作方案,完成校内硕士点申报遴选工作。二是督促相关学院对标对表地进行申硕工作建设,加大重点投入,打造高水平学科团队,产出高质量应用科研成果,力争实现建设单位立项。三是学科办和国际处等部门要积极协同推进与国内外高校联合培养专业硕士工作,培养导师队伍,积累硕士培养经验,奠定研究生教育基础,提高办学层次,更好地服务学生发展和地方发展。

八、做好审核评估启动工作

今年元月,教育部印发了《普通高等学校本科教育教学审核评估实施方案(2021—2025年)》的通知。学校将参加本轮审核评估。

审核评估工作的核心是督促本科高校确保人才培养中心地位和本科教育教学核心地位,推动高校积极构建自觉、自省、自律、自查、自纠的大学质量文化,建立健全教学质量保障体系,引导高校内涵发展、特色发展、创新发展,培养德智体美劳全面发展的社会主义建设者和接班人。

审核评估是教育部对学校本科教学工作的又一次全面评估,是贯穿学校"十四五"期间的最重要任务。我们要以此为契机,优化教学质量保障体系,强化质量文化建设,不断提高本科人才培养质量,促进学校本科教学水平再上新台阶。

教学评估与专业建设办公室要科学制定工作方案和时间表,全面启动评建工作。我们要认真学习、掌握教育部文件精神,发扬合格评估时的干劲、韧劲和拼劲,扎扎实实按照国家审核评估的指标体系做好各项工作,促进学校本科教育提质量、强特色、上水平,推动学校高质量发展,建设教师成长、学生成才、家长满意、社会好评的高水平应用型本科大学。

九、做好常态化疫情防控和校园安全工作

新冠疫情防控工作是2020年我们最深刻的集体记忆。同心抗疫，非凡战果来之不易。我们要始终把师生生命安全和身体健康放在第一位，严格落实属地防控要求和学校措施，再接再厉做好常态化疫情防控工作，做好新冠疫苗接种工作，构筑免疫防线，帮助全校师生养成良好的卫生习惯，进一步织牢学校的疫情防护网。

校园安全无小事，安全责任大于天。校园安全是全校师生共同的责任。要加强对学生的安全教育、管理与引导，及时摸排、化解学生思想和心理问题，积极发挥辅导员和班级心理信息员的作用，做好心理健康教育和校园交通安全管理。严格落实安全主体责任，完善安全风险预警机制，增强学生食品安全意识，加强餐厅食品安全卫生管理，严防严控校园食品安全风险，确保师生饮食安全。

十、做好登封校区建设和新建图书馆装修工作

登封校区一期建设是改善学校办学条件的迫切需要，是学校"十四五"时期的重点工程。总务处和登封校区筹备处要多方筹谋，做好一期建设的基建工作，加快建设速度，保证建筑质量。同时，积极推进第二期土地证办理。

新建图书馆是学校的亮点工程之一，早日投入使用是董事长的要求和全校师生的期盼。总务处等部门要加快推进图书馆内部设计与装修工作，优化功能，保证质量，满足师生学习需求，让新建图书馆成为学校一道亮丽的风景。

因时间关系，学校常规工作这里不再赘述。希望全校教职工秉承创办人教育理念，发扬爱岗敬业精神和勤俭节约传统，认真履行岗位职责，团结协作，高质量做好本职常规工作。

各位领导，各位同仁，没有等出来的成功，只有干出来的精彩。2021年是"两个百年"交汇、"两个五年"交接的关键之年，是开创新局、谱写新篇的起步之年，学校高质量发展正当其时。我们要高举习近平新时代中国特色

社会主义思想伟大旗帜,勠力同心抓内涵,砥砺奋进谱新篇,争做出彩升达人,以高质量发展的靓丽答卷迎接党的百年华诞!

(校长办公室供稿)

专 文

在 2021 年党的建设暨全面从严治党工作会议上的讲话

雷 霆

(2021 年 3 月 25 日)

同志们：

根据党委工作安排，我们在师生全部返校复学后的第一周及时召开学校 2021 年党的建设暨全面从严治党工作会议，部署安排相关工作。郭爱先校长紧扣上级部署和要求，对纪检工作做出了安排部署；学校党建工作要点也已经印发，为使大家准确领会、把握相关精神，抓好贯彻落实，根据上级部署和要求，同时结合学校实际，我就党建和全面从严治党工作今年的重点任务作强调说明，并提出相关要求。

一、认清使命责任，扎实推进学校事业高质量发展

我们都知道，民办高校同公办高校一样，都是党的事业、人民的事业。党和国家历来重视民办高等教育，为进一步加强党对民办高校的领导，促进民办高校健康发展，维护民办高校的和谐稳定，2006 年，中组部和教育部党组印发了《关于加强民办高校党的建设工作的若干意见》，规范了民办高校党组织的设置，明确了民办高校党组织的职责和定位。2016 年，中共中央办公厅印发了《关于加强民办学校党的建设工作的意见(试行)》，明确了民办学校保证政治方向、凝聚师生员工、推动学校发展、引领校园文化、参与管

理服务和加强自身建设的六大核心作用。2018年,中组部、教育部党组印发了《高校党建工作重点任务》,对包括民办高校在内的高校党组织提出了20条具体任务。2020年,中组部、教育部、民政部、人力资源和社会保障部、市场监督管理总局联合印发了《民办学校党建工作重点任务》,对民办学校党组织的政治功能和职责做出了更加清晰和精准的定位,并部署了10项重点任务。

党的十九大对新时代党的建设作出全面部署,对全面加强党的建设提出了更新更高的要求。面对新时代新形势,党中央对于民办高校党建工作的目标更加清晰、任务更加明确。建校以来,我们升达学院坚定不移听党话、跟党走,按照上级部署,不断加强党的建设,逐步完善党的组织,走在同类院校的前列,是民办院校党的建设工作的一面旗帜。

过去一年,我们积极应对各种困难和挑战,合心合力、攻坚克难,学校各项工作都取得长足发展。这些成绩的取得,与党建工作强有力的保障密不可分。一是管党治党责任进一步得到落实,党建活动载体不断丰富,党组织的活力被有效激发。二是政治建设的自觉性坚定性进一步增强,广大党员领导干部严守政治纪律和政治规矩,不断增强"四个意识",坚定"四个自信",做到"两个维护",推动形成了风清气正的良好政治生态。三是巩固拓展"不忘初心、牢记使命"主题教育成果,扎实推进学习贯彻习近平新时代中国特色社会主义思想往深里走、往实里走、往心里走。四是力戒形式主义、官僚主义,推动全面从严治党向纵深发展。五是宣传思想工作不断创新,网络舆论引导和新闻宣传成效显著,思想政治工作进一步加强,校内意识形态领域方向正确,主流思想保持健康、平稳。六是疫情防控工作常态化稳步推进,基层党组织的战斗堡垒作用和党员先锋模范作用充分发挥。七是统战工作取得显著成效,在凝聚人心上作出积极贡献,获得河南省2020年高校统战工作示范单位称号。新的社会阶层人士统战工作受到中央统战部、省委统战部的高度评价和充分肯定。八是推动学校事业发展的能力显著增强,以"高质量党建引领高质量发展"展示新成效。可以说,一年来学校党建工作取得了良好成效,广大党务工作者开拓创新、扎实工作,展示良好的精神风貌和过硬的政治素质,在助推学校发展中发挥了重要作用。

但我们也要有清醒认识,党的建设形势发生重大变化,党建工作面临着诸多新要求、新任务。上级的新要求,发展的新需要,工作的新考验,都需要我们牢牢把握大局大势,充分发挥党委把方向、谋大局、保落实的政治核心作用,强化基层党组织的政治功能和服务功能,切实增强以党建引领事业高质量发展的能力。当前,学校党建工作还存在一些薄弱环节,比如,落实全面从严治党"两个责任"还需要更实一些,管党治党压力向下传导还需要进一步加强,部分党员干部履职能力还需要进一步增强,党建工作创新举措还需要进一步深化,等等,这都要求我们认真对待、深入研究,采取行之有效的措施加以解决。

二、明确形势任务,着力提升党建工作科学化水平

2021年,是中国共产党成立100周年,是"十四五"开局之年,是全面建设社会主义现代化国家新征程的开启之年,是新局、新机、新篇交融的一年,是具有里程碑意义的一年。在这样一个特殊年份,立足新发展阶段、贯彻新发展理念、构建新发展格局,坚持加强党对学校工作的全面领导和党的建设,以高质量党建推动学校事业发展高质量,纵深推进全面从严治党,意义尤为重大。

一要以党的政治建设为统领,强化党的全面领导。全面贯彻落实中共中央《关于加强高校党的政治建设的若干措施》,坚持和加强党的全面领导,推动党员干部不断提高政治判断力、政治领悟力、政治执行力。贯彻落实好《中国共产党普通高等学校基层组织工作条例》和《民办学校党建工作重点任务》,组织实施基层党建工作考核,深入开展党组织书记抓基层党建述职评议工作,扎实推进党建工作创新,积极培育党建优秀品牌,推动各级党组织全面进步。严格办好民主生活会、组织生活会,认真落实"三会一课"制度。严格党员领导干部参加双重组织生活制度和讲党课制度。强化基层党组织政治功能,认真做好党员发展、教育、管理和监督工作,持续加强党支部建设,更好地发挥基层党组织的战斗堡垒作用和党员的先锋模范作用。聚焦庆祝建党100周年,深入开展"永远跟党走、奋斗新征程"庆祝建党100周年活动,引领师生牢记初心使命,坚定理想信念,担当时代责任,擦

亮奋斗底色。

二要以党史学习教育为主线，强化师生思想引领。认真开展党史学习教育，紧密围绕"学史明理、学史增信、学史崇德、学史力行"要求，教育引导党员干部和广大师生在专题学习中感悟思想伟力、在强化引领中坚定理想信念、在专题培训中深化初心使命、在实践活动中体现为民情怀、在组织生活中强化责任担当，做到学党史、悟思想、强信念、育新人。统筹线上线下载体，认真做好党委理论学习中心组和师生政治理论学习，持续推动习近平新时代中国特色社会主义思想入脑入心，确保习近平总书记重大要求和党中央决策部署落到实处。持续完善"十大育人体系"，坚持举行每天升国旗、奏唱国歌仪式，积极开展优秀传统文化教育、勤俭节约教育，深化"升国旗爱国主义教育""思政周""劳动育人工程""交流时间""青马工程力行实验班"等系列活动，引导师生不断增强"四个自信"，厚植爱国情怀，构建全员全程全方位育人大格局。创新构建课程思政与思政课程协同育人体系，提升人才培养质量。针对《新时代高校教师职业行为十项准则》加强教育，建立健全师德师风建设常态化长效化机制，从严从实抓好师德师风建设，引导广大教师不忘初心使命，争做"四有"好老师。

三要以以案促改教育为重点，强化全面从严治党。要压紧压实"两个责任"，持续强化"党政同责"和"一岗双责"。组织签订党风廉政建设责任书，开展廉政风险点排查，强化守土有责、守土担责、守土尽责。紧盯"关键少数"、关键岗位，围绕权利运行各个环节，严格日常监督。推动中央八项规定精神落地生根，坚决破除形式主义、官僚主义，持续整治师生身边不正之风和腐败问题。深入推进以案促改，深化运用监督执纪"四种形态"，强化党风党纪教育，制订实施学校《一体推进不敢腐、不能腐、不想腐，深化以案促改实施方案》，努力实现"三不"同向发力、同步推进，提升标本兼治综合效能，持续巩固风清气正育人环境。

四要以推动事业发展为牵引，强化服务中心作用。深化统一战线工作，加强思想政治引领，团结和引导各方力量积极参与学校建设，不断凝聚事业发展强大正能量。认真贯彻落实《中国共产党统一战线工作条例》，深入实施"同心圆"工程，推进民主党派、统战团体和党外代表人士队伍建设，做好新的社会阶层人士、民族宗教、侨台海归工作,凝聚政治共识,提升建言献策水平,推动学校事业发展。进一步完善工会工作机制,注重维护教职工合法权益,积极开展形式多样的职工文体活动和困难帮扶活动,加快"教工之家"建设,切实增强教职工的凝聚力、向心力。坚持党建带团建,强化政治引领,推进团学组织宣传思想建设。坚持大抓基层的鲜明导向,持续深化共青团和学生会组织改革,加强学生社团建设管理。大力培育和践行社会主义核心价值观,巩固深化省级文明校园创建成果,坚持开展群众性精神文明建设活动,推动文明行为习惯的养成,不断提升师生文明素养和道德涵养。牢固树立"安全稳定压倒一切"的思想,严格落实校园维稳工作责任制,深入开展国防和国家安全教育,不断深化"平安校园"创建工作,重点抓好重要节点、重要时期的安全稳定工作,认真做好毕业生文明安全离校,扎实做好外教管理和师生出国(境)留学培训工作,全面筑牢安全防线,确保校园安全稳定。抓实常态化疫情防控,落实抓细防控措施,坚决维护师生生命安全和身体健康。牢固树立"围绕中心抓党建,抓好党建促发展"工作理念,充分发挥各级党组织在"十四五"发展规划制定、现代学校制度建设试点、本科教学工作审核评估等中心工作中的政治核心和保障引领作用,切实做到党建工作和事业发展中心工作同步加强、相互促进。

三、坚持务实重干,全面开创党的建设工作新局面

管党治党是学校各级党组织的主责主业,各级党组织要毫不动摇地把党建工作摆在突出位置,牢固树立"在党言党、在党为党、在党爱党"的理念,切实加强领导,压实责任,形成合力,推动各项工作落到实处、收到实效。

一要强化责任抓党建。强化主责主业意识,把抓好党建作为最大的政绩。党组织书记要强化主角意识,抓好是本职、不抓是失职、抓不好是不称职,以发展成绩来检验党建成效。党务部门要强化分管主责意识,牵头抓总,及时研究解决党建工作中的问题、难题,层层压实责任,狠抓工作落实。

二要突出重点抓党建。党的建设包括方方面面,政治建设是本、思想建设是魂、组织建设是体、作风建设是形、纪律建设是尺、制度建设是矩、廉政建设和反腐败斗争是鞭。政治建设起统领作用,必须旗帜鲜明讲政治,切实

加强党的政治建设,不断增强"四个意识",坚定"四个自信",做到"两个维护",坚决防止任何形式的"低级红""高级黑"。

三要创新举措抓党建。各级党组织要经常思考总结、提炼完善好的经验和做法,形成好的工作模式,不断提高党建工作质量和效能,打造工作亮点。搭建"智慧党建"平台,注重新媒体、新技术应用,充分发挥新媒体平台作用,提高党建工作的吸引力和覆盖面。

四要齐抓共管抓党建。做好党建工作,不仅仅是党委部门的事情,更不是哪一个部门、哪一个单位的事情,而是学校每一级党组织、每一个党员共同的责任。抓好党建工作,我们既要克服党建工作是上级的事、党委部门的事,书记的事,不是自己的事的"无关论",也要克服"党建工作务虚论",还要克服可以用业务工作来代替党建工作的"代替论"。强化齐抓共管,党委各部门要发挥好统筹协调作用,做好整体安排部署,切实把各项工作做实做细,把责任落到实处。各级党组织要牢固树立"全校一盘棋"的思想,密切配合,主动作为,共同构建统筹联动、齐抓共管的大党建工作格局,形成工作合力。

五要建好队伍抓党建。中央、省委对于加强民办高校党的建设做出明确要求,高度重视党务干部培养工作。我们要切实配强专职党务工作人员,严把党务干部入口关,把政治上强、综合素质高的优秀同志放到党务岗位进行培养、锻炼。我们党务部门的同志要当好标杆,注重加强党性修养和业务培训学习,始终把纪律和规矩挺在前面,保持党务干部的生机与活力,全面促进党建工作再上新台阶、新水平。

同志们,抓好学校党建工作,事关学校发展稳定大局,必须持续用力、久久为功。加强党的全面领导,从加强党的建设开始。我们要进一步强化使命担当,严格落实全面从严治党要求,以动真碰硬的勇气、求真务实的举措,持续加强党建和思想政治工作,不断提升党建工作质量和水平,努力把党建工作的优势转化为推动学校改革发展的意志力、竞争力和向心力,为扎实推进特色鲜明的高水平应用型民办本科大学、新时代出彩中原、国家富强民族复兴建设作出新的更大贡献,以优异的成绩庆祝中国共产党成立100周年!

在党史学习教育动员大会上的讲话

雷 霆

（2021年3月25日）

同志们：

学校召开党史学习教育动员大会，主要任务是认真学习贯彻习近平总书记在党中央党史学习教育动员大会上的重要讲话精神、省委书记王国生在全省党史学习教育动员部署大会上的要求和安排，全面落实中央和省委指示精神，在全校迅速掀起党史学习教育热潮。

刚才张金安同志宣读了学校《开展党史学习教育实施方案》。此次学习教育贯穿全年，工作安排内容丰富，这都是紧扣上级要求制定的。会后，各部门各单位要及时做好动员部署，认真抓好落实。下面，根据上级有关要求，结合学校实际，我就如何开展好党史学习教育讲几点认识。

一、提高政治站位，充分认识开展党史学习教育的重大意义

在全党开展党史学习教育，是以习近平同志为核心的党中央立足党的百年历史新起点、统筹中华民族伟大复兴战略全局和世界百年未有之大变局，为动员全党全国满怀信心投身全面建设社会主义现代化国家而作出的重大决策，是党的政治生活中的一件大事。我们要认真学习领会习近平总书记在党史学习教育动员大会上的重要讲话精神，把党史学习教育作为贯穿全年的重大政治任务，迅速将思想和行动统一到党中央重大决策部署上来，准确把握核心要义和实践要求，组织开展好党史学习教育。

（一）开展党史学习教育，是砥砺初心使命、奋进新征程的内在要求。在全党开展党史学习教育，是牢记初心使命、推进中华民族伟大复兴历史伟业的必然要求，是坚定信仰信念、在新时代坚持和发展中国特色社会主义的必然要求，是推进党的自我革命、永葆党的生机活力的必然要求，对于总结历史经验、牢记初心使命，在新的历史起点上奋力夺取新时代中国特色社会

主义伟大胜利,具有重大而深远的意义。必须把党的历史学习好、总结好,把党的成功经验传承好、发扬好。

(二)开展党史学习教育,是发扬党的光荣传统和优良作风的内在要求。我们党历来重视党史学习教育。党的十八大以来,习近平总书记反复强调学习党的历史对开展广大党员干部"不忘初心、牢记使命"主题教育的重要性,对促进人民群众传承红色基因、弘扬革命精神的重要性,对提升党的各级领导干部总结历史经验、提高治国理政能力的重要性。他指出,学习党史是我们坚持和发展中国特色社会主义、把党和国家各项事业继续推向前进的必修课。因此,这门功课我们必须要修好。

(三)开展党史学习教育,是凝心聚力推动学校改革发展的内在要求。党的十九届五中全会深入分析了我国发展环境面临的复杂形势。2016年,中央作出加强民办学校党的建设工作部署,今年"两会"上的政府工作报告提出了"支持和规范民办教育"。面对前所未有的机遇和挑战,全校上下必须保持战略定力,发扬斗争精神,树立底线思维,从党的百年奋斗历程中汲取学校发展经验,以党的伟大成就增强学校发展信心,立足学校发展实践,不断推动学校事业高质量发展。

二、把握目标任务,高标准高质量推进党史学习教育

开展党史学习教育,要把握好根本任务、目标要求、重点工作,确保高标准高质量开展好党史学习教育。

(一)要把握党史学习教育的根本任务,准确把握六个"进一步"、六个"教育引导"。坚决落实进一步感悟思想伟力的要求,教育引导广大党员、干部师生从党的非凡历程中感悟马克思主义的真理光芒和实践力量,深化对马克思主义中国化既一脉相承又与时俱进的理论品质的认识,特别是要结合十八大以来党和国家事业取得历史性成就,自觉学习领会和贯彻落实习近平总书记关于教育的重要论述,不断提升落实立德树人根本任务的能力和水平。坚决落实进一步把握历史发展规律和大势要求,教育引导广大党员、干部师生胸怀"两个大局",树立大历史观,科学把握新发展阶段、贯彻新发展理念、积极服务和融入新发展格局,探索具有升达鲜明特色的办学

育人之路。坚决落实进一步深化对党的性质宗旨认识的要求,教育引导广大党员、干部师生深刻认识党的性质宗旨,坚持以师生为本,把师生对美好生活的向往作为奋斗目标,不断增强师生获得感、幸福感、安全感。坚决落实进一步总结党的历史经验的要求,教育引导广大党员、干部师生通过总结历史经验教训,持续提高抵御风险、应对挑战的能力水平,为学校改革发展稳定、防范化解重大风险、提升防腐拒变能力提供强有力支撑。坚决落实进一步发扬革命精神的要求,教育引导广大党员、干部师生大力发扬红色传统、传承红色基因,始终保持艰苦奋斗的昂扬姿态,积极投身于学校各项事业的改革发展中。坚决落实进一步增强党的团结和统一的要求,教育引导广大党员、干部师生从党史中汲取正反两方面历史经验,坚定不移向党中央看齐,旗帜鲜明讲政治,自觉在思想上政治上行动上同以习近平同志为核心的党中央保持高度一致,贯彻落实好学校各项安排部署,心往一处想、劲往一处使,形成推动学校事业发展的强大合力。

(二)要把握开展党史学习教育的目标要求。本次学习教育总的要求,就是要做到学史明理、学史增信、学史崇德、学史力行。学史明理,就是要通过学习教育,树牢唯物史观,强化理论思维、历史思维,提高广大党员、干部师生的思想理论水平。持续在学懂弄通做实上下功夫,在活学活用、指导学校发展上下功夫,不断将学习成果转化为推动学校高质量发展的生动实践。学史增信,就是要通过学习教育,增强历史自觉,坚定对马克思主义的信仰,对社会主义、共产主义的信念,对实现中华民族伟大复兴中国梦的信心。充分认识学校发展的机遇,坚定发展的信心,坚持"一张蓝图干到底",切实推进学校"十四五"发展规划落地实施。学史崇德,就是要通过学习教育,弘扬优良传统,传承红色基因,强化政德建设,做到明大德、守公德、严私德,不断加强自身能力建设。学史力行,就是要通过学习教育,加强党性锤炼,砥砺政治品格,坚持知行合一,把学习教育激发出的工作热情和进取精神转化为攻坚克难、干事创业的强大动力。

(三)要聚焦党史学习教育的重点工作。开展党史学习教育,要重点抓好五个方面的工作。一要抓好专题学习。深入学习习近平总书记重要著作、论述以及《中国共产党简史》等指定教材,充分利用党委理论学习中组学习、"三会一课"、专题讲座等形式开展党史专题学习。将深入学习贯彻习近平新时代中国特色社会主义思想,同学习马克思主义基本原理贯通起来,同学习"四史"和优秀传统文化等结合起来,坚持原原本本学、联系实际学,不断用党的最新理论武装头脑、指导实践、推动工作。二要抓好政治引领。党员领导干部要坚持更高标准、更高要求,带头学党史、讲党史,切实做好党史学习教育引导工作。三要抓好专题培训。组织开展专题培训,抓好党员干部的理论武装。充分利用河南丰富的红色资源,充分发挥线上教育优势,不断提升学习效果。四要抓好实践活动。以"我为师生办实事"活动为契机,深入基层广泛调研学校建设发展中存在的紧迫问题以及师生反映强烈的热点、难点问题,研究提出解决问题的办法措施。组织开展党员志愿服务活动,切实解决问题。五要开好专题民主生活会、组织生活会。按照"严"的标准、"实"的要求,高质量召开专题民主生活会、组织生活会,深入交流学习,查差距摆不足,明确努力方向,不断解决单位部门、学校发展中的瓶颈问题,抓好整改落实。

三、加强组织领导,确保党史学习教育取得扎实成效

开展党史学习教育是贯穿全年的一项重大政治任务。全校各级党组织要切实加强组织领导,提高思想站位,坚持守正创新,分级、分层、分阶段统筹推进,确保学习教育组织到位。

一要带头履行领导责任。各级党组织书记要扛起第一责任人的职责,严格贯彻落实中央、省委及校党委安排部署,扎实推进学习教育,坚持靠前指挥、统筹推进、分类指导,确保各项部署要求不折不扣落实到位。党员领导干部要率先垂范,带头参加学习、接受教育,做到学深悟透,学有所得。

二要注重突出升达特色。各单位要在认真学习领会学校统一部署的基础上,结合实际细化本单位的学习教育方案,守正创新,彰显特色。充分挖掘升达校史、红色文化等宝贵资源,将校史学习融入党史学习教育,激发师生爱党、爱国、爱校热情,把党史学习教育活动办出升达特色。

三要强化督促检查。校党委将组建督导组,采取多种方式对学校各级党组织开展学习教育情况进行督促指导,及时掌握学习教育进展情况,发现

和解决苗头性、倾向性问题,防止形式主义、走过场,对不符合要求的党组织要及时纠正,对消极应付、工作不力的严厉批评、严肃处理,确保学习教育取得实效。

四要大力加强宣传引导。充分运用各类宣传平台,大力宣传中央、省委关于党史学习教育的决策部署,宣传开展党史学习教育的重大意义、目标任务和基本要求。深入报道学校和各单位开展学习教育的工作进展和实际成效,发现、推广涌现出的好做法、好经验,营造浓厚学习氛围,推动党史学习教育走深走实。

同志们,学史者不愚,知史者不慌,用史者不乱。我们要不断从党的光辉历史中汲取阔步新征程的磅礴力量,在真学真用、真知真行中汲取宝贵经验,以更加开阔的视野、更加昂扬的斗志、更加扎实的作风,做好党史学习教育各项工作,以学习教育的突出成效和学校事业发展的优异成绩迎接党的百年华诞!

(党委办公室供稿)

在第二届董事会第八次会议上的讲话

王淑芳
(2021年3月26日)

各位校领导及各位董事:

大家好!

首先,今天特别欢迎省委委派一位优秀的、年轻有为的党员干部到校工作,这就是雷霆同志。雷霆同志是第十届省纪委委员,曾长期在河南理工大学、河南大学等百年老校担任领导职务,政治强、业务精、作风正、人品好。省委委派雷霆同志担任学校党委书记,必将对学校的发展起到重要推动作用。

下面,我讲一下本学期董事会的工作要求。

一、继续做好疫情防控工作

生命至上,健康第一,做好疫情防控工作需要大家的齐心协力。学校要安排健康中心等有关部门负责,按照政策要求,进一步细化和落实学校的防控措施,确保全校师生的身心健康。当前,疫情防控形势仍然非常严峻,我们要采取两项措施:一是积极联系,为全校师生注射疫苗;教职工按照国家政策,费用从个人医保中出。二是要持续做好全校公共场所的消杀工作。这里要对张其武、张红阳同志提出表扬,他们牺牲假期休息时间,落实消杀工作,做得很好。本学期,要继续坚持好的做法,对教室、宿舍、食堂等公共区域定期进行全面的消杀,目的就是要确保师生的身体健康。

二、狠抓人才培养质量

在这里,我要表扬郭爱先校长,她不分工休、不分昼夜、每日操劳,想了很多办法。不断提高人才培养质量是学校永恒的主题,此项工作由郭爱先校长继续负责,教务处要拟定出具体的办法,要永远把确保人才培养质量放到第一位。学校要采取五项措施:一是要传承创办人"伦理、创新、品质、绩效"的办学理念,坚持"要有好的师资、要有好的设备、要有好的制度、要有好的管理、要有好的福利"的五好办学原则。二是要总结干部轮岗的经验,按照学校轮岗的制度办法,参照年龄、专业等要素,结合个人意愿,充分考虑工作需要,对干部进行必要的多岗位交流锻炼,做到人员和岗位相匹配。三是要多组织外出参观学习,现在有很多民办学校发展很快、办得很好,学校要组织教职工多学习其他高校好的经验做法,提高站位,拓宽视野。四是要注意培养队伍,学校已经建校28年,有一部分同仁在校工作十几年甚至二十多年,从青年到中年,已经成长为学校发展的中坚力量了,对这部分同仁学校要加强培养,打造一支我们自己培养出来的高素质的干部和教师队伍。五是要改革创新,学校的发展要紧跟时代的步伐,在智慧校园、行业学院、大部制、书院制改革等方面也要稳步推进。

三、公私分明、克己奉公

教师是太阳底下最光辉的职业,是人类灵魂的工程师。作为教育工作者,特别是领导干部,我们要做到三点:一是要为人师表,以身作则,做学生的表率;二是要严格要求自己,大公无私,多做奉献,做教工的表率;三是要守时、守信、守法,严格按照国家教育政策法规办学,做好社会表率。

总之,我们要始终听党话、跟党走,始终坚持把立德树人作为根本任务,始终牢记为党育人、为国育才的使命,发扬升达优良传统,努力为党和国家培养德智体美劳全面发展的社会主义建设者和接班人。

谢谢大家。

(董事会办公室供稿)

在2021年学校工作部署会上的讲话

王淑芳

(2021年4月1日)

尊敬的各位领导、各位同仁:

大家下午好!

过去一年,在全校教职员工的共同努力下,学校各方面工作都取得了优异的成绩,在这里,我代表董事会向大家的辛勤付出表示衷心的感谢!

刚才,郭爱先校长所作工作报告内容丰富,水平高,对去年工作的总结客观全面,对取得的成绩表示了祝贺,对2021年的工作安排思路清晰,重点突出、举措有力、部署得当。希望各单位要认真落实。

下面,我对今年工作谈三点意见。

第一,继续做好疫情防控工作。生命至上,健康第一。请大家齐心协力,按照上级政策要求,进一步细化和落实防控措施,并做好全校公共场所的消杀工作,确保全校师生身体健康。希望全校师生积极按照上级规定,接种新冠疫苗,提高免疫力,保护生命健康。

第二,要狠抓教学质量。走到天边,质量第一。一要落实好党委雷书记党建工作报告和安排部署,抓好重点工作,推动教学质量稳步提升;二要继续坚持创办人提出的办学理念(伦理、创新、品质、绩效)和"五好"办学原则(要有好的师资、好的设备、好的制度、好的管理、好的福利),将其融入到高质量人才培养之中;三要持续提高教师和干部工作水平,要多参加校外学术交流活动,找准方向,多学习和运用;四要建立轮岗制度,互相学习;五要不断创新,同时要积极建造行业学院,努力把学校建设成为智慧校园,提高教学水平。

第三,教师是人类灵魂的工程师,要做到公私分明、克己奉公。做学生的表率:为人师表,以身作则;做教工的表率:严于律己、大公无私;做社会的表率:将守时、守信、守法,作为办事的标准。

最后,我们要始终听党话、跟党走,不忘初心、牢记使命,为培养出德智体美劳全面发展的社会主义建设者和接班人而努力奋斗。

谢谢大家!

(董事会办公室供稿)

清明节在建校纪念碑广场献花仪式上的致辞

王新奇

(2021年4月5日)

尊敬的各位领导、各位同仁,亲爱的同学们:

大家上午好!

首先请允许我代表王淑芳董事长,向出席今天仪式的各位领导、同仁、同学表示衷心的感谢。

我的外公、创办人王广亚博士,毕生献身教育事业,致力于文化传播,始终坚持为社会办学的初衷,始终坚持"取之于社会,回馈于社会,取之于学生,用之于学校"的理念,始终坚持非营利性办学的原则,把全部的经费都用在了学校发展上,个人从来不取分文回报。创办人一生办学兴校、服务社会、报效国家,他的一生是勤俭朴实、躬耕杏坛的一生;是倾资兴学、情系桑梓的一生;是赤诚爱国、奉献社会的一生。他为祖国、为民族、为家乡作出了卓越贡献,树立了不朽的丰碑,是值得我们永远学习的杏坛楷模,是值得我们永远怀念的杰出教育家。

岁月流逝,时光匆匆,转眼之间,创办人离开我们已经六年了。六年来,创办人的音容笑貌时常浮现在我的眼前,创办人的谆谆教诲时常回响在我的耳边,和创办人朝夕相处的点点滴滴时常萦绕在我的脑海中,对创办人的无限思念时常涌上我的心头。我觉得创办人并没有走远,他永远在我的身边、在我的梦里、在我的心中。

创办人虽然离我们远去了,但他的不朽功绩将被一代代永远铭记,他的奉献精神将被一代代永远传承,他的高风亮节将被一代代永远传颂,他开创的教育事业将被一代代永远传承。在这个特殊的日子里,让我们把对创办人的无限思念,转化成奋斗的动力,继承创办人的遗志,弘扬创办人的理念,在王淑芳董事长的领导下,努力做好本职工作,齐心协力,改革创新,把学校办得越来越好,以优异的办学成绩告慰创办人的在天之灵。

最后,再次向各位表示最衷心的感谢。谢谢大家。

(董事会办公室供稿)

在升达郑州校友会2021年年会上的致辞

王新奇

(2021年4月24日)

亲爱的校友们:

大家下午好!

春光明媚,红紫芳菲!在这春意盎然的美好季节,我们欢聚一堂,参加郑州校友会2021年年会活动。学校对此活动非常重视，王新奇执行董事因公务出差不能亲自到场，特委托我参加今天的活动，并请我代他转达对校友们的问候。下面我宣读王新奇执行董事的致辞。

跨过不同寻常的2020年，2021年的相聚更显弥足珍贵。在这里我代表王淑芳董事长、学校董事会、领导班子对郑州校友年会的隆重召开表示衷心的祝贺！并借此机会向升达校友们表示最诚挚的感谢和问候！

2020年是极不平凡的一年，也是升达成绩辉煌的一年，这一切离不开广大校友的关心和支持。面对突发疫情，无数校友心系母校，雪中送炭，为母校寄送防疫物资，提供各种帮助；全校师生迎难而上，取得了疫情防控和教育事业发展的双丰收；董事会不吝重金为全校员工增涨工资，为学生退还住宿费用、免费提供学习考试服务、学业奖励等。这一年，学校通过特色发展大讨论统一了思想认识，建设特色鲜明的高水平应用型本科大学的目标更加坚定，高质量发展的思路更加清晰，人才培养质量、社会服务能力、大学治理水平和服务学生成长成才的成效明显提升。学校被省委省政府授予"河南省文明校园"称号，被省教育厅遴选为河南省现代大学制度建设试点学校，又获得"平安校园""优秀民办高校"等称号。新生报到率创历史新高，达到98%。学校发展蒸蒸日上、欣欣向荣，得到了上级政府的肯定，受到了社会各界的好评。霍金花副省长在2020年9月初莅校指导时说："升达学院是一所办学时间早、历史长、家喻户晓、知名度高、很多学子向往的高校，是省内民办教育的一面旗帜。"

我们深切地感到，学校的每一个进步，每一份成就，都凝结着一届又一届校友的力量和贡献。广大校友在校期间发挥了推动学校发展、创造学校历史的主体作用，离校后依然心系母校，关注母校，不忘创办人和升达的培养之恩，积极以各种方式献策献力，回馈母校，助力学校发展。

我们各地校友会很好地发挥了校友之家的功能。尤其是郑州校友会，作为规模最大、发展最快、距校最近的地方校友会，在上届孙攀峰会长和这届周延翟会长的带领下，发展行业分会，联络服务当地校友、壮大校友组织力量，扩大母校影响力，推动母校事业发展，成为各地校友会的标杆。校友们给予了母校诸多的关心、支持和帮助。大家积极参与学校规划论证、人才培养、校企合作、创新创业、就业招聘等工作和学校重大活动，通过校友大讲堂、校友沙龙和励志报告等形式分享成长感悟、成功经验，助力在校学生成长。

升达校友敢想敢干、勇于拼搏、执着踏实、团结互助，咬定青山不放松，只争朝夕不停步，具有能吃苦、爱学习、善合作、懂感恩的鲜明特质。大家以实际行动为母校增光添彩，为学弟学妹们做出表率！校友们奠定了升达学院不断发展提升的坚实基础，并为学校继续开拓奋进、建设高水平本科大学提供着不竭动力。你们是母校最靓丽的名片、最重要的资源、最宝贵的财富，也是母校最大的骄傲。我常常被校友们对母校的深厚情感、无私奉献以及才华能力和事业成功所感动！借此机会，我谨代表董事会和学校，向长期以来情系母校、为母校赢得荣誉、做出贡献的校友总会、包括郑州在内的地方校友会和所有校友表示崇高的敬意和衷心的感谢！

各位校友，"和羹之美，在于合异"，团结才能缔造辉煌！校友和母校永远是同脉相连的命运共同体。在过去的岁月里，我们相扶相助，相濡以沫；在今后的事业中，我们更要抱团聚力，赋能发展。希望校友会能够继续发挥平台作用，广泛联络校友，维系珍贵情感，让更多的校友们凝聚在一起，在事业上加强合作共享，在生活上相互扶持照顾，在发展上实现合力共赢！也希望广大校友继续积极为母校的建设与发展，特别是"十四五"发展规划研制、人才培养、校企合作、产教融合、学生创业就业等工作建言献策。学校也将一如既往地为校友的事业发展提供更好的服务。

让我们继续大力弘扬"勤俭朴实，自力更生"的升达校训，心手相牵，快马加鞭，携手共同谱写人生进步和事业发展的新篇章，共同在这美好的新时代，为国家富强、民族复兴、人民幸福做出我们升达人应有的贡献！

各位校友，四年大学缘，永久亲人情。你们永远是母校的牵挂，升达永远是你们的家园！希望各位校友牢记：身体是资本，家庭是港湾，母校是后盾。你们在事业发展的同时，要关爱自己的身体，关爱自己的家庭，关注母校的发展。希望你们常回校看看！

最后，预祝2021年郑州校友会年会活动取得圆满成功！祝所有的升达校友身体健康、事业发达、阖家幸福！

谢谢大家!

(董事会办公室供稿)

在 2020 届毕业生就业工作表彰会上的讲话

王新奇

(2021 年 4 月 28 日)

尊敬的各位领导、各位同仁:

大家上午好!

今天,我们在这里召开毕业生就业工作表彰会,我感到非常高兴。首先请允许我代表王淑芳董事长,向大家为就业工作付出的辛勤劳动表示衷心的感谢;向就业工作先进集体和个人表示热烈的祝贺。当前,2021 届毕业生就业工作已经进入攻坚阶段,借此机会,我讲几点意见。

一是要深刻认识就业工作的重要性。就业是民生之本,民生是最大的政治。就业工作事关毕业生的切身利益,事关社会和谐稳定。对于民办高校来讲,更事关学校社会声誉,事关学校生存发展。只有不断提高毕业生就业率、就业层次,学校才会越来越好,才能良性发展。因此,希望大家高度重视、全力以赴做好就业工作。

二是要落实好就业工作的各项保障。近年来,学校构建了就业工作机制,安排了专项经费,实现了就业工作的全覆盖。各单位一定要用足、用好就业政策,落实好就业工作的各项保障。

三是要多措并举,力求突破。各单位要按照省教育厅的要求,认真实施就业工作"一把手"工程,不断完善智慧化就业平台建设,全面提升就业指导服务水平,争取在就业精准帮扶、就业岗位多元化供给、就业全链条反馈等方面取得新的突破。

四是要加强毕业生就业观念的指导。各单位要教育毕业生发扬"吃苦、吃亏、吃气"的三吃精神,先就业、再择业或创业。毕业生是学校办学水平的重要体现,是学校建设发展的重要力量,希望我们能培养出更多在不同领域、不同行业有社会影响力、号召力的知名校友,为学校增光添彩。

各位领导,各位同仁,2021届毕业生就业工作已经进入攻坚阶段,希望全校上下密切配合,协调联动,用力、用心、用情服务好每一名毕业生,保质保量地完成2021年就业工作的目标,为迎接党成立一百周年做出我们应有的贡献。

最后,祝大家工作顺利,身体健康。谢谢大家。

(董事会办公室供稿)

在建党100周年"黄河教育奖"颁奖仪式上的讲话

王新奇

(2021年5月8日)

尊敬的各位领导,各位同仁:

大家好!

今天,有幸与各位交流思想,碰撞智慧,共谋发展,我感到十分高兴!首先,我谨代表升达学院,向长期以来关心、支持升达发展的各位领导、各界朋友,表示衷心的感谢!诚挚感谢组委会提供平台,供大家分享交流。刚才几位领导的发言非常精彩,我听后受益匪浅,很受启发。

郑州升达经贸管理学院创建于1993年,是一所由豫籍台湾教育家王广亚博士捐资,与郑州大学合作创办的本科高校,2011年4月经教育部批准,成为一所单独设置的,以经济学、管理学为主,工学、文学、法学、教育学、艺术学等多学科协调发展的民办普通本科学校,现有45个本科专业、20个专科专业,全日制在校生3万余人,其中本科生约2.6万人。

建校以来,学校始终坚持党的领导、坚持社会主义办学方向,坚持公益性、非营利性办学,坚持应用型办学、服务地方经济社会发展,2019年顺利通过教育部本科教学工作合格评估,被专家称为"一所有文化、有灵魂、有特色的高校",获得"河南省文明校园"、"河南省平安校园"、"河南省优秀民办学校"、"河南省依法治校示范校"、教育部"科学工作能力实训示范基地"、"全国全民阅读示范基地"等称号;获批"河南省现代学校制度建设试点单位""河南省教育融媒体建设试点单位"。

董事长王淑芳女士常讲,她自己姓党,升达也姓党,没有共产党就没有幸福生活,没有共产党就没有今天的升达。28年来,学校全面贯彻党的教育方针,紧紧围绕立德树人根本任务,全面加强党建和思想政治工作,努力办好人民满意的教育。

一是充分发挥学校党委政治核心作用。落实了校党委、董事会、校行政交叉任职管理模式。健全完善了董事长、校长与党委书记交流沟通制度、党政联席会制度和党委会会议制度等工作机制,充分保证党委政治核心作用的发挥,校党委参与重大问题和重要事项的讨论。

二是健全党建工作机构。健全了党委、纪委领导班子及其各职能部门,构建了"校党委—党总支—党支部"三级党组织体系,实现了党组织有形、有效全覆盖。对标上级要求,专设二级学院党总支书记,配备专、兼职组织员,配齐配强专职辅导员、思政课教师队伍。

三是加强基层党组织建设。坚持以"两化一创"强基引领三年行动计划为抓手,组织开展首批校级样板支部评选活动,扎实推进党支部标准化、规范化建设。培育了"党旗领航工程""亮身份,扬党旗——党员在行动""党员学习实践月""红色一分钟""创青春——党支部活力工程"等多项基层党建创新品牌项目。

四是抓细抓实思想政治工作。注重立德树人、以文化人,大力培育和践行社会主义核心价值观,不断深化爱国教育、劳动教育、伦理教育"三大教育",持续实施秩序礼仪、文明宿舍、学生整洁"三大竞赛",着力强化教书育人、服务育人、环境育人"三方育人",积极构建全员、全过程、全方位"三全育人"体系。深化思政课改革,大力实施课程思政"四个一"工程,充分发挥"思政课程"与"课程思政"协同效应。深入开展党史学习教育和"把灾难当教材,与祖国共成长"宣传教育;设立"淑芳师德奖励基金",重奖师德先进个人每人1万元;引导学生厚植家国情怀、陶冶思想品德、滋养良好习惯、提升综合素质,努力培养担当民族复兴大任的时代新人。

建校28年来,学校已为社会输送了近10万名毕业生,培养出一大批学有所成、干有所成、创有所成的优秀人才。他们分布在全国各行各业,受到用人单位普遍好评,先后涌现出联合国秘书长办公室高级协调官李新艳、"王杰班"战士王楠、为勇救落水学生而英勇牺牲的"河南省十大教育新闻人物"特岗教师冯协、郑州航空港实验区建设投资公司董事长沈立、北京大学教授李芳等优秀校友。

以上是学校基本情况和党建工作的简要汇报,不当之处,敬请各位领导批评指正。也借此机会,诚挚邀请各位领导、各位同仁到升达指导工作!

最后,祝论坛圆满成功,祝各位领导、各位同仁身体健康、工作顺利!

（董事会办公室供稿）

在省委高校工委巡回指导会议上的欢迎辞

王新奇

（2021年5月17日）

尊敬的田俊廷书记,各位领导,各位同仁:

大家下午好!

首先,我代表王淑芳董事长和全校3万多名师生,向省委高校工委巡回指导组田组长一行表示热烈的欢迎!

我校是由豫籍台湾教育家王广亚博士,于1993年捐资创办的河南省第一所民办本科高校,2019年顺利通过教育部本科教学工作合格评估。建校28年来,为社会培养毕业生10万余人,分布在全国66个地区和城市。

学校始终坚持党的领导、坚持社会主义办学方向,坚持公益性、非营利办学,坚持地方性、应用型办学,全面贯彻党的教育方针,依法依规办学。学校落实了校党委、董事会、校行政交叉任职,健全了党建工作机构,构建了"校党委—党总支—党支部"三级党建组织网络,配齐配强组织员、专职辅导员、思政课教师队伍,坚持"两化一创",培育了多个基层党建创新品牌项目。学校紧紧围绕立德树人根本任务,全面加强了党的建设,充分发挥了党委政治核心作用。

习近平总书记深刻阐述了开展党史学习教育的重大意义,升达学院以此为契机,将党史学习教育作为重要的政治任务,并在实际工作中落到实处。也恳请田组长一行,对升达学院的工作多作指导、传经送宝。

最后,衷心祝愿各位身体健康,工作顺利。谢谢大家!

(董事会办公室供稿)

在 2021 届毕业生毕业典礼上的讲话

王淑芳

(2021 年 6 月 3 日)

尊敬的各位来宾、校友们,亲爱的老师们、同学们:

大家上午好!

今天我们在这里欢聚一堂,隆重举行 2021 届毕业生毕业典礼,在此,我代表学校衷心祝贺你们圆满完成学业,开启人生的新征程。四年里,你们增长本领,启迪智慧,熏陶人格,用奋斗的汗水与母校建立起了终生缘分,在即将离校之际,我有几句话送给每一位毕业生。

一是要树立崇高的理想。作为新时代的青年,要把个人理想融入国家理想,把个人命运融入民族命运,把个人小我融入社会大我。树立崇高的理想,就是要把生命的价值落实到时代的发展中去,把生命的责任和民族的崇高责任连在一起,书写无愧于时代和民族的精彩人生。

二是要牢记升达校训和升达精神。同学们要牢记"勤俭、朴实、自力、更生"的升达校训和"爱国、爱校、宁静、好学、礼让、整洁"的升达精神,要继承创办人吃苦、吃亏、吃气的"三吃"精神。升达人要有文化自信,要热爱母校、维护母校的荣誉,为母校争光。要饮水思源,永怀感恩之心,不能忘记师长的谆谆教诲,不能忘记朝夕相处的同窗之情,要心系母校,为母校的发展建言献策。

三是要脚踏实地,勇敢追梦。同学们即将走向更加广阔的天地和舞台,要向我们优秀的校友学习,先就业、后择业、再创业。走入社会,第一件事就是要先养活自己、独立生活,然后再选择你们喜欢的工作,若有经验的话,再去创业,更好地服务社会。要发扬创办人守时、守信、守法的"三守"精神,守时是一种尊重,守信是一种承诺,守法是一种行为。要脚踏实地,勇敢追梦,实现青春梦想!

同学们,今年是中国共产党成立100周年,100年来,一代又一代中国共产党人为民族独立、人民解放而前仆后继、英勇奋斗;面对新冠疫情,无数中国共产党人奔赴抗击疫情最前线,甚至献出宝贵的生命,才换来我们今天的幸福生活。

同学们,今天我们能够坐在宽敞明亮的思源会馆,隆重举行毕业典礼,应该感谢伟大的党,伟大的祖国。在未来的工作、学习生活中、希望你们不忘初心、牢记使命,服务社会,报效国家,为母校争光!

最后,衷心祝愿你们幸福平安,鹏程万里,前程似锦!谢谢大家!

(董事会办公室供稿)

在2021年大学生读书节闭幕式上的讲话

王新奇

(2021年6月4日)

尊敬的各位领导、老师们、同学们:

大家下午好!

首先,我代表学校董事会、王淑芳董事长,向为本次活动顺利举办,付出辛勤劳动的老师和同学们表示衷心的感谢!对获奖的同学表示热烈的祝贺!

书籍是知识的重要载体,读书是学习的基础,是增长才智的重要途径。

学校创办人王广亚博士就是一个爱读书的人,爱思考的人,他毕生献身教育事业,兴办学校十余所,培养学子百余万人。仅仅我们升达这一所学校,建校28年来,就培养了10万多名毕业生,他们分布在全球30多个国家和全国66个主要城市,其中有很多校友在高校从事教书育人的工作,这些优秀的校友的共同特点就是喜欢读书,喜欢学习。

很多事业有成的校友,经常会用创办人"少年重学习,青年重修养,壮年讲功力,老年讲境界"的格言,激励自己不断学习,不断进步。希望大家牢记创办人重学习、重修养的教诲,向优秀的学长学习,勤读书,读好书,不断提高综合素质。也希望大家能够饮水思源,珍惜伟大的党、伟大的祖国、伟大的新时代为我们创造的良好环境,珍惜创办人为我们提供的优越的学习条件,努力学习,不负青春时光,不负美好年华,通过读书不断提升自身能力和本领,报效祖国,服务社会,回馈母校。

最后,祝大家身体健康,学业有成。谢谢大家!

(董事会办公室供稿)

在党建工作委员会换届会议暨党建基地授牌仪式上的致辞

王新奇

(2021年6月5日)

尊敬的各位领导,各位同仁:

大家上午好!

首先,请允许我代表升达学院王淑芳董事长和全校3万多名师生,向各位领导和全省民办教育界的同仁们表示热烈的欢迎!

我校是由豫籍台湾教育家王广亚博士,于1993年捐资创办的河南省第一所民办性质的本科高校。建校28年来,为社会输送了10万多名毕业生,他们分布在全球30多个国家和全国66个主要城市,涌现出了联合国高级协调官李新艳、"王杰班"战士王楠等一大批优秀校友。

学校始终坚持社会主义办学方向,全面贯彻党的教育方针,大力弘扬"爱国爱校、宁静好学、礼让整洁"的"升达"精神。王淑芳董事长常讲,她自己姓党,升达也姓党,没有共产党就没有我们的幸福生活,没有共产党就没有今天的升达。

学校始终听党话,跟党走,始终牢记为党育人、为国育才的使命。坚持立德树人、以文化人;持续实施爱国教育、劳动教育、伦理教育"三大教育";不断深化秩序礼仪、文明宿舍、学生整洁"三大竞赛";着力强化教书育人、服务育人、环境育人"三方育人"的措施;精心构建全员、全过程、全方位"三全育人"体系;厚植家国情怀、陶冶思想品德、滋养良好习惯、提升综合素质,努力培养担当民族复兴大任的时代新人。

能够承办本次会议,是升达的荣幸。我们将全力以赴,以最大的热情为大家做好服务。因学校地处郑州南郊,接待条件有限,服务不周之处还请大家原谅,多多包涵。

最后,预祝本次会议圆满成功!祝愿各位领导、同仁身体健康、工作顺利!谢谢大家!

(董事会办公室供稿)

在庆祝中国共产党成立 100 周年文艺晚会上的讲话

王新奇
(2021 年 6 月 3 日)

各位领导,老师们、同学们:

大家晚上好!

今天,我们隆重集会,共同庆祝党的百年华诞,热情歌颂党的光辉历程,真诚表达对党的热爱。在此,我代表学校董事会、王淑芳董事长,向为本次晚会顺利举办付出辛勤劳动的老师和同学们表示衷心的感谢!

今年是中国共产党成立 100 周年,百年征程波澜壮阔,百年初心历久弥坚。100年来,中国共产党见证了烽火岁月,经历了沧桑巨变,带领中华民族和中国人民,实现了从站起来、富起来到强起来的伟大飞跃。这告诉我们一个道理:有党在,跟党走,祖国方能昌盛,人民才能幸福。

1993年,创办人王广亚博士从台湾回到河南,在中国共产党的领导下创办了升达学院。28年以来,学校始终牢记为党育人、为国育才的使命,听党话,跟党走,坚持立德树人、以文化人。王淑芳董事长常讲,她自己姓党,升达也姓党,没有中国共产党就没有幸福生活,没有中国共产党就没有今天的升达。

在此,我对同学们提出两点希望:一是希望同学们要认真学好党史,要念党情、感党恩,要从历史中汲取力量、找准方向,在民族复兴、国家富强新征程中做出更大的贡献;二是希望同学们一定要紧跟党的脚步,自觉践行时代责任,珍惜美好年华,为实现中华民族伟大复兴的中国梦而不断奋斗。

最后,预祝文艺晚会圆满成功,祝同学们身体健康、学业有成。谢谢大家!

(董事会办公室供稿)

在"郑州科技职业技术学院"设置汇报会上的欢迎辞

王新奇

(2021年6月16日)

尊敬的赵校长,各位领导,各位同仁:

大家下午好!

首先,我代表学校董事会王淑芳董事长和河南省广亚教育基金会,向各位莅校考察专家表示热烈的欢迎!

学校是由豫籍台湾教育家王广亚博士,于1993年捐资创办的,2011年转设为独立学院,2019年顺利通过教育部本科教学工作合格评估。建校28年来,学校已培养10万优秀学子,他们服务于全球33个国家和全国66个主要城市。

河南省广亚教育基金会是学校于2019年发起成立,从事公益性、非营利性活动的慈善组织。河南省广亚教育基金会的宗旨是加强教育机构与国内外各界的联系和合作,遵守宪法、法律、法规和国家其他相关政策,遵循合法、自愿、诚信、非营利的原则,践行社会主义核心价值观,遵守社会道德风尚,推动学校教学科研的提升,促进河南省教育事业的健康发展。

基金会自成立以来,在对学生的奖励与资助方面,现已立项实施的学生奖助项目有8个,包括爱国爱校奖学金、劳动实践奖学金、敬老孝亲奖学金、文明宿舍奖学金、志愿服务奖学金、"淑芳好学"奖学金、"广亚"助学金和特困学生救助基金。2020年度已奖励46个学生集体、193名个人,共计22.66万;资助学生181人,共计27.6万。

2021年4月,习近平总书记对职业教育工作作出重要指示,强调在全面建设社会主义现代化国家新征程中,职业教育前途广阔,大有可为。目前,基金会申请设置郑州科技职业技术学院正是顺势而为,响应党中央的号召,也是落实河南省和郑州市大力发展职业教育的安排部署的重要举措。

在此,希望各位专家对升达给予指导帮助。最后,衷心祝愿各位身体健康,工作顺利!

谢谢大家!

(董事会办公室供稿)

在2020—2021学年第二学期主管联席会扩大会议上的讲话

王新奇
(2021年6月22日)

各位领导、各位同仁:

大家下午好!

7月1日,我们将迎来党的100周年华诞,在这个特殊的时期,安全稳定工作要比以往任何时候都更重要,事关学校事业发展的大局。在此,我代表学校董事会王淑芳董事长对全校安全稳定工作提出四点要求。

一是要明确学校安全稳定工作的特殊性和重要性。安全工作无小事，要全面开展自查，及时消除各类安全隐患，要找准差距，补齐安全发展短板，避免出现安全事件。

二是要狠抓安全责任落实。安全工作要常抓不懈，任何时候，任何环节都不能松劲。要动态整治安全隐患，全面落实安全监管，加强源头和过程监管；要持续夯实基础，进一步提升技防水平，完善应急预案，加强安全队伍建设。

三是要完善问责追责机制。创办人确立的办学理念，首要的就是讲伦理，下级服从上级，一级对一级负责，其核心就是要确立责任制。在安全工作上也是如此，要进一步加强全校师生的安全宣传教育，把安全稳定责任传导到位，严格落实"党政同责、一岗双责、失职追责"要求，把安全责任落实执行到位。

四是要坚守岗位，做好假期值班和应急准备工作。值班人员要坚守岗位，加强巡视，做好记录，认真履行工作职责。要完善应急协调联动机制，时刻保持应急状态，做到第一时间响应、第一时间处置，确保不出安全事故。

最后，希望大家能高度重视安全工作、牢固树立安全意识，共同维护好"省级平安校园""省级文明校园"的荣誉，为学校教育事业高质量发展提供坚实保障。

谢谢大家！

（董事会办公室供稿）

学习百年党史　汲取精神力量
奋力推进学校党建和教育事业高质量发展

雷　霆

（2021年6月24日）

同志们：

今天我们在这里隆重集会，庆祝中国共产党诞辰100周年，表彰涌现出的优秀共产党员、优秀党务工作者和先进基层党组织。在此,我代表学校党委向全校广大党员致以节日的诚挚问候!向关心支持学校党建工作的广大师生员工表示衷心感谢!向受表彰的集体和个人表示热烈祝贺!希望全校各级党组织和广大党员学习先进、争当先进,进一步发挥基层党组织的战斗堡垒作用和共产党员的先锋模范作用。希望受表彰的先进集体和个人,在新的起点上,立足本职工作,再接再厉、再创佳绩,为学校事业发展做出新的更大贡献!

党的十八大以来,以习近平同志为核心的党中央高度重视党史工作和党史学习教育。2021年,在庆祝党的百年华诞的重大时刻,在"两个一百年"奋斗目标历史交汇的关键节点,党中央部署在全党开展党史学习教育,从党史这一"最好的教科书""最好的营养剂"中汲取前进智慧、奋进力量,具有十分重要的现实意义和深远的历史意义。

百年党史是一部苦难辉煌的奋斗史。这一百年,是矢志践行初心使命的一百年,是筚路蓝缕、奠基立业的一百年,是创造辉煌、开辟未来的一百年。在这一百年的奋斗历程中,一代又一代的中国共产党人顽强拼搏、不懈奋斗,涌现一大批视死如归的革命烈士、一大批顽强奋斗的英雄人物、一大批忘我奉献的先进模范,形成一系列伟大精神,构筑起中国共产党人的精神谱系,为我们立党、兴党、强党提供了丰厚滋养。精神如炬,照亮着中国革命、建设、改革的漫漫征程。

这段时间通过认真研读党史,我受益良多。作为一名高校党员领导干部,我进一步提升了对党史学习教育内涵和实质的领悟,坚定不移向党中央看齐,不断提高自身的政治判断力、政治领悟力、政治执行力,做一名马克思主义的坚定信仰者、"两个维护"的坚决捍卫者、习近平新时代中国特色社会主义思想的忠实践行者。学好党史,是我们每一位共产党员一生的必修课。我们要以党史为生动教材,领悟、传承、坚守党的初心使命,在重温先辈们的奋斗征程中坚定我们的理想信念,从党的历史中寻求发展源泉,集聚发展动力,务实重干、为民服务,让党的事业在基层永续发展,以实实在在的业绩赢得广大师生的认可和支持,以更加高昂的精神状态和奋斗姿态奋进在建设特色鲜明的高水平应用型民办大学的新征程上。

借此机会,我和大家谈谈我的学习体会和认识。主要有四个方面,可以说是四个关键词:学习、信仰、力行、自省。也可以说是四句话:理论学习要贯穿一生,理想信念要坚守一生,为民服务要实干一生,自我反省要伴随一生。

一、学习:理论学习要贯穿一生

百年党史,也是一部理论创新史。我们党的理论是从艰难曲折、生生不息的历史发展进程中不断总结提炼,又不断经受历史和实践检验的科学理论。习近平总书记多次指出,我们党的历史,就是一部不断推进马克思主义中国化的历史,一部不断推进理论创新、进行理论创造的历史。中国共产党从建党开始,就是以马克思主义理论为指导、武装起来的政党。一百年来,我们党坚持解放思想与实事求是相统一,不断开辟马克思主义新境界,产生了毛泽东思想、邓小平理论、"三个代表"重要思想、科学发展观、习近平新时代中国特色社会主义思想,为党和人民的事业发展提供了科学理论指导。正是在这些科学理论的指导下,我们党实现了由小到大、由弱变强的转变,取得了举世瞩目、令人自豪的伟大成就。

我们正朝着实现中华民族伟大复兴的目标而奋力前行,在新的历史征程中,特别需要我们结合党的十八大以来党和国家事业取得历史性成就、发生历史性变革的进程,来学习领会新时代党的创新理论,深刻领悟中国共产党为什么"能"、马克思主义为什么"行"、中国特色社会主义为什么"好",用党的创新理论最新成果武装头脑、指导实践、推动工作,把习近平新时代中国特色社会主义思想主题教育贯彻到教育教学的各项活动之中,贯彻到全面建设社会主义现代化国家的全过程。

当前,作为高校党员,我们在学习习近平新时代中国特色社会主义思想的过程中,要重点学习习近平总书记关于教育的重要论述、党的教育方针;学习涉及学校发展的法规、政策、高等教育管理基础理论;还要学习工作中需要的相关理论知识。要做到学懂、弄通,并应用于实践中。同时,还要注重向实践学习、向先贤学习、向师生学习、同志之间相互学习,实现全方位的学习,用政治理论、教育理论武装头脑,永葆党员先进性。

二、信仰：理想信念要坚守一生

理想信念是共产党人的灵魂，既是共产党人的精神支柱，也是共产党人的价值追求。它能凝聚、感召、鼓舞大家前行，甚至为信仰而流血牺牲。我们党发展到今天，最根本的一点就是，信仰鼓舞和激励了一代又一代中国共产党人。

党的十八大以来，以习近平同志为核心的党中央高度重视高等教育的发展，发表一系列重要论述，作出一系列重要部署。这是中国特色社会主义理论的重大创新成果，是办好中国特色社会主义高等教育的行动纲领。其中，习近平总书记强调，要坚持把立德树人作为中心环节，培养担当民族复兴大任的时代新人。这是当前高校一切工作的出发点和落脚点，是我们高校共产党员要坚守的理想信念。为实现这个目标，我们不论处在什么岗位，都应当努力把本职工作做好。升达学院各项事业的发展，体现在每一项具体工作中，宏伟的大厦是靠一砖、一瓦、一沙、一石造就出来的。在日常工作中，有很多同志加班加点，努力做好工作，不计较个人得失，就是因为有理想信念支撑，有对教育事业和学校的热爱，通过建设国家和办好学校体现自己的人生价值。

上述内容是对教职员工尤其是教工党员讲的。我们在座的青年学生呢？学校竭尽全力为大家创造了良好的学习生活环境、成长成才条件，你们要正确树立远大理想，培育科学的历史观，厚植爱党爱国情怀，珍惜大学学习时光，"学党史、感党恩、听党话、跟党走"，尤其是学生党员，一定要严格要求自己，时时处处牢记自己的党员身份，在方方面面都要发挥模范带头作用，学会团结带领同学们以良好的精神面貌，发奋学习、增长才干，以昂扬姿态在中华民族伟大复兴进程中实现自我人生价值。

三、力行：为民服务要践行一生

前面我讲"理论学习要贯穿一生、理想信念要坚守一生"，理论学习是思想引领，理想信念就是精神武装，这一切的落脚点在我们党"全心全意为人民服务"的宗旨上。这是我们每一名党员都需要为之践行一生的追求。

对于我们来说,首先要立足岗位,尽心尽力尽情为师生服务。这就要求我们要把师生摆在心中最重要的位置,牢固树立服务意识,做到全心全意为师生服务,想他们所想,急他们所急,解他们所难。

习近平总书记曾多次提到,当今世界正经历百年未有之大变局,育新机、开新局,开启全面建设社会主义现代化国家新征程是大势所趋。作为民办高校,我们也应该抓住发展机遇,团结带领全校师生接续奋斗,为党育人,为国育才,投入到民族复兴伟大实践当中。建校以来,尤其是近些年,学校的党建工作和各项事业都取得了优异成绩,为加强内涵建设、提升办学层次奠定了良好基础,但是我们对照党的要求、先进高校的发展方向,以及师生美好的向往,仍然不敢有丝毫懈怠。我们需要保持定力,认准目标,加快发展,解决我们当前面临的问题和困难。

因此,我们党员尤其是党员干部,要把开展党史学习教育与贯彻新发展理念、推动高质量发展结合起来,进一步从政治要求、根本宗旨、问题导向等方面,完整、全面、准确地把握新发展理念,坚持学思用贯通、知信行统一,把学习党史同推动工作、解决实际问题结合起来,开展好"我为群众办实事"实践活动,聚焦师生"急难愁盼"的痛点、难点问题,有序推进、稳妥解决,切实把好事办实、实事办好。要防止学习与工作"两张皮",切实将学习的成效转化为推动学校"十四五"开好局、起好步、高质量发展的强大动力,以实际行动增强"四个意识"、坚定"四个自信"、做到"两个维护",走好高质量发展的路子,为落实立德树人根本任务、扎根中国大地办大学作出升达贡献。

四、自省:自我反省要伴随一生

人的修行成长、全面发展离不开自我反省。善于自省,是中华民族的优良传统,也是我们建党百年来始终保持先进性、纯洁性的重要法宝。推进党史学习教育,要求我们把自省摆在重要位置,并贯穿党史学习教育全过程。"君子检身,常若有过",透过党史这个"扫描仪",可以找出我们自身的缺点与不足。因此,学习党史时我们应自觉关闭"过滤镜",多为自己"体检",找一找在忠诚、干净、担当方面有哪些差距;要坚持底线思维,红线、底线不能触碰、不可跨越,始终坚持自我革命、自我完善。本着有则改之、无则加勉的态度,通过自我反省、自我批评、自我革命,自觉清除思想上的灰尘和心灵上的污垢,永葆共产党人政治本色。

回望过去,展望未来,我们必须把党的历史学习好、总结好,把党的成功经验传承好、发扬好。在党史学习教育中践行初心使命,坚守理想信念,把蕴含在党史中的思想结晶和精神财富学深悟透,转化为思想自觉、精神动力、行为准则,推动学校党的建设和教育事业高质量发展,以优异成绩庆祝中国共产党成立100周年;为创办高水平升达学院、谱写中原更加出彩的绚丽篇章、全面建设社会主义现代化国家、实现中华民族伟大复兴汇聚广泛力量,贡献升达人的青春力量和使命担当!

(党委办公室供稿)

在疫情防控暨灾后重建工作会议上的讲话

王新奇

(2021年8月10日)

各位领导、各位同仁:

大家下午好!

刚才雷书记、郭校长、张校长分别作了讲话,对学校疫情防控暨灾后重建工作进行了安排部署。在这里,我代表王淑芳董事长对此项工作再强调几点。

一是要全面学习贯彻全省教育系统视频会议精神。昨天下午,我和在校的校领导及部分主管参加了全省教育系统疫情防控暨灾后重建工作视频会,全校各单位也要迅速行动起来,把疫情防控和灾后重建作为当前的头等大事,认真学习贯彻省里的会议精神,确保把省委、省政府的要求落到实处。

二是要高度重视,全员动员。前一段时期,郑州"7·20"特大暴雨灾害造成学校校区护坡多处塌方,校内数条道路被冲毁,部分宿舍楼、教学楼进水,教学生活等设施多处被淹,损失惨重,灾后重建任务十分艰巨。近一段时期,新郑教育园区被划为疫情封控区,学校所在的小乔社区有两个小区被调整为中风险地区,学校疫情防控形势的复杂性进一步加剧。当前,我们面临大灾之后防大疫和疫情防控相叠加的严峻考验,全校各单位要始终保持高度警惕,杜绝侥幸心理,克服松懈情绪,在坚决做好疫情防控这个大前提下,毫不放松地抓好灾后重建工作。

三是要克服困难,做好开学前的各项准备工作。当前,离原定的开学报到时间只剩20多天了,学校疫情防控指挥部各专班、学校各单位要落实好属地和教育主管部门的指示精神,精心制定工作方案,克服一切困难,消除一切隐患,争分夺秒,努力为确保广大师生的安全和学校顺利开学做充分准备。

我相信在党和政府的坚强领导,在大家的共同努力下,我们一定能完成疫情防控和灾后重建的各项任务。最后,希望大家保重身体,保持健康;祝愿大家万事如意,平安幸福。谢谢大家。

(董事会办公室供稿)

在 2021 级新生开学典礼上的讲话

王新奇
(2021 年 9 月 2 日)

尊敬的各位老师,亲爱的同学们:

大家好!

在这金秋送爽的开学季,我们迎来了 2021 级新同学,在此,我谨代表学校董事会向各位新同学表示最热烈的欢迎!

今年暑假对于河南的老师和同学们来说,是一个特殊的暑假,每一个人都被卷入了一场特殊的"战役"。天灾无情,但压不垮泱泱大国;疫情凶猛,但敌不过众志成城。灾难来临的时候,升达学子挺身而出,肩负起"天下兴亡,匹夫有责"的使命,他们真正做到了"把灾难当教材,与祖国共成长",用明亮的"志愿红"回应青春使命,书写青春担当!

面对防汛救灾工作,学校国旗班战士、金融贸易学院2019级证券1班贾星龙同学在新乡牧野区卫河决堤口坚守三天三夜,奋战于防汛抗洪一线;学校会计学院2009级李鹏校友积极组织老兵救援队奔赴新乡,解救1500余人,帮助灾区群众转移财产1000余万元,被新乡市人民政府发函致谢。

面对疫情防控工作,学校中共预备党员、信息工程学院2018级电信1班杨渊博同学头顶酷暑,身穿防护服,协助当地党支部为1000余名群众进行核酸检测;学校共青团员、会计学院2020级会专8班王文静同学在商丘梁园区协助社区居民开展疫情防控活动,被河南电视台全程报道。

他们作为新时代的大学生,不枉母校的教诲,以身作则,勇于担当,伸出援手,真正做到了"用大爱育人心,与中原同崛起",用实际行动展现升达人的风采,书写了升达人的精神。

"上下同欲者胜",同舟共济者赢。在这次抗洪大战、抗疫大战中,升达学子尽全力共度难关,为家乡奉献自己的光和热。在我看来,这不仅仅是一段经历,更是一种成长,因为我看到了升达学子身上所表现出来的志气、骨气和底气!

作为2021级新生,走进升达大家庭,你们如何才能成为一名新时代的大学生,借此机会我讲几点希望。

第一,热爱中国共产党,热爱祖国,热爱升达。

家是最小国,国是千万家,有了强大的祖国,中华民族才能在世界上挺起脊梁。爱国爱校是创办人王广亚博士确立的升达精神的核心,也是我们每一位升达人的光荣使命。学校二十八年如一日地开展升国旗爱国主义教育,就是希望你们谨记,没有国哪有家的道理。只有国家繁荣富强,人民才能幸福安康。你们要心怀国家、关心升达,承担起国家强大,民族复兴的大任。

第二,希望你们坚定理想信念,扎实学好本领,努力拼搏奋斗。

大学是人生的重要阶段,大学不是学习的终点,而是又一个新的起点。同学们要树立新的人生目标,确立新的航向,尽快适应大学生活、转变身份角色,牢记学生身份,学本领、长见识、开眼界。希望你们做终身学习的人,让学习成为习惯,让读书成为常态。多读书,读好书,重视学习、学会学习、勤于学习,将理论知识运用于实践之中,做到举一反三、融会贯通,真正将升达所学作为安身立命之本,努力去拼搏奋斗,成就更好的自己!

第三,希望你们携手同心,礼貌待人,团结奋进,成就一番事业。

建校28年来,学校已培养10万名优秀学子,培养出一大批学有所成、干有所成、创有所成的优秀人才,他们服务于全球33个国家和全国66个主要城市,先后涌现出联合国秘书长办公室高级协调官李新艳、"王杰班"战士王楠、为勇救落水学生而壮烈牺牲的"河南省十大教育新闻人物"的特岗教师冯协、北京大学教授李芳、郑州航空港实验区建设投资公司董事长沈立等优秀校友。今天,我们有缘相聚在美丽的升达,希望你们珍惜大学生活,珍惜师生情谊,珍惜同窗友情,怀感恩之心,礼貌待人,团结奋进,成就一份事业,真正做到"今天你以升达为荣,明天升达以你为傲"。

同学们,正是因为有了强大的祖国、父母的养育、母校的培养、创办人王广亚博士搭建的平台,我们才有缘相聚在美丽的升达,希望你们感恩祖国、感恩父母、感恩老师,立报国之志、成栋梁之才;希望你们刻苦学习,团结友爱,共同进步,遵纪守法,加强锻炼,重视防疫,珍爱生命。

最后,祝愿你们快乐生活,开心学习,健康成长!

(董事会办公室供稿)

在学校2021年暑期全体教职员工培训会上的讲话

王新奇
(2021年9月3日)

各位同仁:

大家下午好!

在各位的共同努力下,我们克服困难,完成了暑期教职工培训、防汛防疫等各项工作任务。在此,我代表王淑芳董事长,向暑假期间坚守岗位的同仁表示衷心的感谢,向为防汛防疫付出辛勤劳动的同仁表示衷心的感谢。下周就要开始线上教学了,借此机会,我提几点希望。

一是要全力以赴,确保灾后重建任务如期完成。

郑州"7·20"特大暴雨,学校受灾较为严重。王淑芳董事长在第一时间对防汛救灾工作作出了指示,各部门要遵照董事长的指示,在前期工作的基础上,对配电、供水、宿舍、餐厅、实验室等开展再排查、再落实、再整改,对受损的建筑、护坡、道路、桥梁等抓紧修复,确保如期完成灾后重建任务。同时,要对教学楼、宿舍楼、餐厅等公共区域进行喷洒消毒,为师生返校后的正常学习生活提供保障。

二是要高度重视,持续抓好疫情防控工作。

疫情防控关系到师生的身体健康,全校各部门要深刻认识当前疫情防控的重要性,毫不放松地认真落实疫情防控的各项要求。要强化网格化管理,严格门禁制度,层层压实责任,确保疫情不进校园。

三是要提振精神,努力做好开学准备。

今年,因为疫情的影响,学生返校的时间要晚于往年,新生到校的时间也晚于往年。在这个特殊的时期,希望有关部门和二级学院要多动脑筋、想办法,努力提高学生的注册率、缴费率、报到率。在这里,我也要说一下,近几年来,部分学院有的专业上线率持续下滑,几乎到了无人愿报的地步;今年有少数专业,第一志愿上线率又创新低,基本上全部要靠从其他专业调剂,才能勉强录满。这种现象,要引起相关学院的高度重视,要采取措施加强专业宣传和专业教育,尽最大努力把调剂到本专业的学生稳定住。同时,教务处、人事处、招生办等有关部门要抓紧拿出办法,把专业报考率、报到率等作为二级学院绩效考核的重要指标,充分调动二级学院,特别是二级学院领导干部的积极性。

当前,全面复学在即,学校各项工作紧迫而繁重,希望大家齐心协力,各安其位、各司其职、各负其责,认真做好开学准备,以最好的精神风貌迎接学生返校复学,确保"平安开学、开学平安"。

各位领导、各位同仁,我相信在上级党委、政府的大力支持下,在王淑芳董事长的正确领导下,在各位的共同努力下,我们一定能把升达越办越好。

谢谢大家。

（董事会办公室供稿）

牢记时代使命　书写青春华章
——在2021年秋季开学第一课上的讲话
雷　霆

（2021年9月5日）

同学们：

大家好！

金秋送爽，丹桂飘香。在经受防汛救灾和疫情防控双重考验、迎来开学之际，我们升达学子相聚"云端"，上秋季开学第一课。首先，我代表全校教职员工，向大家致以新学期亲切的问候！向加入升达大家庭的2021级新同学表示热烈的欢迎！

假期中，水灾和疫情新状况相继发生，大家虽然身处各地，但学校和老师们一直都牵挂着你们。由于受水灾和疫情影响，开学之初，我们需要上一段时间的网课，按照上级关于秋季开学返校要求，条件具备后我们将分期分批、错峰错时有序返校。希望在不久后，老生平安返校，新生平安入校。

今年的暑假，可谓是既惊天动地，又感天动地。千年一遇的暴雨洪灾与诡谲多变的新冠疫情叠加，让我们在感受到生命脆弱和世事无常的同时，更加体会到党的温暖，更加认识到中国特色社会主义制度的巨大优势。同时，在这场没有硝烟的抗洪防疫战役中，我看到很多同学的身影。你们积极响应党和政府的号召，在做好自我保护的同时，战斗在防汛救灾和疫情防控第一线，用执着和坚守诠释了最美"逆行"，在此我谨代表学校，给你们点一个大大的赞！

暴雨和疫情阻滞了我们相聚校园的脚步，但我们异地同心，开启了网课学习，老师们将再次变身"主播"，与大家"云"相见。大家要响应号召，积极防控，遵守相关防疫规定，与祖国同命运，与人民共患难。今天的第一课，我呼吁我们不仅要学习书本上的专业知识,更需要学习伟大建党精神、抗洪防疫精神,引领大家在回望中习得人生。

在此,我想通过三个方面来为大家讲开学第一课,归纳起来,可以说是三个关键词:信仰、信念、信心。也可以说是三句话:始终树牢马克思主义信仰;始终坚定中国特色社会主义信念;始终坚定中华民族伟大复兴的志向与信心。

第一个关键词是信仰,要始终树牢马克思主义信仰。

建党百年来,中国共产党不仅把马克思主义信仰写进了奋斗纲领,作为自己的行动指南,更将这一信仰付诸具体行动中。无论是顺境还是逆境,对信仰的忠诚和担当,始终是共产党人坚如磐石的根和魂。中国共产党也正是依靠信仰的力量,才筑牢了安身立命、顶天立地的根本,练就了"钢筋铁骨",创造了一个又一个彪炳史册的人间奇迹。正是坚定的马克思主义信仰,给予了我们打赢抗洪和防疫人民战争的精神支柱和内生力量。

青年兴则民族兴,青年强则国家强。习近平多次用"总开关""精神上的'钙'""革命理想高于天"等生动话语,强调坚定马克思主义信仰的极端重要性。作为当代青年的你们,是与新时代共同前进的一代,是最富活力、最具创造力的社会群体。青年信仰什么主义、捍卫什么主义、坚定什么立场,决定着国家和民族的前途命运。新时代青年必须坚定马克思主义信仰,矢志不渝为实现共产主义远大理想和中国特色社会主义共同理想而奋斗。坚定马克思主义信仰,还要敢于并善于同各种错误思想、观点作斗争,在斗争中坚定理想信念,不断提升捍卫马克思主义的决心和能力。

第二个关键词是信念,要始终恪守中国特色社会主义坚定信念。

习近平总书记在中国共产党成立100周年大会上指出,以史为鉴、开创未来,必须坚持和发展中国特色社会主义。中国特色社会主义是我们党领导人民进行伟大社会革命的成果,是实现中华民族伟大复兴的正确道路,必须一以贯之进行下去。回顾中国共产党气势磅礴的百年历程,我们深刻领悟:没有中国共产党就没有中国特色社会主义,必须始终如一坚持党的全面领导,坚定中国特色社会主义理想信念不动摇。

历史赋予使命,时代要求担当。随着中国特色社会主义进入新时代,青年的成长成才也产生了新的历史方位和环境条件。习近平总书记号召青年要珍惜这个伟大时代、担负时代使命,在担当中历练,在尽责中成长,并对青年担当尽责、成长成才提出了期望和要求。对照习近平总书记的期望和要求,青年人要切实承担起推进新时代中国特色社会主义事业的伟大使命,坚定理想信念,牢固树立正确的世界观、人生观和价值观,不断增强中国特色社会主义道路自信、理论自信、制度自信、文化自信,努力成长为新时代德智体美劳全面发展的社会主义建设者和接班人。

第三个关键词是信心,要始终坚定中华民族伟大复兴的志向与信心。

"一代人有一代人的长征,一代人有一代人的担当。"当前,中国特色社会主义进入新时代,中国人民拥有前所未有的道路自信、理论自信、制度自信、文化自信,中华民族伟大复兴正展现出前所未有的光明前景,我们比历史上任何时期都更接近、更有信心和能力实现中华民族伟大复兴的目标,新时代中国青年既面临着难得的建功立业的人生际遇,也面临着"天将降大任于是人"的时代使命。

担当起民族复兴之大任,并不是一件容易的事。广大青年要从百年党史学习教育中汲取力量,树立"先天下之忧而忧"的责任担当,紧跟时代、肩负使命,不断学习吸收中华民族文化的精髓,深入挖掘传承中华民族文化的内涵,坚持以"天行健,君子以自强不息,地势坤,君子以厚德载物"的精神理念,涵养和践行社会主义核心价值观,以青年的家国情怀、世界眼光、民族特色、时代精神推动中华优秀传统文化创造性转化、创新性发展,更好地构筑起引领国家发展和民族复兴的青年精神、青年价值和青年力量。

青春由磨砺而出彩,人生因奋斗而升华。如果说,责任担当是成长的最好催化剂,那么,抗洪防疫就是当代青年最好的成长礼。在这次抗洪防疫斗争中,学校广大学生自觉把小我融入祖国的大我、人民的大我之中,或是捐款捐物,或是投身一线,与时代同步伐、与人民共命运,在国家危难时挺身而出,在人民需要时舍生忘死,在社会期盼时扛起责任,充分展现了新时代青年的责任担当,激发了青春正能量。

当前,我们仍要深刻、清醒地认识到,"外防输入,内防反弹"的总策略仍需坚定不移地落实,防控形势依然严峻,一定要克服麻痹思想和厌战情绪。全体师生要积极行动起来,我们不是旁观者,更没有局外人,每一个

"小我"都是学校疫情防控"大我"中不可分割的一员。在这里我向同学们提三点希望。

一是要积极做好疫情防控。希望同学们严格按照学校要求,高标准做好个人防控,倍加珍惜来之不易的防控成绩,不断巩固疫情防控成果。学校会精准落实各项行之有效的防控措施,不断巩固疫情防控形势持续向好态势,抓紧抓实开学返校准备工作,强化健康、生活、学习等方面的服务保障,确保"平安开学、开学平安"。这一点请同学们放心。

二是要从抗疫斗争中汲取奋进力量。希望同学们在磨难中成长,从磨难中奋起,厚植爱国情怀,坚定理想信念,培育意志品质,增强过硬本领,勇做担当民族复兴大任的时代新人。在一年多疫情防控斗争中,广大青年用实际行动证明了,新时代青年是好样的,是堪当大任的!我们身边就有很多这样的青年,他们主动请缨、甘于奉献,逆行而上、担当作为。我们要深入学习伟大抗疫精神,把正确的道德认知、自觉的道德养成、积极的道德实践紧密结合起来,不断修身立德,打牢道德根基,争取在人生道路上走得更正、更远。

三是要认真完成学习任务。希望同学们学会自我管理、自我教育,珍惜在校时光,克服困难,圆满完成学业。经历了疫情期间的网课之后,大家要做好"线上"与"线下"的学习衔接。回归"线下"后,针对"线上"课堂中的薄弱环节进行再学习,对重点内容进行再强化,确保学习不掉队。努力掌握专业知识,增强专业技能,在学习中增长知识,锤炼品格,增长才干。在当前特殊时期,更要学会静下心来读书,全面总结自己,在做好每一件小事、完成每一项任务、履行每一项职责中努力提升自我,在攻坚克难中创造佳绩。

同学们,非常时期非常考验,需要你们付出非凡毅力、非凡行动!一直以来,大家非常理解、支持和配合学校的工作,在此,我代表学校,向大家表达谢意!希望大家继续支持配合学校疫情防控和教育教学工作,自觉肩负起时代赋予的使命责任,在最美好的时代,以奋斗之姿绽放最美丽的青春!

最后,祝愿同学们新学期身体健康,学习进步,生活愉快!

(党委办公室供稿)

与升达共成长　与祖国共奋进

——在2021级新生入学教育上的讲话

雷　霆

（2021年9月10日）

老师们、同学们：

大家好！

今天是我国第37个教师节，首先我向所有教师致以节日问候。同时，我代表全校师生欢迎2021级新同学加入升达大家庭！祝贺大家开启美好的大学生活！今明两天我们开展新生入学教育，帮助大家更好地了解升达、熟悉升达、融入升达。

郑州升达经贸管理学院是由著名豫籍台湾教育家王广亚博士，为回馈桑梓、造福家乡，于1993年捐赠巨资兴办的一所本科高校，前身为郑州大学升达经贸管理学院。2011年4月，经教育部批准，转设成为全国首批独立设置的民办普通本科高校，是入驻郑州新郑教育园区的第一所高校。

建校伊始，创办人王广亚博士就提出"伦理、创新、品质、绩效"办学理念，"爱国爱校、宁静好学、礼让整洁"升达精神，"勤俭朴实、自力更生"升达校训，要求学生具有"吃苦、吃亏、吃气"的"三吃"精神和守时、守信、守法的"三守"意识。28年来，升达学院紧跟国家经济社会发展和教育改革的步伐，在创办人王广亚博士和董事长王淑芳女士的带领下，始终坚持社会主义办学方向、公益非营利性办学宗旨、应用型服务地方经济社会发展办学定位，紧盯建设国内知名、特色鲜明的高水平应用型民办本科大学办学目标，致力于培养德智体美劳全面发展的高素质应用型人才。

目前，学校拥有以经济学、管理学为主，工学、文学、法学、教育学、艺术学等多学科协调发展的学科专业体系，有龙湖和登封两个校区，占地面积2200余亩，建筑面积近60万平方米，教学科研仪器设备总值1.37亿元，实验实训教学中心17个；拥有河南省实验教学示范中心2个，河南省虚拟仿真实验教学项目2个；图书馆馆藏纸质文献263万余册，电子图书95万多种;拥有高速、安全、稳定、有线无线一体化的网络环境,建成高集成度的智慧化服务平台。学校荣获"河南省文明校园""河南省平安校园""河南省优秀民办学校""河南省依法治校示范校""河南省高等学校数字化校园示范工程项目建设单位"等称号与荣誉。

学校不断加强学科专业建设,现有45个本科专业、25个专科专业,其中河南省重点学科5个,河南省一流本科专业建设点4个,河南省民办高校品牌专业与建设资助项目14个,河南省特色专业建设点和专业综合改革试点项目8个。同时,紧紧围绕地方经济社会发展需求,打造了大数据会计、电子商务、数字金融、智能技术、文化创意、服务管理等8个应用专业集群。又加强与政府、行业和企业合作,推进产教融合,建设圆通科学工作院、乡村振兴电商学院、数智化会计、云达大数据等7个产业学院。2019年,学校顺利通过教育部本科教学工作合格评估,被专家称为"一所有文化、有灵魂、有特色的高校"。28年来,学校已为国家培养10余万人才。

建校以来,尤其是党的十八大以来,学校始终牢记为党育人、为国育才使命,全面贯彻党的教育方针,坚持立德树人、以文化人,大力培育和践行社会主义核心价值观,不断深化爱国教育、劳动教育、伦理教育"三大教育",持续实施秩序礼仪、文明宿舍、学生整洁"三大竞赛",着力强化教书育人、服务育人、环境育人"三方育人",完善全员全过程全方位"三全育人"体系,厚植学生家国情怀、陶冶思想品德、滋养良好习惯、提升综合素质,着力培养担当民族复兴大任的时代新人。

下面,我从"德智体美劳"五个方面,向大家简要介绍升达的育人亮点。

一、德育为先,导航铸魂。要培养德智体美劳全面发展的社会主义建设者和接班人,升达始终把德育放在第一位。坚定落实立德树人根本任务,把立德树人融入每个专业、每堂课、每位师生的教学实践中。升达注重德育,从大的方面来说,是坚持爱国主义教育。首先,"爱国"在升达办学精神中是第一位的,升达坚定不移坚持党的全面领导,为学校各项事业发展提供坚强政治保障;坚持每天举行升国旗仪式,培养学生的家国情怀,引导大家成为胸怀祖国、为国奉献的有志之士。大家来到校园会发现,当国歌响起、国旗升起时,无论在校园何处,同学们都会自觉停止一切行动,面向国旗方向行注目礼,这就是我们爱国主义教育的成效。从小的方面来讲,还包括个人的内在修养和外在表现。升达精神提倡的"礼让",就是引导学生以礼待人,提升自身的修养与外表形象,真正将"德"内化于心、外化于行。

二、智育为重,固本赋能。升达始终坚持以生为本,为学生发展服务。铭记创办人"把最好的资源留给学生"的教导,坚持王淑芳董事长提出的"教学需要万金不惜",为学生配备好的师资队伍,提供一流的教学条件,建设智慧校园和现代化的图书馆,为学生提供集实验、实训、实习、科研于一体的学习场所,让同学们在"实践中体验,在体验中学习,在学习中成长"。在长期办学实践中,升达凝练出"三三三制"办学特色,并长期将其贯穿于教育教学工作之中。比如其中的"两证多照",要求学生毕业时不仅要取得毕业证书、学位证书,还要取得英语、计算机等级证书和专业方面的资格证书,不断激励同学们提升职业能力和竞争力,达到毕业即就业,上班即上手的目标。

三、体育为基,强体健魄。"健康体魄是青少年学生为祖国和人民服务的基本前提,是中华民族旺盛生命力的体现",升达牢固树立"健康第一"的教育理念,高度重视体育教学工作,加大运动场馆修建投入,开齐开足体育课,积极引导学生到体育场、健身房、大自然中去锻炼身体,强健体魄,让学生在体育锻炼中享受乐趣、增强体质、锤炼意志、健全人格。升达还坚持把学生课外体育活动作为校园文化建设的重要组成部分,开展形式多样的课外体育活动。通过科学安排作息时间,保证学生每天有一定时间用于课外体育锻炼,大力营造良好的校园体育文化氛围,让校园充满青春活力。

四、美育为要,正心修身。除必要的美育课程、课程美育教学外,升达美育还体现在丰富多彩的校园文化活动中。学校为师生打造了周末文化广场、周五经典电影播放、科技文化艺术节、新生风采大赛、十佳歌手大赛、校园舞蹈大赛、"迎新生庆国庆"文艺晚会等品牌校园文化活动;开展"高雅艺术进校园",邀请国家级、省级演出团体进校演出,不断提升校园文化品位,丰富校园文化生活,提升学生的审美情趣。还有,日常走在校园里,常常能看到各类文艺类社团竞相开展活动,或是唱歌跳舞,或是读书写字,都充分展示了我们升达学子的风貌。

五、劳育为本,知行合一。建校以来,升达坚持开展以"团体劳动、工读劳动和基本劳动"为主的劳动教育,将劳动教育作为一门课程纳入教学计划,要求一年级学生每天进行半小时基本劳动,在身体力行中体悟劳动的付出,感受劳动的快乐和成就,勤奋好学,自立自强。现在,无论是在校园里还是校园外,我们升达人都具备劳动习惯和能力,时刻牢记和践行习近平总书记提出的"劳动最光荣、劳动最崇高、劳动最伟大、劳动最美丽"的劳动价值观。升达特有的劳动教育成果,铸就我们升达人的特质。

这就是升达,一个不断为学生创造优异成长环境的大学。进入升达,意味着你已经成为一名大学生,迈入了人生新阶段。

新时代、新发展阶段要求高等学校培养更多高水平、自立自强、能适应高质量发展的各类人才。人才培养目标的转变,对青年学生的成长成才也提出了更高的要求。作为新时代的升达人,我希望每一位同学以我们创办人为榜样,弘扬"爱国爱校、宁静好学、礼让整洁"升达精神,秉承"勤俭朴实、自力更生"升达校训,规划好大学生活,做行动的巨人,真正沉下心来,读万卷书、行万里路,争做"四有"青年,努力成为可堪大用、能担重任的栋梁之才。在此,我想向大家提四点希望和要求。

一要筑梦,做有理想的青年。理想信念是一个人的前进方向、奋斗目标。历史和现实已证明,青年一代有理想担当,民族就有希望,国家就有力量。在抗疫救灾战斗中,我们看到一批批青年积极响应号召,挺身而出,扛起艰巨的任务;他们在战斗中成长,在成长中坚强,成为救灾防疫斗争中最具活力的青春力量。在他们身上,展现出国家、民族的未来和希望。希望同学们自觉向榜样看齐,立鸿鹄志,做奋斗者,大力发扬伟大抗疫救灾精神,始终坚持爱党、爱国、爱社会主义,坚定不移听党话、跟党走,切实把抗疫救灾斗争中焕发出来的团结精神、奉献精神,转化为建设祖国、复兴民族的强大动力,努力在实现"两个一百年"奋斗目标、实现中华民族伟大复兴中国梦的伟大征程中体现自己的人生价值。

二要铸魂,做有道德的青年。德为立身之本,千百年来,中华民族推崇道德,道德早已融入我们民族文化的血液,成为民族文化基因中不可或缺的重要一环。在实现中华民族伟大复兴进程中,国家和民族最需要的是道德高尚的知识者,青年人处在求知进取的关键时期,敦品励学非常重要。学校提倡"勤俭""朴实""礼让""整洁""守时守信守法"等,都是对大家在道德层面的训导。我们每一位学子都要努力进修德业,陶冶高尚情操,自觉将社会主义核心价值观内化为道德认同和道德信仰,做中华民族传统美德的传承者、良好社会风尚的创建者,为建设文明校园、和谐社会贡献力量。

三要崇智,做有文化的青年。简单来说,就是学好文化知识,让自己的思维视野、思想观念、认识水平跟上时代发展。今年 3 月,全国两会闭幕后,李克强总理在回答记者问中特别指出,青年学生一定要加强基础知识学习,强调不管将来从事什么职业,有什么样的志向,一定要注意加强基础知识学习。打牢基本功和培育创新能力是并行不悖的。所谓"树高千尺,营养还在根部,我们把基础打牢了,将来可以触类旁通,行行都可以精彩"。大家应该从总理的寄语中得到启发,真正理解成才的基础,就是学好知识。

学好知识,最重要的就是勤奋,不间断、不懈怠,保持毅力和耐心。中国共产党成立 100 年来取得的举世瞩目的伟大成就,其中没有一项成就是随随便便得到的。同我们祖国的发展一样,学好任何一门专业都没有捷径。同学们要为自己制定切实可行的目标和实现目标的具体计划,怀抱赤子初心,坚持"宁静、好学",有目标、有热情、有恒心,不断努力上进,"苟日新,日日新,又日新"。

学得知识,还要学会把知识应用到实践中去,这是至关重要的。必须积极参与社会实践,用好社会这个"第二课堂",在实践中锻炼能力,提高为人民服务的本领。在这个过程中,同学们会收获成功和喜悦,也会遭遇困难和压力,要正确对待一时的成败得失,处优而不养尊,受挫而不短志,使顺境逆境都成为人生的财富。

四要修身,做有纪律的青年。升达一贯坚持"严管、严教、严考",用严格的纪律制度约束学生,用爱心、关心、耐心爱护学生,严而不苛,严而有度。因此,在校期间,每一位学生都必须按照学校的教学计划和统一安排参加所有教学活动,遵守学校的规章制度,严格要求自己。我认为对大家来说,最重要的是自律、自制。现在,大家看似有更充裕的可支配时间,更宽松的学习环境,其实对各位同学提出了更高的要求。要适应这样的身份转换,学会自我管理、自我约束。建议大家制订好学习计划和作息时间表,真正把自律落实在行动上。

自我约束,体现在方方面面。比如要珍惜时间、勤奋学习,自觉遵守规章制度,不拖延,克制不良情绪,等等。我主要还是想强调,大家要规划好、利用好时间。学校给同学们提供了图书馆、实验室、实训基地、专业设备等等丰富的学习资源和条件,大家要用好它们,懂得"取舍",不要做被电子产品裹挟的一代,多读书,多思考,积少成多,最终实现知识从量变到质变的飞跃。相信有朝一日,大家都能够实现专业领域内的知识储备自由。

大家现在每天都能接触到海量信息,如何避免在信息浪潮中迷失方向,也是需要大家认真思考、正确对待的问题。希望同学们在纷繁复杂的信息流中,能够保持足够的定力和理性,要从主流渠道获取信息,理性思考问题,有意识地提高辨别是非的能力。

培养体育锻炼习惯也是自律的表现。当下,文化学习和体育锻炼的协调发展已经成为社会共识。部分学生把课余时间泡在图书馆里或是宅在宿舍玩手机,不喜好运动。长期缺乏体育锻炼带来了很多健康问题,将来步入社会,如果没有健康的身体,知识水平再高都没有用武之地。我们要树立终身锻炼的思想,自觉主动地开展体育锻炼,养成良好的健身习惯。我个人多年来坚持体育锻炼,运动的益处我深有体会。正因为如此,我非常希望大家找到自己喜欢、适合自己的锻炼方式,能够每天坚持锻炼1小时,强健体魄,锻炼意志。

总之,希望大家不负韶华,规划好、利用好大学时光,做到德智体美劳全面发展,努力成为祖国强盛、民族复兴的栋梁之才!

最后,祝愿大家在升达生活愉快,身体健康,学业有成!

(党委办公室供稿)

在学生返校和迎新工作会议上的讲话

王新奇

(2021年9月29日)

各位领导、各位同仁：

大家上午好！

刚才吴校长详细介绍了学生返校时间安排，对学校迎新工作进行了周密的部署。在这里，我代表王淑芳董事长对此项工作再强调几点。

一要克服困难，做好开学前的各项准备工作。当前，离开学报到时间只剩10天了，学校疫情防控指挥部各专班、学校各单位要落实好属地和教育主管部门的指示精神，精心制订工作方案，克服一切困难，消除一切隐患，抓紧时间，争分夺秒，为确保广大师生安全返校和学校顺利开学做好充分准备。

二要不断创新，高质量做好新学期的本职工作。创新是创办人的办学理念，提倡工作要与时俱进、要推陈出新、要有进步有改变。做好本职工作、干好自己分内的事是我们每一个人的本分。希望大家要提振精神，齐心协力，各安其位、各司其职、各负其责，创新性地做好自己本职工作。

三要坚持"走动管理"，深入师生、深入校园、深入工地，及时发现和解决问题。要深入办公室、深入教室、深入宿舍，多察看、多调研、多思考，注意细节、注重环节，从中查找问题、发现问题，弥补漏洞、完善制度，建立机制、明确责任、提升绩效。

各位领导、各位同仁，我相信在上级党委、政府的大力支持下，在王淑芳董事长的正确领导下，在各位的共同努力下，我们一定能做好学生返校和迎新工作，以最好的精神风貌迎接学生返校复学，确保做到"平安开学，开学平安"。国庆节就要到了，借此机会，祝愿大家国庆节快乐，身体健康，万事如意！谢谢！

（董事会办公室供稿）

在郑州市第七届职业技能竞赛茶艺师大赛上的讲话

王新奇

(2021年10月16日)

尊敬的各位领导、专家、裁判、选手：

大家好！

金秋十月，丹桂飘香，在这个收获的季节里，我们迎来了"郑州市第七届职业技能大赛茶艺师竞赛暨河南省第一届职业技能大赛茶艺竞赛选拔赛"，在此，我谨代表郑州升达经贸管理学院向各位领导、专家、裁判表示热烈的欢迎！向参加本次大赛的各位参赛选手表示衷心的祝愿！

职业技能竞赛有利于营造全社会关心、支持职业技能教育的良好氛围，有利于推动职业教育教学改革，有利于提高教育教学质量，对推动学校高质量发展具有十分重要的意义。

郑州升达经贸管理学院是由豫籍台湾教育家王广亚博士，于1993年捐巨资创办的一所普通本科高校，现有全日制在校生3万余人，其中本科生2.6万多人。建校之初，创办人王广亚博士就提出"一技在手，人人就业"的教育理念，学校高度重视学生技能的培养，特别是近年来，学校与郑州市高技能人才公共实训管理服务中心、云南西双版纳隆昌茶业有限公司三方合作，共建了郑州升达本相茶文化学院和郑州市国家职业技能鉴定所·茶艺师及评茶员鉴定站，为全面提升学生的职业技能和文化素养创造了条件。

今天，学校能承办本次职业技能竞赛，我们感到非常荣幸。希望全体参赛选手勤学苦练，冷静细心，认真参加每个比赛项目，发挥自己的最佳水平，在今后的学习工作中追求卓越、超越自我。

最后，预祝本次大赛圆满成功，祝大家身体健康，万事如意。谢谢！

(董事会办公室供稿)

在创办人王广亚博士书画作品展暨建校 28 周年办学成果展上的致辞

王新奇

(2021 年 11 月 1 日)

尊敬的任太平董事长、潘丽琼会长,各位嘉宾,亲爱的校友、老师、同学们:

大家上午好!

金秋升达,硕果飘香。值此郑州升达经贸管理学院建校 28 周年校庆之际,我们在这里隆重举办创办人王广亚博士书画作品展暨建校 28 周年办学成果展,缅怀创办人王广亚博士的不朽功绩,传承创办人留下的宝贵精神财富,展示创办人教育理念的丰硕成果。首先,请允许我代表王淑芳董事长和全校 3 万名师生向各位嘉宾的光临表示热烈的欢迎!向关心支持升达事业发展的各位校友表示衷心的感谢!向为本次书画作品展和办学成果展付出辛勤劳动的全体工作人员表示亲切的问候!

创办人王广亚博士是著名豫籍台湾教育家,1922 年 6 月出生于河南巩义,2015 年 12 月仙逝于宝岛台湾,早年毕业于日本亚细亚大学经济系,先后获得美国联合大学、韩国清州大学和南部大学、日本创价大学等多国、多所大学名誉博士学位。他毕生献身教育事业,致力于文化传播,在海峡两岸创办学校 10 余所,培养学子百万余人,为经济社会发展作出了突出贡献,深受社会各界盛赞。他被河南省教育厅誉为"河南民办教育史上的一座丰碑",曾先后获得"感动中原 60 年 60 事 60 人""中国民办教育终身成就奖""中原之子""黄河之子""新中国成立 70 周年'河南省突出贡献教育人物'特别奖"等殊荣。

创办人不仅是广受赞誉的杏坛楷模,而且是造诣深厚的书法大家,他的书法作品方严正大,苍劲有力,曾应邀多次在国内外大型书画展上展出,受到了业内人士及社会各界的高度评价。特别是升达校园里由创办人书写的格言警句,蕴含哲理,是学校文化育人的重要内容,已经成为升达学院最鲜明的文化符号!

创办人的教育理念是学校宝贵的精神财富,是全体升达人砥砺奋进的不竭动力。学校秉承创办人王广亚博士的教育初心,始终坚持党的领导、社会主义办学方向,始终坚持非营利、公益性办学宗旨,始终坚持服务地方经济社会发展、应用型办学定位,紧紧围绕立德树人根本任务,推进内涵式发展,提升人才培养能力和大学治理水平,学校各项事业呈现良好发展态势。

今天,我们在此举办创办人王广亚博士书画作品展暨建校28周年办学成果展,这是校庆期间献给广大师生的一场文化盛宴和精神大餐。此时此地,我们既要回顾创办人的高风亮节和丰功伟绩,也要学习创办人回馈桑梓、矢志教育的高尚情怀,更要传承和弘扬创办人的教育理念,拼搏奋进,开拓创新,建设高水平应用型民办大学,为党育人,为国育才,办好人民满意的教育。

最后,预祝创办人王广亚博士书画作品展暨建校28周年办学成果展圆满成功!衷心祝愿各位领导和嘉宾身体健康、工作顺利!祝愿各位校友、老师和同学学习开心、万事如意!同时也祝愿升达的教育事业蒸蒸日上、兴旺发达。

谢谢大家!

(董事会办公室供稿)

在建校28周年捐赠仪式上的致辞

王新奇

(2021年11月1日)

尊敬的任太平董事长、王永校友,各位嘉宾、各位领导,亲爱的老师、同学们:

大家下午好!

很荣幸能在建校28周年校庆之际参加"永威奖"助学金、"埃文奖"学金的捐赠仪式,在这里请允许我代表升达学院、河南省广亚教育基金会向慷慨捐赠的沁阳永威学校董事长任太平先生和郑州埃文科技有限公司董事长王永校友表示衷心感谢！向一直以来关心和支持学校教育事业发展的社会各界朋友、校友们表示崇高的敬意！

自 2019 年基金会正式成立以来，社会各界爱心人士不断捐资助学、奖优助困，为学校教育事业的发展作出了巨大的贡献。2021 年 11 月 1 日，沁阳永威学校作为学校优秀生源基地，为学校输送了一大批高素质学生，又向基金会捐赠 10 万元；学校优秀校友王永先生心存大爱，回馈母校，向基金会捐赠 20 万元。正是这种善举，保障了学校教育事业的高效、快速发展；正是这种善举，用实际行动在全社会倡导了尊师重教的良好风尚，充分体现了情寄升达，心系教育的高尚情怀！

社会各界爱心人士持续捐赠，为学校各项事业的发展增添了不竭的动力，学校、基金会也一定会管理好、使用好捐赠资金，不辜负各界爱心人士的心意。最后衷心祝愿沁阳永威学校越办越好，郑州埃文科技有限公司蒸蒸日上！让我们以热烈的掌声再一次向捐赠者表示衷心的感谢！

谢谢大家！

（董事会办公室供稿）

在建校 28 周年建校纪念碑广场献花仪式上的致辞

王新奇

（2021 年 11 月 1 日）

尊敬的各位领导、各位同仁，亲爱的同学们：

大家上午好！

首先请允许我代表王淑芳董事长，向在 28 年前创办升达大学的王广亚博士表示最崇高的敬意和最深切的怀念。

王广亚博士毕生献身教育事业，致力于文化传播，始终坚持"取之于学生，用之于学校，回馈于社会"的理念；始终坚持公益性、非营利性办学的原则，把全部的心血都用在了升达的创建和发展上。他的一生是勤俭朴实、躬耕杏坛的一生,是倾资兴学、情系桑梓的一生,是赤诚爱国、奉献社会的一生。他为家乡、为祖国、为民族作出了卓越贡献,树立了不朽丰碑,是我们永远爱戴的创办人,是我们永远学习的杏坛楷模,是我们永远怀念的杰出教育家。

创办人虽然离我们远去了,但28年前,他在我们脚下这片土地上开创的教育事业将不断发扬光大。作为升达的传承者,我们要牢记创办人的教诲,弘扬升达精神,践行办学理念,精诚团结、齐心协力,努力把学校办得越来越好。

在建校28周年之际,回首过去,我们永远不能忘记党和政府对学校的正确领导,永远不能忘记社会各界对学校的关心支持,永远不能忘记以王淑芳董事长为代表的全体升达人的辛勤付出。展望未来,我们要毫不动摇地增强"四个意识",坚定"四个自信",做到"两个维护",一如既往地听党话、跟党走,为实现中华民族伟大复兴的中国梦继续贡献更多的升达智慧、更强的升达力量、更大的升达业绩。

老师们、同学们,量变催生质变,厚积才能薄发。28年的建设为升达打下了坚实的基础;28年的奋斗为升达注入了不竭的动力;28年的积淀,为升达插上了腾飞的翅膀。我们充分相信,在王淑芳董事长的带领下,在大家的共同努力下,创办人开创的升达事业一定会蒸蒸日上、欣欣向荣,再创辉煌。

最后,向各位表示最衷心的感谢。祝大家身体健康,万事如意。谢谢大家。

(董事会办公室供稿)

在学校第三次学生代表大会上的致辞

王新奇

(2021年11月11日)

各位代表、各位老师,同学们:

大家下午好!

今天,我们在这里隆重召开郑州升达经贸管理学院第三次学生代表大会,首先,请允许我代表学校董事会王淑芳董事长向大会的胜利召开表示热烈的祝贺!

长期以来,学校学生会在校党委的正确领导和校团委的具体指导下,坚持以习近平新时代中国特色社会主义思想为指导,坚持"全心全意为同学服务"的宗旨,团结带领广大学生,做了很多卓有成效的工作,为学校发展和同学们成长成才作出了积极贡献。

建校28年来,学校已为社会输送了10万名毕业生,培养出一大批学有所成、干有所成、创有所成的优秀人才,他们服务于全球33个国家和地区,遍布全国66个主要城市,先后涌现出联合国高级协调官李新艳、"王杰班"战士王楠、为勇救落水学生而壮烈牺牲的"河南省十大教育新闻人物"特岗教师冯协、北京大学教授李芳、暨南大学教务长谷世乾、郑州航空港区建设投资公司董事长沈立等优秀校友。他们都是你们学习的榜样!我相信未来的你们也必将变得优秀,也会成为学弟学妹们的榜样!

今年是中国共产党成立100周年。在此之际上映的电影《长津湖》,再现了无数革命先烈不怕牺牲、英勇斗争,用生命捍卫和平、保卫祖国的感人事迹。作为新时代的青年,我们要树立祖国和人民利益高于一切的理念,弘扬为了祖国和民族的尊严而奋不顾身的爱国主义精神,弘扬英勇顽强、舍生忘死的革命英雄主义精神,弘扬不畏艰难困苦、始终保持高昂士气的革命乐观主义精神,弘扬为完成祖国赋予的使命、慷慨奉献自己一切的革命忠诚精神,弘扬为了人类和平与正义事业而奋斗的国际主义精神。

我们要牢记,没有党的领导就没有祖国的繁荣昌盛,没有革命先烈的奉献牺牲就没有我们今天的幸福生活;要把伟大建党精神及抗美援朝精神传承下去、发扬光大,落实到自己的一言一行、一举一动中,爱党爱国爱校,努力学习,奋勇争先,为党和国家的事业,为学校的建设发展做出更大的贡献。

最后,预祝本次学代会圆满成功!祝各位代表、同学们、老师们身体健康、万事如意!谢谢大家!

(董事会办公室供稿)

在2022届毕业生就业创业工作会议上的讲话

王新奇

(2021年11月19日)

各位领导,各位同仁:

大家下午好!

我们今天在这里学习教育部、人社部2022届全国普通高校毕业生就业创业工作网络视频会议的精神,争取实现毕业生更高质量和更充分就业。结合学校实际,我谈三点要求。

一是要认清形势、提高认识。

从目前来看,今年毕业生就业形势依旧严峻。疫情反复,企业缩招成为常态,用人需求较往年同期直接减少三成;因为疫情防控,今年线下招聘活动大幅减少,全省官方组织的招聘活动减少七成,岗位流失30万个;到校招聘企业减少1500家,岗位缺口近2万个;国家义务教育"双减"政策公布,教培行业百万就业岗位消失,学校毕业生对口岗位直接减少近千个。

我们常说"就业工作一头连着百姓饭碗,一头连着经济社会发展",今年严峻的就业形势,更容不得出现丝毫差错,只有妥善解决学生就业问题,才能有万千小家的幸福生活,才能有学校的繁荣发展,才能有国家的和谐稳定。

二是要强化领导、广泛发动。

首先各学院院长、书记要主动担责,认真履行双"一把手"负责制。要起到带头作用,以就业考核指标体系为抓手,细化工作措施,落实主体责任,用心用情用力做好就业服务。其次毕业班辅导员队伍要动起来。要秉承创办人"关心、爱心、耐心"的"三心"精神,充分发挥一线优势,做好毕业生就业最后一公里的服务工作,将学校就业措施落到细处、实处,让毕业生能感受到学校的温暖。

三是要举措到位、真抓实干。

面对当前严峻形势,要从"就业指导"和"岗位提供"两个方面开展保就业、促就业工作。

就业指导方面,就业处应在线下通过"冯老师就业工作坊",持续开展有关简历、面试的团体辅导和个体辅导,在线上依托相关招聘求职视频训练营,全面提升学生求职技能。

岗位提供方面,各学院线下招聘会已经举行,不同主题的线上招聘会正在持续进行。最近,就业处正在积极筹备"数字供岗精准就业专项计划",希望通过技术手段,以线上招聘会的形式,将省内知名头部企业"点对点"精准送达学生手中,保证高质量就业岗位的充足提供。

我希望各学院也能从实际出发,主动作为,充分发挥主体作用。要召开专题会议,进一步细化就业工作方案,创新就业工作举措;在做好疫情防控的同时,充分利用现有师资力量、企业资源、校友资源,做好毕业生分类指导、个体推荐工作,形成人人关心就业,人人参与就业的良好氛围,带着深厚的感情做好就业工作。

各位同仁,尽管2022届毕业生就业形势严峻,但我相信,只要大家上下齐心、措施得当、真抓实干,学校的就业工作就一定能够圆满实现预期目标。谢谢大家!

(董事会办公室供稿)

在中国共产党郑州升达经贸管理学院
第二次代表大会上的致辞

王新奇

(2021年12月2日)

尊敬的冯轩友处长,各位领导、各位代表:

大家上午好!

在深入学习贯彻党的十九届六中全会和省第十一次党代会精神,全面启动"十四五"规划之际,在推进学校内涵式发展、建设特色鲜明的高水平应用型民办大学的新形势下,中国共产党郑州升达经贸管理学院第二次代表大会,在河南省委高校工委的指导和关怀下,经过紧张而有序的筹备,今天隆重开幕了。首先,我谨代表学校董事会王淑芳董事长向第二次党代会的召开表示热烈的祝贺!向应邀参加大会的各位领导和嘉宾表示热烈的欢迎!向出席大会的各位代表和全校共产党员表示诚挚的感谢!

学校在省委、省政府和省委高校工委、省教育厅的正确领导下,在校党委的政治核心的监督保障下,认真学习习近平总书记关于教育的重要论述,全面贯彻党的教育方针,落实立德树人根本任务,聚焦改革发展大局,积极主动担当作为,着力践行为党育人、为国育才的初心使命。校党委与董事会、行政班子团结带领全校共产党员和广大师生员工,抢抓机遇,扎实创新,谱写了学校事业发展的崭新篇章。五年来,学校的社会主义办学方向更加坚定,顶层设计更加明确,办学思路更加清晰,保障体系更加科学,思想政治工作不断加强,领导班子办学治校和教职员工教书育人能力不断提升。

各位代表、各位同仁,中共郑州升达经贸管理学院第二次代表大会的胜利召开,既是学校发展史上和政治生活中的一件大事,也是学校在新的历史起点上谋划新发展、开辟新境界、实现新突破、迈上新台阶的关键节点,事关学校高质量发展的大局。希望各位代表以高度的政治责任感和历史使命感,庄严履行代表职责,认真听取和审议大会工作报告,选出新一届党的委员会和纪律检查委员会,为加快学校的改革与发展提供坚强可靠的政治保证和组织保证。我们坚信,有上级党组织的正确领导、亲切关怀和全体代表的共同努力,这次大会一定能够开成一次总结过去、谋划未来、开拓进取的大会!全校共产党员和师生员工一定要以本次党代会为新的起点和契机,全面贯彻落实党的教育方针和立德树人根本任务,凝心聚力,开拓创新,为实现学校"十四五"目标而努力奋斗,为"中原更加出彩"、中华民族伟大复兴贡献升达智慧和升达力量!

最后,预祝本次大会圆满成功!

(董事会办公室供稿)

在阅读推广活动颁奖暨闭幕式上的讲话

王新奇

(2021年12月16日)

尊敬的各位领导、各位老师,亲爱的同学们:

大家下午好!

首先,我代表学校董事会王淑芳董事长对积极承办阅读推广活动的单位表示衷心的感谢!对获奖的同学表示热烈的祝贺!

书籍是知识的重要载体。读书是学习的基础,是增长才智的重要途径。习近平总书记曾在多个场合强调读书的重要性,倡导全社会加强读书学习,"把学习作为一种追求、一种爱好、一种健康的生活方式,做到好学乐学。"

创办人王广亚博士就是一个爱读书、爱思考的人,他一生手不释卷,笔耕不辍,著作近百部。他在大陆和台湾兴办学校十几所,倾其毕生精力,投身教育事业。他是杰出的教育家,是我们学习的杏坛楷模。因为有他,才有升达;因为有他,才有升达文化的传承,我们感恩他、缅怀他。

王淑芳董事长也常告诫升达学子要饮水思源,好好学习,珍惜时光,不负韶华!

在此,我希望同学们能够通过读书不断提升自身能力和本领,报效祖国,回馈母校!

谢谢大家!

(董事会办公室供稿)

学校基本情况

机构与负责人

董事会及成员

(1) 董事会

学校设立董事会,实行董事会领导下的校长负责制。董事会为学校最高决策机构,依照《中华人民共和国民办教育促进法》等有关法律法规及政策文件和章程行使职权。

(2) 董事会成员

表1 2021年郑州升达经贸管理学院董事会成员名单

序号	姓名	职务	基本情况
1	王淑芳	董事长	女,汉族,1941年8月出生,籍贯河南巩义。郑州升达经贸管理学院举办者,政协第七届至第十届河南省委员会委员。曾任郑州大学升达经贸管理学院驻校董事。
2	王新奇	执行董事	男,汉族,博士,1968年10月出生,籍贯河南巩义。曾历任郑州升达经贸管理学院招生就业处负责人、驻校董事、执行董事等职务。兼任中国民办教育协会理事、中国民办高校体育联盟副理事长、河南省民办教育研究会副会长等职务。曾被授予河南省民办教育行业领军人物、河南省民办教育先进个人、河南省高校后勤工作先进个人等荣誉称号。

续表

序号	姓名	职务	基本情况
3	雷霆	董事	雷霆,男,汉族,中共党员,高级工程师;1965年2月出生,籍贯湖北荆门。现任郑州升达经贸管理学院党委书记。历任河南理工大学党委组织部部长,河南大学党委常委、纪委书记,河南大学党委副书记。
4	郭爱先	董事	女,汉族,中共党员,教授;1953年12月出生,籍贯河南濮阳。历任新乡师专外语系主任、新乡学院副院长、院党委委员。兼全国高等师范院校外语协作组副组长,河南省高校外语教学委员会副主任,河南省院校设置委员会委员,省高职高专教学评估专家,省教育厅专业建设指导委员会专家,省高等学校教师高级技术职务职称评审委员会委员,中国经济规律研究会常务理事,中国教育发展战略学会理事等职务。曾被评为新乡市优秀教师,河南省教育系统巾帼建功标兵,全国模范教师暨教育系统劳动模范,新乡市三八红旗手,获曾宪梓高校教师基金奖。
5	吴益民	董事	男,汉族,中共党员,教授,硕士研究生导师,研究生学历,博士学位;1955年2月出生,籍贯河南濮阳。现任郑州升达经贸管理学院副校长兼教务长。历任河南师范大学教务处副处长、校长办公室主任、校长助理兼研究生处处长等。
6	张欣	董事	女,汉族,中共党员,硕士,副教授;1975年12月出生,籍贯河南郑州。现任郑州升达经贸管理学院党委委员、会计学院院长。曾任郑州升达经贸管理学院企管系代主任、副校长兼会计系主任。2007年被评为河南省优秀教师,2008年被评为河南省先进会计工作者,2012年被评为河南省民办教育先进个人。

续表

序号	姓名	职务	基本情况
7	林丽纹	董事	女,汉族,1949年2月出生,籍贯中国台湾。本科毕业于台湾淡江大学应用日语系,硕士研究生毕业于育达科技大学,曾任台湾阳明医学院、台北护理专科学校指导教师,现任台北育达高级商业家事职业学校教师。

校领导(含分工)

董事长王淑芳:全面负责学校董事会工作。

执行董事王新奇:协助董事长主持董事会工作;主持登封校区工作;负责学校后勤、招生就业、外事和对外联络工作;分管董事会办公室及其挂靠代管机构、登封校区筹备处、总务处、审计处、招生办公室、就业处(校友工作办公室)、校地合作处、国际交流处(港澳台事务办公室);联系金贸学院、信息工程学院。履行分管领域廉政职责。

校党委书记雷霆:主持学校党委全面工作;分管校党委办公室、组织部、宣传部(精神文明建设领导小组办公室)、统战部、马克思主义学院;联系艺术学院、基础部。履行抓学校党建和落实学校全面从严治党第一责任人职责。

校长郭爱先:主持学校行政全面工作,临时负责校纪委工作;分管校长办公室、融媒体中心、人事处(教师工作部)、教师发展中心、发展规划处、财务处、校纪委办公室;联系商学院、外国语学院。履行分管领域全面从严治党职责。

党委副书记、副校长、工会主席张金安:负责安全稳定和思想政治、学生教育、科学研究、学科建设、医疗健康等方面工作;主持校工会全面工作;分管学务处(学生工作部、学生发展中心)、心理健康教育中心、科研处(学科建设办公室、申硕工作领导小组办公室)、医务室、校团委、校工会办公室;联系建筑工程学院、体育学院。履行分管领域全面从严治党职责。

党委副书记、纪委书记张欣：主持学校纪委全面工作，协助书记处理党委日常工作。

副校长兼教务长吴益民：负责教育教学、质量监控、教学评估、创新创业、实验室建设、仪器设备管理等方面工作；协助校地合作有关工作；主持教务处工作；分管教学质量监测与评估中心、创新创业教育学院、实训管理处（经济管理实验教学中心）；联系会计学院、交通管理学院。履行分管领域全面从严治党职责。

副校长兼总务长张其武：负责后勤总务、安全生产、信息化、图书馆等方面工作；协助执行董事负责登封校区筹备工作；主持总务处工作；分管信息化处、图书馆；协管登封校区筹备处；联系管理学院、文法学院。履行分管领域全面从严治党职责。

组织机构名称及负责人

表2　2021年郑州升达经贸管理学院组织机构及负责人名单

序号	单位名称	职务	姓名
1	董事会办公室	主任	杨存博
2	教务处	处长	吴益民
3	学务处	处长	张红阳
4	心理健康教育中心	主任	张红阳
5	总务处	处长	张其武
6	校长办公室	主任	朱永恒
7	融媒体中心	主任	朱永恒
8	党委办公室	主任	秦旻
9	党委组织部	部长	秦旻
10	党委宣传部	部长	职正路
11	党委统战部	部长	沈定军

续表

序号	单位名称	职务	姓名
12	纪委机关	副书记兼机关党总支书记	袁征
13	教学质量监测与评估中心	副主任	罗秉鑫
14	人事处(教师工作部)	处长	王新平
15	教师发展中心	主任	王新平
16	财务处	处长	张景空(6月辞职) 张延霞(6月任职)
17	审计处	处长	李博
18	发展规划处	处长	沈定军
19	科研处	处长	杨存博
20	学科建设办公室(申硕办公室)	主任	杨存博
21	招生办公室	主任	刘景向
22	就业处	处长	冯科
23	校地合作处	处长	冯科
24	校友工作办公室	主任	冯科
25	图书馆	馆长	晁国立
26	信息化处	处长	李保华
27	健康中心	主任	岳桂英
28	国际交流处(港澳台事务办公室)	主任	顿雁峰
29	实训管理处	处长	程敏姿
30	校团委机关	书记、团学党总支书记	李霄锋
31	工会办公室	主任	李成允

教学单位名称及负责人

表3 2021年郑州升达经贸管理学院教学单位及负责人名单

序号	单位名称	职务	姓名
1	创新创业教育学院	院长兼众创总经理	王铮
2	圆通科学工作院	院长	王铮
3	金融贸易学院	院长	何伟
		党委书记	钟江鸽
4	会计学院	院长	张欣(12月免) 张景空(12月任职)
		党委书记	张蕾
5	管理学院	院长	纪德尚
		党委书记	张小雁
6	商学院	党委书记	宋维清(6月辞职) 郭峰(9月任职)
		副院长	白朋飞
7	信息工程学院	院长	白鑫
		党委书记	张现水
8	外国语学院	院长	张梦
		党委书记	石皓召
9	文法学院	院长	段丰乐
		党委书记	刘晓川
10	艺术学院	院长	李惠莉(6月辞职) 吴柏林(9月任职)
		党委书记	韦杨建

续表

序号	单位名称	职务	姓名
11	建筑工程学院	院长	杨开云
		党委书记	韩炎涛
12	体育学院	院长	张王利
		党总支书记	杨明志
13	交通管理学院	党总支书记	韩炎涛
		副院长	陶金仓(12月免职)
14	马克思主义学院	党支部书记兼学院负责人	窦峰(6月免职)
			王宪政(12月任职)
15	基础部	主任	王莉莉

(董事会办公室供稿)

委员会与领导小组成立、调整情况

2020年度教师(实验人员)中级职称自主评审委员会

主 任 委 员：郭爱先

副主任委员：吴益民

委　　　员：滕云　杨静　郭英珍　陈涛　李鸣镝　王铮
　　　　　　吴洪刚　任重　祝彦知　赵聂　邓书显　王芳
　　　　　　孟俊鸟　崔婕　汪诗怀　邵焱　张竟竟　闫振宇
　　　　　　赵严俊　梅华　陈文静

(1月10日)

2020年度教师(实验人员)高级职称自主评审委员会

主 任 委 员：郭爱先

副主任委员：吴益民

委　　　员:滕　云　杨　静　郭英珍　陈　涛　李鸣镝　蔡振亚
　　　　　　王　铮　吴洪刚　白　鑫　吕丽平　刘凤华　任　重
　　　　　　祝彦知　赵　聂　邓书显　王　芳　孟俊鸟　崔　婕
　　　　　　汪诗怀　邵　焱　王志敏　陈　怡　张竟竟

（1月10日）

专升本考试安全工作领导小组

组　　长:郭爱先
副 组 长:张金安　吴益民　张其武
成　　员:朱永恒　张红阳　程敏姿　李保华　张景空　袁　征
　　　　　岳桂英　何　伟　钟江鸽　张　欣　张　蕾　纪德尚
　　　　　张小雁　白朋飞　宋维清　张　梦　石皓召　李惠莉
　　　　　韦杨建　赵维平　杨开云　韩炎涛　俞　昊

（3月22日）

专升本考试安全综合整治工作小组

组　　长:郭爱先
副 组 长:张金安　吴益民　张其武
成　　员:朱永恒　张红阳　程敏姿　李保华　袁　征　何　伟
　　　　　钟江鸽　张　欣　张　蕾　纪德尚　张小雁　白朋飞
　　　　　宋维清　白　鑫　张现水　张　梦　石皓召　段丰乐
　　　　　刘晓川　李惠莉　韦杨建　赵维平　杨开云　韩炎涛
　　　　　张王利　杨明志　窦　峰　王莉莉

（3月22日）

第三届艺术教育委员会

主 任 委 员:雷　霆　郭爱先
副主任委员:张金安　吴益民　张其武
委　　　员:秦　旻　朱永恒　张红阳　沈定军　杨存博　王新平

　　　　　李霄锋　钟江鸽　张　蕾　张小雁　宋维清　张现水
　　　　　石皓召　刘晓川　韦杨建　韩炎涛　杨明志　李惠莉
　　　　　赵维平
秘　书　长:李惠莉
常务副秘书长:李霄锋　赵维平
副　秘　书　长:吴则斌(兼)　孔靖雯(兼)　王　洁(兼)

(4月28日)

实验室安全工作领导小组

组　　长:郭爱先
副 组 长:张金安　吴益民　张其武
成　　员:张红阳　李保华　程敏姿　王　铮　何　伟　张　欣
　　　　　纪德尚　白朋飞　白　鑫　张　梦　段丰乐　李惠莉
　　　　　杨开云　张王利　陶金仓　冯善德
领导小组下设办公室,办公室设在实训管理处。

(5月8日)

2020年度办学情况检查工作领导小组

组　　长:王新奇　雷　霆　郭爱先
副 组 长:张德伟　张金安　吴益民　张其武
成　　员:杨存博　张红阳　朱永恒　秦　旻　职正路　袁　征
　　　　　罗秉鑫　王新平　张景空　李　博　沈定军　刘景向
　　　　　冯　科　晁国立　李保华　岳桂英　顿雁峰　程敏姿
　　　　　李霄锋　王　铮　何　伟　钟江鸽　张　欣　张　蕾
　　　　　纪德尚　张小雁　宋维清　白朋飞　白　鑫　张现水
　　　　　张　梦　石皓召　段丰乐　刘晓川　李惠莉　韦杨建
　　　　　杨开云　韩炎涛　张王利　杨明志　陶金仓　窦　峰
　　　　　王莉莉
领导小组下设办公室。

主　　任:朱永恒

成　　员:郝艳海　周少卿　徐　珩　杜玉红

(5月17日)

《郑州升达经贸管理学院年鉴》编委会

主　　任:王淑芳

副主任:王新奇　雷　霆　郭爱先

委　　员:张德伟　张金安　吴益民　张其武

各职能部门主管　各二级学院院长　书记

编委会下设年鉴编辑部(设在校长办公室)

编辑部主编:雷　霆　郭爱先

副 主 编:朱永恒　秦　旻

执行编辑:徐　珩

编　　辑:刘　帅　周少卿　张　凯　杜玉红　赵　宇　周玉琳

(5月25日)

教育综合改革工作领导小组

组　　长:王新奇　雷　霆　郭爱先

副组长:张德伟　张金安　吴益民　张其武

成员单位:全校各处室　各二级学院(部)

(5月28日)

教育教学督导委员会

主　　任:郭爱先

副主任:吴益民　罗秉鑫　及文平

督导委员:经贸财会组4人;文科组3人;理工组3人;艺体组2人。

督导委员会办公室设在教学质量监测与评估中心,办公室主任由教学质量监测与评估中心副主任罗秉鑫兼任。

(6月28日)

2021 年招生工作委员会

主　　任:王新奇　雷　霆　郭爱先
副主任:张德伟　张金安　吴益民　张其武
委　　员:刘景向　张红阳　朱永恒　秦　旻　职正路　袁　征
　　　　　张景空　沈定军　杨存博　李保华　张延霞
招生委员会办公室设在学校招生办公室,由刘景向兼任办公室主任。

（6月29日）

高等教育事业统计工作领导小组

组　　长:郭爱先
副组长:张金安　吴益民　张其武
成　　员:张红阳　朱永恒　秦　旻　王新平　张延霞　杨存博
　　　　　刘景向　冯　科　晁国立　岳桂英　程敏姿　李霄锋
　　　　　张王利
领导小组下设办公室。
主　　任:朱永恒
成　　员:徐　珩　杨　静　单　雪　郭凤云　杜玉红　单　锐
　　　　　张速杰　张红红　刘　芳　李永红　杨　波　张志顺
　　　　　王　佳　孙　琰　郭梦晓　李松涛　陈阳光

（10月8日）

网络安全和信息化领导小组第三届学术委员会

组　　长:雷　霆
副组长:郭爱先　张其武
成　　员:李保华　朱永恒　职正路　张延霞
网络安全和信息化领导小组下设办公室,办公室设在信息化处。
主　　任:张其武(兼)

副主任:李保华　朱永恒　职正路

(12月8日)

第三届学术委员会

主　任:郭爱先

副主任:张金安　张　欣　吴益民

秘书长:杨存博

委　员:(以姓氏笔画为序,共25人)

王　铮　王新平　白朋飞　刘成瑜　杜　霞　李向民
李　鑫　杨大凤　杨存博　吴柏林　吴益民　张　欣
张金安　张　梦　张新成　陈艳玲　赵　静　胡　瑞
段丰乐　栗元辉　郭爱先　梅　华　崔　婕　彭　丽
蔡国梁

(12月16日)

2021年度教师(实验人员)高级职称自主评审委员会

主 任 委 员:郭爱先

副主任委员:吴益民

委　　　员:栗元辉　陈锦晓　李鸣镝　岳瑞凤　马　河　陈　涛
　　　　　　王　芳　祝彦知　郭英珍　张　瑛　吕丽平　刘凤华
　　　　　　邓书显　蔡振亚　马宝记　何　伟　王志敏　田凤彩
　　　　　　李向民　崔　婕　陈　怡　汪诗怀　吴洪刚

(12月20日)

2021年教师(实验人员)中级职称自主评审委员会

主 任 委 员:郭爱先

副主任委员:吴益民

委　　　员:栗元辉　陈锦晓　李鸣镝　岳瑞凤　马　河　陈　涛
　　　　　　闫振宇　王　芳　祝彦知　郭英珍　张　瑛　吕丽平

刘凤华 邓书显 蔡振亚 马宝记 权 宇 何 伟
王志敏 田凤彩 李向民 崔 婕 陈 怡 汪诗怀
吴洪刚

(12月20日)

常设机构调整情况

4月,学校健康中心更名为医务室。

10月,原经管实验中心、原现教中心教学服务科、原各学院实验室负责的教学实训场所和仪器设备,以及职员、管理员和实验员(圆通科学工作院除外),调整至实训管理处统一管理。实训管理处由主管教学副校长分管,设处长一人,副处长两人,下设实验技术科、实训管理科、教学服务科三个科,编制47人。实训管理处加挂经济管理实验教学中心牌子,与实训管理处合署办公。原信息化办公室更名为信息化处,人员编制和业务不变,设处长1人,下设网络管理科和信息化科,编制17人。

(董事会办公室供稿)

基本数据

专任教职工情况

学校有专任教职工2186人,其中专任教师1387人、行政人员424人、教辅人员67人、工勤人员293人、其他附设机构15人。详见表4。

表4 专任教职工情况　　　　　　　　　单位:个

2021年	合计	专任教师	行政人员	教辅人员	工勤人员	其他附设机构
总计	2186	1387	424	67	293	15
其中:女	1222	861	229	21	99	12
正高级	166	151	14	0	0	1

续表

2021年	合计	专任教师	行政人员	教辅人员	工勤人员	其他附设机构
副高级	604	578	20	4	0	2
中级	549	438	87	17	0	7
初级	184	81	89	13	0	1
未定职级	683	139	214	33	293	4

（人事处供稿）

学生分类情况

表5　学生分类情况　　　　单位：人

学院	本科	专科	毕业	招生
金贸学院	3022（女生1953）	635（女生289）	1162（女生727）	893（女生562）
会计学院	4439（女生3482）	734（女生511）	1358（女生1070）	1617（女生1273）
管理学院	2706（女生1978）	555（女生356）	1270（女生916）	1009（女生707）
商学院	2907（女生1964）	1249（女生599）	1239（女生753）	1514（女生991）
信工学院	3486（女生819）	151（女生37）	915（女生202）	1371（女生360）
外语学院	2131（女生1893）	408（女生374）	743（女生668）	675（女生593）
文法学院	2521（女生2118）	205（女生194）	590（女生513）	1215（女生1083）
艺术学院	1670（女生571）	841（女生606）	836（女生563）	1069（女生820）
建工学院	2646（女生1039）	1017（女生259）	1319（女生442）	1212（女生470）

续表

学院	本科	专科	毕业	招生
体育学院	474（女生213）	95（女生65）	122（女生55）	168（女生91）
交通学院	292（女生119）			68（女生39）

(学务处供稿)

本专科专业情况

学校现有金融贸易、会计、管理、商学、信息工程、外国语、文法、艺术、建筑工程、体育、交通管理等11个学院和创新创业教育学院、马克思主义学院、基础部，共计14个教学单位，现有招生本科专业47个，专科招生专业25个。现有学科涵盖工学、管理学、经济学、文学、法学、教育学、艺术学七大门类。详见表6。

表6 本科招生专业情况

本科专业名称	专业代码	所属单位名称	授予学位门类
法学	030101K	文法学院	法学
电子信息工程	080701	信息工程学院	工学
计算机科学与技术	080901	信息工程学院	
工程管理	120103	建筑工程学院	
工程造价	120105	建筑工程学院	
建筑学	082801	建筑工程学院	
汽车服务工程	080208	交通管理学院	
软件工程	080902	信息工程学院	
土木工程	081001	建筑工程学院	
物联网工程	080905	信息工程学院	

续表

本科专业名称	专业代码	所属单位名称	授予学位门类
法学	030101K	文法学院	法学
智能科学与技术	080907T	信息工程学院	工学
通信工程	080703	信息工程学院	
自动化	080801	信息工程学院	
数据科学与大数据技术	080910T	信息工程学院	
财务管理	120204	会计学院	管理学
电子商务	120801	商学院	
跨境电子商务	120803T	商学院	
工商管理	120201K	管理学院	
会计学	120203K	会计学院	
酒店管理	120902	管理学院	
旅游管理	120901K	管理学院	
人力资源管理	120206	管理学院	
审计学	120207	会计学院	
市场营销	120202	商学院	管理学
物流管理	120601	商学院	
社会体育指导与管理	040203	体育学院	教育学
学前教育	040106	文法学院	
国际经济与贸易	020401	金融贸易学院	经济学
金融工程	020302	金融贸易学院	
金融学	020301K	金融贸易学院	
经济学	020101	金融贸易学院	
税收学	020202	会计学院	

续表

本科专业名称	专业代码	所属单位名称	授予学位门类
翻译	050261	外国语学院	文学
广告学	050303	商学院	
汉语言文学	050101	文法学院	
日语	050207	外国语学院	
商务英语	050262	外国语学院	
新闻学	050301	文法学院	
网络与新媒体	050306T	文法学院	
英语	050201	外国语学院	
服装与服饰设计	130505	艺术学院	艺术学
环境设计	130503	艺术学院	
视觉传达设计	130502	艺术学院	
数字媒体艺术	130508	艺术学院	
舞蹈表演	130204	艺术学院	
舞蹈表演	130204	体育学院	
音乐表演	130201	艺术学院	
服装与服饰设计	130505	艺术学院	

2021年部分专业按专业类招生：

电子商务类，其中含市场营销、物流管理、电子商务、跨境电子商务四个专业；

工商管理类，其中含工商管理、旅游管理、人力资源管理、酒店管理四个专业。

（教务处供稿）

省、市级科研平台

表7 省、市级科研平台一览表

序号	平台名称	主管部门	依托单位	立项时间
1	社会治理协同创新研究中心	科研处	管理学院	2019年5月
2	意识形态管理研究中心	科研处	马克思主义学院、广亚中心	2019年5月
3	新郑市新的社会阶层人士统战工作理论研究与人才培养中心	科研处	党委统战部	2019年10月

（科研处供稿）

人才培养

教育教学

【概况】 学校始终贯彻习近平新时代中国特色社会主义思想和党的十九大精神,全面落实全国教育大会、新时代全国高等学校本科教育工作会议、河南省教育大会精神,紧密结合《加快推进教育现代化实施方案(2018-2022年)》《教育部关于加快建设高水平本科教育 全面提高人才培养能力的意见》等文件的要求,坚持立德树人的根本任务不动摇,以专业建设、课程建设和教材建设为抓手,不断深化教学改革,持续强化实践教学,推行智慧教学建设,深化产教融合,推进产业学院建设,稳步推进教学基本建设,确保人才培养质量持续提升。

【教育教学改革】 学校重视教学研究与改革,坚持以推进内涵式发展为目标,以人才培养模式创新为核心,以教学团队、课程教材、教学方式、实践教学、教学管理等教育教学改革的重要环节和关键要素为重点,着力优化人才培养过程,着力提高教学水平和人才培养质量。2021年,学校获批河南省教育教学改革研究与实践项目4项、郑州地方高校教育教学改革研究与实践项目6项;2021年新增立项包括河南省教育教学改革研究与实践项目4项、河南省高等教育学会高等教育研究项目2项、河南省教育教学改革研究与实践项目(学位与研究生教育)1项、河南省高校智慧教学专项研究项目1项;获得2021年河南省高等教育教学成果一等奖2项、郑州地方高校教育教学成果一等奖3项,评选校级教学成果奖18项。财务管理、市场营销两个教研室获批河南省优秀基层教学组织;管理学院朱影影负责的工商管理课程思政教学团队获批省级课程思政优秀教学团队;信工学院智能科学与技术工作室获批 2021 年度郑州地方高校技术技能名师工作室。详见表 8 至表 10。

表 8　2021 年省市教育教学改革研究与实践项目结项情况

项目类型	项目名称	主持人	等级	批准文号
2019 年河南省高等教育教学改革研究与实践项目	民办文科高校以应用转型推进高质量发展的研究与实践	郭爱先	重点项目	豫教高〔2021〕449 号
	新文科背景下产教融合人才培养模式研究与实践	何伟	一般项目	
	基于"SPOC+MOOC"多模式运行的大学英语混合式金课实践与推广研究	吴娟娟	一般项目	
	新时代"立德树人"融入高校就业创新创业教育教学的改革研究与实践	沈定军	一般项目	
2020 年郑州市高等教育教学改革研究与实践项目（高校思想政治理论课）	"二联动—三协同—四共情—五交融"的《思想道德修养与法律基础》混合式专题教学模式与效果研究	李艳萍	一般项目	郑教明电〔2021〕363 号
	大数据环境下河南高校思政课翻转课堂教学改革研究	沈定军	一般项目	
2020 年郑州地方高校教育教学改革研究与实践项目（思想政治理论课）	新时代高校思想政治理论课教学方法研究	黄旭	一般项目	郑教高函〔2021〕255 号
	新时代抗疫精神融入高校思政课程的路径研究	孙秀丽	一般项目	
	后疫情时代高校思政课实践教学的困境与对策研究	杨敬	一般项目	
	新时代地方高校思想政治理论课三位一体参与式教学改革研究	张素杰	一般项目	

表9 2021年省级教学改革研究与实践项目立项情况

项目类型	项目名称	主持人	等级	批准文号
2021年河南省高等教育教学改革研究与实践项目	新时代协同育人机制下应用型高校劳动教育教学模式研究与实践	张金安	一般项目	豫教高〔2022〕138号
	以立德树人为导向的智慧教育时代下外语人才EPIC教学模式改革研究与实践	张彬	一般项目	
	高校以"五育融合"推进思政课一体化建设研究	沈定军	一般项目	
	"三全"特色的双创指导课程模式研究与实践	王铮	一般项目	
河南省高等教育学会2021年度河南省高等教育研究项目	关于大学生对思想政治理论教育信任危机问题研究	宋海龙	一般项目	豫高教学会〔2022〕12号
	应用型本科高校产教融合共同体模式构建研究	夏瑞芳	产教融合专项(一般项目)	
2021年河南省高等教育教学改革研究与实践项目(学位与研究生教育)	新发展理念下应用型高校学士学位授予质量保障机制建设研究与实践	靳豆豆	一般项目	豫教研〔2021〕480号
2021年河南省本科高校智慧教学专项研究项目	智慧教学提升公共基础课学生学习成效路径研究——基于增量机器学习算法	吴娟娟	一般项目	豫教高〔2021〕489号

表10 2021年各级教学成果奖获奖情况

项目类别	项目名称	负责人	等级	批准文号
2021年河南省高等教育教学成果奖	民办高校以应用转型推进高质量发展的研究与实践	郭爱先	一等奖	豫教高〔2022〕111号
	新时代"立德树人"融入高校就业创新创业教育教学的改革研究与实践	沈定军	一等奖	
2021年郑州地方高校教育教学成果奖	线上线下深度融合型混合式教学模式创新研究与实践	吴娟娟	一等奖	郑教高函〔2021〕380号
	应用型本科人才培养背景下大学英语课程与教学改革模式研究	王莉莉	一等奖	
	新文科建设中产教融合协同育人模式的研究与实践	沈定军	一等奖	
2021年校级教学成果奖	民办文科高校以应用转型推进高质量发展的研究与实践	郭爱先	特等奖	升达〔2021〕160号
	新时代"立德树人"融入高校就业创新创业教育教学的改革研究与实践	沈定军	特等奖	
	基于圆通制的文科大学生科学工作能力培养研究与实践	张欣	特等奖	
	基于"SPOC+MOOC"多模式运行的大学英语混合式金课实践与推广研究	吴娟娟	一等奖	
	应用型本科"新金融"专业建设与实践	何伟	一等奖	
	以育人为导向的法学专业课程思政研究	段丰乐	一等奖	
	基于课程思政的大学英语一流本科课程建设研究	贺光辉	一等奖	

续表

项目类别	项目名称	负责人	等级	批准文号
2021年校级教学成果奖	"五位一体"的"英语+"人才培养模式研究与实践	崔瑾英	一等奖	升达〔2021〕160号
	民办高校市场营销专业产教融合路径探索	白朋飞	一等奖	
	基于虚拟仿真技术的工程实验教学模式改革与实践	李永涛	二等奖	
	基于虚拟仿真技术的金融学专业实验教学模式改革与实践	王宇鹏	二等奖	
	应用型大学视域下高等数学教学改革方案与实施——在线开放课程建设及线上线下混合教学模式研究	张志银	二等奖	
	应用型本科高校大学生综合实践技能竞赛改革与创新——以软件工程专业为例	程杰	二等奖	
	基于移动互联网环境的《广告策划与创意》教学模式研究与实践	杜霞	二等奖	
	"互联网+基础日语"混合教学模式研究	陈贺丽	二等奖	
	新财经背景下经济学"三线混融"教学模式实践与应用	陈文静	二等奖	
	"双一流"背景下地方本科院校市场营销专业课程体系建设研究	崔玉艳	二等奖	
	英语专业阅读课程教学改革研究与实践	熊华霞	二等奖	

【专业建设】学校坚持专业建设与学科、课程、实验室建设相结合,品牌

与特色相结合,省级和校级相结合,着力优化专业结构,打造特色优势专业,校企合作共建产业学院,努力形成和完善与区域经济社会发展相适应的人才培养模式,促进学校专业建设高质量发展。根据"稳定规模、优化结构、分类发展、提高质量、突出特色"的原则,学校在强化经管专业特色的基础上,主动对接国家和河南省国民经济和社会发展第十三个五年规划纲要、对接区域经济社会发展特别是产业结构、社会需求,全面梳理本校专业数量、布局、结构、招生规模。2021年,学校紧紧围绕现代服务业和新一代信息技术产业链需求,强化新文科、新工科建设,改造升级会计学、金融学、新闻学等26个传统专业,凝练大数据财务、大数据金融、大数据管理、智慧旅游、文创产品设计等新的专业方向,满足河南省大力发展科技服务、现代金融、商务咨询、创意设计等知识密集型服务业对人才的需求;新增跨境电子商务、网络与新媒体共2个本科招生专业;新增申报大数据管理与应用、金融科技、音乐教育等3个本科专业;2021年,金融学专业获批河南省一流本科专业建设点,省级一流本科专业建设点由此增加到5个;市场营销、英语、工程造价3个专业获批河南省学科专业建设资助专业,省级学科专业建设资助专业达到17个。2021年,学校建成腾讯云现代产业学院、京东云乡村振兴电商产业学院、用友新道智能会计产业学院、圆通科学工作院、3Q童商学院、本相茶文化学院等6个产业学院。详见表11。

表11 2021年新增省级专业建设项目

类别	专业名称	负责人	学院	批准文号
河南省专业建设资助项目	英语	崔瑾英	外国语学院	豫财教〔2021〕16号
	市场营销	霍秀珍	商学院	
	工程造价	杨开云	建筑工程学院	
河南省优秀基层教学组织	市场营销	霍秀珍	商学院	豫教高〔2021〕488号
	财务管理	崔杰	会计学院	
河南省教学团队	工商管理专业课程思政教学团队	朱影影	管理学院	豫教高〔2021〕432号

【课程建设】学校坚持课程在教学资源中的核心地位,以"优化结构、提

质增量、突出特色"为原则,以"培养应用型人才"为指引,深化课程建设改革,提升课程建设质量。以立项建设形式,重点进行混合式课程和精品在线开放课程建设。2021年,获批河南省线上一流课程4门、线下一流课程2门、线上线下混合式一流课程5门、一流虚拟仿真实验课程2门,获批河南省精品在线开放课程立项6门,获批河南省本科高校课程思政样板课程1门。校级混合式课程建设项目立项38门、结项12门,校级精品在线开放课程立项10门。详见表12至表14。

表12　2021年省级课程建设项目

类别	课程名称	所在院部	负责人	批准时间	批准文号
精品在线开放课程	中国现当代文学史Ⅰ	文法学院	赵严俊	2021年1月7日	豫教高〔2021〕4号
	大学生创业基础	创新创业教育学院	王铮	2021年1月7日	豫教高〔2021〕4号
	形象设计	艺术学院	吴则斌	2021年12月17日	豫教高〔2021〕474号
	计量经济学	金贸学院	孙植华	2021年12月17日	豫教高〔2021〕474号
	旅游景区管理	管理学院	李裔辉	2021年12月17日	豫教高〔2021〕474号
	大学生职业发展	创新创业教育学院	王铮	2021年12月17日	豫教高〔2021〕474号
线上一流课程	投融资决策分析	金贸学院	李新颖	2021年5月21日	豫教高〔2021〕174号
	思想道德修养与法律基础	马克思主义学院	李艳萍	2021年5月21日	豫教高〔2021〕174号
	基础会计	会计学院	张欣	2021年5月21日	豫教高〔2021〕174号
	微积分(上/下)	基础部	张志银	2021年5月21日	豫教高〔2021〕174号

续表

类别	课程名称	所在院部	负责人	批准时间	批准文号
线下一流课程	全国导游基础知识	管理学院	梅华	2021年5月21日	豫教高〔2021〕174号
	大学英语Ⅳ	基础部	权宇	2021年5月21日	豫教高〔2021〕174号
线上线下混合式一流课程	综合英语（非英语专业）	基础部	吴娟娟	2021年5月21日	豫教高〔2021〕174号
	英语阅读Ⅰ	外语学院	熊华霞	2021年5月21日	豫教高〔2021〕174号
	微观经济学	金贸学院	陈文静	2021年5月21日	豫教高〔2021〕174号
	经济法基础理论	文法学院	段丰乐	2021年5月21日	豫教高〔2021〕174号
	市场营销学	商学院	徐梦阳	2021年5月21日	豫教高〔2021〕174号
一流虚拟仿真实验课程	金融ERP虚拟仿真实验	金贸学院	何伟	2021年5月21日	豫教高〔2021〕174号
	跨境电商速卖通虚拟仿真	金贸学院	李秋娟	2021年5月21日	豫教高〔2021〕174号
课程思政样板课程	大学生创业基础	创新创业教育学院	王铮	2021年11月24日	豫教高〔2021〕432号

表13 2021年校级课程建设立项项目

类别	课程名称	所在院部	负责人	批准时间	批准文号
精品在线开放课程	职场沟通	管理学院	郑钊	2021年12月3日	升达〔2021〕135号
	工程招投标与合同管理	建工学院	管宗甫	2021年12月3日	升达〔2021〕135号
	工程制图	建工学院	刘亚萍	2021年12月3日	升达〔2021〕135号
	中级财务会计Ⅰ	会计学院	樊鹭	2021年12月3日	升达〔2021〕135号
	绩效管理	管理学院	靳豆豆	2021年12月3日	升达〔2021〕135号
	综合英语Ⅲ	基础部	王珂	2021年12月3日	升达〔2021〕135号
	广告策划与创意	艺术学院	杜霞	2021年12月3日	升达〔2021〕135号
精品在线开放课程	消费者行为学	商学院	宁震霖	2021年12月3日	升达〔2021〕135号
	大数据技术	信工学院	何保锋	2021年12月3日	升达〔2021〕135号
	外贸仿真综合实训Ⅱ	金贸学院	张鑫	2021年12月3日	升达〔2021〕135号
线上线下混合式课程	公司金融	金贸学院	李新颖	2021年1月12日	升达〔2021〕4号
	广亚智慧	王广亚研究中心	沈定军	2021年1月12日	升达〔2021〕4号
	消费者行为学	商学院	宁震霖	2021年1月12日	升达〔2021〕4号
	综合英语Ⅱ	基础部	张慧丽	2021年1月12日	升达〔2021〕4号
	智能财务分析与决策	会计学院	郭苏敬	2021年1月12日	升达〔2021〕4号
	EDA技术	信工学院	夏冰	2021年1月12日	升达〔2021〕4号
	中级财务会计Ⅰ	会计学院	樊鹭	2021年1月12日	升达〔2021〕4号
	电脑图文设计（二）	商学院	刘成瑜	2021年1月12日	升达〔2021〕4号
	国际经济法学	文法学院	王斐	2021年1月12日	升达〔2021〕4号
	混凝土结构基本原理	建工学院	聂金荣	2021年1月12日	升达〔2021〕4号

续表

类别	课程名称	所在院部	负责人	批准时间	批准文号
线上线下混合式课程	美学概论	文法学院	司慧慧	2021年1月12日	升达〔2021〕4号
	摄影	艺术学院	范腾飞	2021年1月12日	升达〔2021〕4号
	国际结算	金贸学院	马晶晶	2021年1月12日	升达〔2021〕4号
	数字电子技术	信工学院	吕丽平	2021年1月12日	升达〔2021〕4号
	高级财务会计	会计学院	车伟娜	2021年1月12日	升达〔2021〕4号
	工程造价管理	建工学院	陈宇瑞	2021年1月12日	升达〔2021〕4号
	基础日语Ⅳ	外语学院	张峰	2021年1月12日	升达〔2021〕4号
	英语听说Ⅲ	基础部	王书芳	2021年1月12日	升达〔2021〕4号
	组织行为学	管理学院	刘欣	2021年1月12日	升达〔2021〕4号
	运营管理	管理学院	冯俊	2021年1月12日	升达〔2021〕4号
	英语听说Ⅰ	基础部	熊保霞	2021年1月12日	升达〔2021〕4号
	公路施工组织及概预算	建工学院	韩晶晶	2021年1月12日	升达〔2021〕4号
	土力学与地基基础	建工学院	韩焜焜	2021年1月12日	升达〔2021〕4号
	跨境电商实务	金贸学院	卓凤莉	2021年1月12日	升达〔2021〕4号
	跨专业综合实训	经管实验教学中心	王军旗	2021年1月12日	升达〔2021〕4号
	现代汉语Ⅱ	文法学院	王敏凤	2021年1月12日	升达〔2021〕4号
	会计电算化实验（财务）	会计学院	赵颖	2021年1月12日	升达〔2021〕4号
	BIM应用技术	建工学院	杨爱丽	2021年1月12日	升达〔2021〕4号
	网络营销	商学院	姜培培	2021年1月12日	升达〔2021〕4号
	人力资源管理概论	管理学院	董芳芳	2021年1月12日	升达〔2021〕4号
	钢筋平法识图	建工学院	耿旭阳	2021年1月12日	升达〔2021〕4号

续表

类别	课程名称	所在院部	负责人	批准时间	批准文号
线上线下混合式课程	公司战略与风险管理	会计学院	郭小钰	2021年1月12日	升达〔2021〕4号
	企业模拟经营	会计学院	崔杰	2021年1月12日	升达〔2021〕4号
	嵌入式系统及应用	信工学院	田海丽	2021年1月12日	升达〔2021〕4号
	民法学Ⅱ	文法学院	徐静	2021年1月12日	升达〔2021〕4号
	基于EXCEL的经济分析	金贸学院	邵喆静	2021年1月12日	升达〔2021〕4号
	新媒体策划与创意	文法学院	王歌	2021年1月12日	升达〔2021〕4号
	统计学	商学院	王延娜	2021年1月12日	升达〔2021〕4号

表14 2021年校级课程建设结项项目

类别	课程名称	所在院部	负责人	批准时间	批准文号
线上线下混合式课程	综合英语Ⅱ	基础部	张慧丽	2021年12月28日	升达〔2021〕156号
	公司金融	金贸学院	李新颖	2021年12月28日	升达〔2021〕156号
	消费者行为学	商学院	宁震霖	2021年12月28日	升达〔2021〕156号
	跨境电商实务	金贸学院	卓凤莉	2021年12月28日	升达〔2021〕156号
	摄影	艺术学院	范腾飞	2021年12月28日	升达〔2021〕156号
	广亚智慧	王广亚研究中心	沈定军	2021年12月28日	升达〔2021〕156号
	人力资源管理概论	管理学院	董芳芳	2021年12月28日	升达〔2021〕156号
	嵌入式系统及应用	信工学院	田海丽	2021年12月28日	升达〔2021〕156号
	网络营销	商学院	姜培培	2021年12月28日	升达〔2021〕156号
	景观工程设计	艺术学院	张华	2021年12月28日	升达〔2021〕156号

续表

类别	课程名称	所在院部	负责人	批准时间	批准文号
线上线下混合式课程	服装款式设计	艺术学院	金玲	2021年12月28日	升达〔2021〕156号
	新闻写作	文法学院	赵静	2021年12月28日	升达〔2021〕156号

【实践教学工作】2021届毕业生毕业论文(设计)6380篇,课题类型涵盖理论研究、应用研究、技术开发、工程设计4种类型,其中理论研究型论文1466篇,占比22.98%,有4914篇论文(设计)在工程、实践、社会调查等社会实践中完成,占比77.02%。2021年7月,河南省教育厅、河南省学位委员会联合下发《关于批准2020年河南省优秀学位论文的决定》(豫教研〔2021〕254号),学校被抽检的2020届毕业生学位论文全部合格,其中14篇论文(设计)获得河南省优秀学士学位论文(设计)奖。见表15。

表15 2020届毕业论文获河南省优秀学士学位论文(设计)奖名单

序号	作者姓名	指导教师姓名	学士学位论文(毕业设计)题目	专业名称	证书编号
1	方笑	张雨烟	智能红外点滴检测报警系统设计	自动化	豫教〔2021〕24248
2	孔德涵	王丽娟	汽车盲区检测雷达系统设计	电子信息工程	豫教〔2021〕24249
3	刘佛增	侯亚茹	开封三毛超市顾客购买意愿影响因素研究	市场营销	豫教〔2021〕24250
4	刘宏豪	田妍妍	虚拟角色商品化权知识产权法保护	法学	豫教〔2021〕24251
5	闫镛	何伟	郑州市生产总值预测研究:基于ARIMA和干预模型的比较	经济学	豫教〔2021〕24252

续表

序号	作者姓名	指导教师姓名	学士学位论文（毕业设计）题目	专业名称	证书编号
6	李玥瑶	陶军利	基层员工培训效果评估问题研究——以卧龙游乐设备有限公司为例	人力资源管理	豫教〔2021〕24253
7	何天雨	王倩	幼儿家庭教育中父亲参与的研究——以××幼儿园为例	学前教育	豫教〔2021〕24254
8	何倩娜	张茜	龙门石窟网络关注度的时空特征和营销策略研究	旅游管理	豫教〔2021〕24255
9	张岩	刘敏娟	一目电影推荐系统	信息管理与信息系统	豫教〔2021〕24256
10	张恒	何伟	基于Logistics模型的河南中小企业信用风险分析	金融学	豫教〔2021〕24257
11	张敏	张利利	西游——现代儿童家具仿生设计	环境设计	豫教〔2021〕24258
12	莫钰宁	高燕	新密政通路小学综合楼招标控制价的编制	工程造价	豫教〔2021〕24259
13	郭子展	于文琳	苏庄村幼儿园办公楼施工组织设计	工程管理	豫教〔2021〕24260
14	谢宇杰	张新成	持续增长下杜邦分析在好想你公司的应用研究	财务管理	豫教〔2021〕24261

学校坚持"理实一体、知行合一"的实践教学理念，加强实习实训基地和实践教学平台建设，近年来先后与河南广发财务集团有限公司等197家企事业单位签订校企合作协议，建立校外实习基地；利用业界资源，共建真实工作场景，搭建"优势互补"的校企协同育人创新平台；充分发挥企业在学生实践环节的重要作用，为学生提供真操实做、产教融合的条件，让学生在体验中实践，在实践中学习，在学习中成长，达到创办人提出的"毕业即就业，上班即上手"要求。2021年12月，会计学院"河南紫牛网络科技集团有限公司新工科专业实习基地"等3家校外实习基地获批省级大学生校外

实践教育基地建设项目。见表16。

表16 入选河南省高校大学生校外实践教育基地名单

序号	学院	基地名称	依托单位	认定结果
1	会计学院	河南省新文科(会计学)大学生校外实践	和信会计师事务所(特殊普通合伙)河南分所	直接认定
2	建筑工程学院	河南省新工科(工程管理)大学生校外实践教育基地	中天建设集团有限公司第九建设公司	立项建设
3	信息工程学院	河南省新工科(工程管理)大学生校外实	郑州埃文计算机科技有限公司	立项建设

【教师教学技能竞赛】2021年外语学院张彬获第三届河南省本科高校教师课堂教学创新大赛一等奖;冯善德获第六届西浦全国大学教学创新大赛三等奖;马克思主义学院张玉明获2021年河南省高校思想政治理论课教学技能大赛一等奖。在第十二届全国高校外语教学大赛河南省赛中有3人获奖,2021年河南省教学技能竞赛10人获奖,河南省第二十五届信息化交流活动13人获奖,第十一届校级中青年教师课堂教学比赛20人获奖。见表17、表18。

表17 校外教学技能竞赛获奖情况

项目名称	教师姓名	所属学院	等级	奖项文号
第三届河南省本科高校教师课堂教学创新大赛	张彬	外国语学院	一等奖	教高〔2021〕487号
第六届西浦全国大学教学创新大赛	冯善德	实训处	二等奖	省级
2021年河南省高校思想政治理论课教学技能大赛	张玉明	马克思主义学院	一等奖	教思政〔2021〕242号
第十二届全国高校外语教学大赛河南省赛区	黄永佳	基础部	一等奖	教办高〔2021〕184号
	权宇	基础部	二等奖	教办高〔2021〕370号
	李笑寒	外国语学院	二等奖	

续表

项目名称	教师姓名	所属学院	等级	立项文号
河南省第二十五届教育信息化交流活动	孙晓鸣	基础部	一等奖	豫教电教〔2021〕395号
	沈定军	发展规划处	二等奖	
	吴文妍	管理学院	二等奖	
	张芳	双创学院	二等奖	
	陈文静	金融贸易学院	三等奖	
	崔瑾英	外国语学院	三等奖	
	梁淑芬	管理学院	三等奖	
	吴则斌	艺术学院	三等奖	
	齐广玉	实训处	三等奖	
	郭苏敬	会计学院	三等奖	
	田海丽	信工学院	三等奖	
	赵丽红	信工学院	三等奖	
	杜霞	艺术学院	三等奖	
2021年河南省教学技能竞赛	璩媛媛	建筑工程学院	一等奖	豫工文〔2021〕89号
	丁艳风	基础部	一等奖	
	张丽娟	外国语学院	一等奖	
	张晓丹	体育学院	一等奖	
	郭苏敬	会计学院	一等奖	
	黄永佳	基础部	二等奖	
	董芳芳	管理学院	二等奖	
	张芳	双创学院	二等奖	
	晏玲玲	马克思学院	三等奖	
	田海丽	信工学院	三等奖	

表18 学校第十一届中青年教师课堂教学比赛获奖情况

序号	教学单位	教师姓名	课程名称	奖项等级
1	外语学院	张彬	商务日语口语及礼仪	一等奖
2	艺术学院	张一可	器乐Ⅵ(二胡)	二等奖
3	会计学院	郭苏敬	财务管理	二等奖
4	金贸学院	徐菁	计量经济学	二等奖
5	双创学院	刘桂芳	大学生职业发展与就业指导	三等奖
6	管理学院	张丽霞	茶文化与茶艺综合实训	三等奖
7	马克思主义学院	李瑛	中国近代史纲要	三等奖
8	体育学院	孙明轶	排球	三等奖
9	会计学院	曾景伟	Excel在财务中的应用	三等奖
10	艺术学院	张楠	色彩构成	三等奖
11	金贸学院	王云	企业决策专题	优秀奖
12	会计学院	肖晓	Excel在财务中的应用	优秀奖
13	商学院	侯亚茹	品牌管理	优秀奖
14	信工学院	张西芝	数据库原理及应用	优秀奖
15	信工学院	田海丽	嵌入式系统及应用	优秀奖
16	文法学院	刘羽	新闻采访与写作	优秀奖
17	建工学院	耿旭阳	建筑工程造价	优秀奖
18	建工学院	岑培山	土的击实试验	优秀奖
19	基础部	黄永佳	英语听说Ⅳ	优秀奖
20	基础部	陈巧灵	微积分	优秀奖

【教学管理与教学运行】2021年学校教学管理科学规范、教学运行平稳有序。2021年学校共开设课程2029门,10 754门次;通识选修课开出178门,选课47 090人次;学生重修课程267门,967人次;评选优秀教案讲稿23门、最受学生欢迎的教师34人,优秀教学管理人员2人。见表19至表21。

表19 2021年优秀教案讲稿获奖名单

序号	院部	教师姓名	课程名称
1	金融贸易学院	苏益莉	证券投资分析
2	金融贸易学院	吴双	宏观经济学
3	会计学院	丛路扬	大数据业财融合决策实训
4	会计学院	徐珍	资本市场学
5	管理学院	陶军利	培训与人力资源开发
6	管理学院	杨征	职场沟通
7	商学院	董园园	市场营销学
8	商学院	丁雅琪	品牌管理
9	信息工程学院	张小峰	智能移动终端开发技术
10	信息工程学院	李学桥	计算机网络
11	外国语学院	王倩倩	英语阅读IV
12	外国语学院	郭真	综合英语I
13	文法学院	毛玉凤	学前卫生学
14	文法学院	司伟歌	习近平法治思想概论
15	艺术学院	王晓露	试唱练耳IV
16	艺术学院	徐丹丹	中外建筑史
17	建筑工程学院	韩晶晶	土木工程概预算
18	建筑工程学院	尹智伟	建筑施工技术
19	体育学院	吴青霞	运动解剖学
20	体育学院	张水涛	太极拳
21	基础部	黄贝贝	英语听说IV
22	基础部	范丽颖	英语读写3
23	马克思主义学院	代晓雅	中国近现代史纲要
24	马克思主义学院	杨迪	思想道德与法治
25	创新创业教育学院	朱琦	大学生职业发展

表20　2021年最受学生欢迎教师

院部	姓名
金融贸易学院	郭怡萍、卓凤莉、刘洪芹、王宇鹏
会计学院	陶慧芳、杨朋伟、李　霞、谭茜玮
管理学院	王新艳、梁淑芬
商学院	叶宝银、刘成瑜
信息工程学院	王　芳、贾超广
外国语学院	袁亚敏、唐瑜佳
文法学院	杨春艳、汪　梁
艺术学院	王瑞雪、杜亮、吴则斌、龚雪
建筑工程学院	任小营、岑培山
体育学院	张振中、祝　磊
马克思主义学院	晏玲玲、李艳艳
创新创业教育学院	刘桂芳
基础部	彭春燕、张建康、范楠楠、宋　玮、任宗修

表21　2021年优秀教学管理人员

序号	院部	姓名
1	管理学院	丁向育
2	金融贸易学院	张　翔

【学籍管理】2021年,学校学籍管理工作井然有序。共完成32 764名在校生(其中2021级新生10 639名)的学籍注册工作,完成161名学生转专业工作,完成283人次的休学、复学、退学、转学及延长学习年限等学籍异动工作,完成2021届6380名毕业生学士学位和103名双学位辅修专业学生学位授予资格的审查和证书的打印及发放工作。

【教材建设与管理】2021年,学校45个本科专业选用"马工程"重点教材46种,使用"马工程"重点教材42 153册。2021年上半年征订、发放教材159 899册,其中教师用书2064册,学生用书157 835册;下半年征订、发放教材 276 108 册,其中教师用书 3168 册,学生用书 272 940 册。

2021 年 7 月,会计学院崔婕编写的《Excel 在会计和财务中的应用(第六版)》获首届全省教材建设评比二等奖。详见表 22。

表 22 2019—2021 年教师主编教材

序号	著作名称	第一作者	所属单位	出版单位
1	法律逻辑学	李振江	文法学院	郑州大学出版社
2	Excel 在财会中的应用	姬昂	会计学院	清华大学出版社
3	Excel 财务会计实战应用	崔杰	会计学院	清华大学出版社
4	大学体育精品教程	张王利	体育学院	人民体育出版社
5	应用国际金融	何伟	金贸学院	中国财政经济出版社
6	职业道德与法律	窦峰	马克思主义学院	郑州大学出版社
7	Excel 在财务中的应用	崔婕	会计学院	立信会计出版社
8	环境学概论	管华	管理学院	科学出版社
9	外贸会计实训	余孝文	会计学院	立信会计出版社
10	ERP 企业模拟经营沙盘实训教程	崔杰	会计学院	清华大学出版社
11	财务管理	崔杰	会计学院	清华大学出版社
12	国际物流与货运代理	田振中	商学院	清华大学出版社
13	会计英语	谭茜玮	会计学院	立信会计出版社
14	EXCEL 在会计和财管中的应用	崔婕	会计学院	人民邮电出版社
15	Java 面向对象程序设计教程	程杰	信息工程学院	清华大学出版社
17	应用国际金融	何伟	金贸学院	中国财政经济出版社
18	商务决策综合实训教程	何伟、张聚伟	金贸学院	中国财政经济出版社
19	Excel 在会计和财务中的应用	崔婕	会计学院	立信会计出版社

【考试管理】2021年组织完成两学期期初补（缓）考150场,7521门次；组织完成两学期期末考试9497场次；组织完成两次全国大学生英语四六级考试（6月、12月）,23 242人参加考试；组织完成两次全国计算机等级考试（3月、9月）,3444人次参加考试；6月7日,完成2021届专科毕业生河南省普通高招专升本考试组考工作,1377人参加考试；12月25日至27日,完成2022年全国研究生招生考试组考工作,2999人参加考试。

2021届毕业生有250人考取硕士研究生,其中金贸学院32人,会计学院37人,管理学院20人,商学院14人,信工学院50人,外语学院19人,文法学院27人,艺术学院14人,建工学院29人,体育学院8人。考取双一流高校5人,分别为北京理工大学1人,西北农林科技大学1人,新疆大学3人,录取率3.15%。

【特色发展大讨论】

"特色发展"大讨论交流会现场

"特色发展"大讨论交流会代表发言

"特色发展"大讨论交流会代表发言

为使全校上下进一步统一思想,凝聚共识,明确特色发展的方向和路径,落实建设"全国知名、特色鲜明的高水平民办本科大学"的发展目标,全面提升学校人才培养质量,推动学校高质量发展,2020年10月至2021年4月,学校开展以"特色发展"为主题的教育思想大讨论活动。校党委书记张德伟和校长郭爱先分别主持召开"党政联席会议"和"教学与行政主管联席会议",分别就学校的办学定位如何落实落地,学校已有的特色是什么,学校现有的育人特色如何进一步深化,学校的办学特色、学科专业特色如何打造,专业结构要如何布局、调整和优化等问题进行讨论。

10月22日、29日,学校先后邀请北京交通大学原副校长张星臣、湖北大学原党委书记尚钢教授作专题报告,就地方高校科学发展、干部能力素质培养与一流本科专业教学体系建设等方面做了专题讲座。

2021年4月8日至9日,教务处组织召开学校"特色发展大讨论"交流会,14个教学单位和8个行政单位分别围绕教学特色如何打造,学科专业特色怎样凝练,专业结构布局、调整和优化,产业学院建设、校企合作协同育人开展等问题进行汇报交流。郭爱先校长会后总结:特色发展是实现高质量发展的必由之路,学校要在学科专业、育人文化、管理服务方面建立三大特色。各单位要进一步增强特色发展意识,树立人才强校、质量立校、特色兴校的根本理念;要在特色发展过程中进一步增强"三问"意识,深入思考学校的学科专业调整、专业集群建设、产业学院建设等是为谁培养人,培养什么样的人,怎么样培养人的问题;要在"特色发展"过程中持续增强融合意识,整合校内外资源、打通校内学院壁垒,相互协调、积极配合,实现课程、师资、实验实训条件等的合理配置和资源共享。

(撰稿人:赵悦然 审稿人:吴益民)

教师队伍建设

【教师队伍状况】 学校现有教师1624人,其中专任教师1387人,外聘教师476人。专任教师中具有硕士及以上学位1095人,其中硕士学位1005人,博士学位90人,占专任教师比例为78.9%;具有高级职称729人,占专任教师比例为52.6%;国家级及省级优秀教师16人,河南省教育厅学术技术带头人、骨干教师42人。

专任教师39岁以下714人,占专任教师比例为51.5%;获得硕士、博士学位者1095人,占专任教师比例为78.9%。见表23、表24。

表23　专任教师队伍年龄结构

2021年	39岁及以下		40—59岁		60岁以上	
	人数	比例	人数	比例	人数	比例
	714	51.5%	574	41.4%	99	7.1%

表24　专任教师队伍学历结构

2021年	博士		硕士		本科及以下	
	人数	比例	人数	比例	人数	比例
	90	6.5%	1005	72.5%	292	21.0%

【人才引进】2021年,人事处共引进各类人才共计126人,其中正高8人,副高13人,中级12人;博士研究生5人,硕士研究生104人。

【岗位聘任工作】根据学校总体发展需要,严格按照学校的规章制度,对2021—2022学年本单位教职工(不含科级及以上)的聘任及相关问题提出意见,晋升124人,降级8人,转岗2人,返聘59人。其中根据教师晋升办法聘任教授8人、副教授27人、讲师46人。

【专业技术评聘】2021年12月,学校组织成立2021年度教师(实验人员)中高级职称自主评审委员会,开展教师(实验人员)中高级职称评审工作,完成自主评审和通过人员公示。共评审通过66人,其中教授3人、副教授12人,讲师50人、实验师1人。

完成2021年度学校辅系列(非教师系列)职称申报审核工作。申报审核通过辅系列中,高级职称共6人,其中经济师系列正高级1人,工程系列中级3人,工艺美术系列中级2人。

【高层次人才推荐评聘】2021年6月,沈定军副教授入选"河南省高等学校教学名师"名单;7月,李鑫教授、李霄锋副教授入选"河南省教育厅学术技术带头人"名单;12月,权宇副教授、孙植华副教授、熊华霞副教授、陈文静副教授、赵娜副教授通过了郑州市第六届地方高校中青年骨干教师届满考核；李鑫教授、李新颖教授、霍秀珍副教授、朱影影副教授获批"郑州市第七届地方高校中青年骨干教师培养对象"；12月，马克思主义学院王铮教授、晏玲玲副教授获评"河南省文明教师"。

【"淑芳师德奖"评选】 人事处牵头组织开展学校第三届"淑芳师德奖"评选工作。经过各单位推荐，"淑芳师德奖"评选委员会投票，校评选领导小组审议，崔瑾英、徐亚杰、曹华莹三人获"淑芳师德奖"先进个人奖；胡翔宇、李莹、刘成瑜、刘亚萍、孟俊鸟、戚正威、时文俊、王凯、夏瑞芳、杨毅获"淑芳师德奖"先进个人提名奖。

(人事处、教师发展中心供稿)

质量保障建设

【概况】 2021年1月21日，教育部发布《普通高等学校本科教育教学审核评估实施方案(2021—2025年)》，按照教育部最新审核评估方案思想，结合教学质量监测与评估中心(以下简称"质监中心")五年建设规划(2020年10月)与国测平台相关标准，采取整体施测与分类施测相结合，注重对监测内容的持续跟进与精准服务，助力构建自觉、自省、自律、自查、自纠的大学质量文化，建立健全教育教学质量保障体系，助推学校内涵发展、特色发展、创新发展，戒虚务实，守住育人底线，促进人才培养水平和育人质量的提升。

学校坚持把教学工作纳入重要议事日程。董事会、党政联席会、教代会、教学工作会定期研究教学工作，校长办公会研究教学工作做到常态化，坚持教学例会制度和主管会议制度，及时通报教学情况，研究、改进教学工作。建立了校领导联系院部、处级以上干部听课等制度，坚持经常深入教学一线调查研究，听取教学信息反馈，解决问题；坚持定期召开学生、教师座谈会，倾听师生意见和建议，落实教学中心地位。按照教学工作计划，质监中心持续开展学期学生对学校教育教学工作满意度问卷调查，进一步提高教育教学质量。在质监中心组织下，定期撰写并发布教育教学质量报告，及时反映教育教学相关问题并提出建议,促进学校教育教学高质量发展。

【明确分工】实行校、院(部)二级管理,形成了由学校校长、教务长、教学院(部)院长(主任)、教务处工作人员、教学秘书、教研室主任、教学干事等组成的教学管理队伍。学校各级教学管理人员都有明确的职责分工,教务处是学校的教学管理职能部门,对全校的教学工作履行管理、检查、指导和规范等职能;各院(部)院长(主任)、教学秘书等负责规范和管理本院(部)的教学工作,各司其职,各负其责,共同服务好教学工作。

【体系保障】学校重视教学质量管理,依据《关于加强教学质量保障体系建设的意见》和《关于完善以教学单位为主体的教学质量保障体系工作方案》,设立了校领导挂帅的教学督导委员会,成立了教学质量监测与评估中心,实行教务处负责教学运行管理、质监中心负责教学质量评估的"双线制"工作模式。各院部成立教学质量监控领导小组,负责本单位教学质量控制,建立了校、院(部)两级教学质量监控的组织体系。

学校聘请教学经验丰富、责任心强的教师担任校级专职督导或院(部)兼职督导,遴选学生担任教学信息员,形成了三个层次的教学质量监测队伍体系。

【整改提效】学校注重教学环节全面质量监控。教学督导听课实现全覆盖,对所有教师课堂教学水平作出量化评价,并当面向授课教师反馈。质监中心对每个院(部)课堂教学质量整体情况出具评估报告,分析存在问题,提出整改建议,由教务处和院部进行整改,质监中心对整改效果进行跟踪,形成了监控闭环,促进持续改进和不断提高。

【数据科学】学校高度重视河南省本科专业数据平台、国测数据平台和年度本科教学质量报告等数据对教育教学工作的引导和质量监测数据的使用。利用网络平台开展学生评教和满意度调查,学生的参与度、统计的准确度、数据的可信度大大提升,为保证教学质量提供了真实数据。学校将评教结果纳入教师个人考核,对责任心不强、课堂教学效果差、不思改进的教师坚决予以解聘。

(撰稿人:徐志宁　审稿人:罗秉鑫)

实验室建设

【概况】2021年,实训管理处修订了《实验室安全管理办法》等9个相关文件,制定了《虚拟仿真实验教学项目管理办法》等制度,论证完成学校实验室建设总体规划和年度建设计划,不断增强实验室规划、建设、管理和使用的高效性。

各教学单位根据自身学科和专业建设发展需要,制定科学的实验室建设规划,由实训管理处牵头,邀请学校领导、校内专家,对建设规划的必要性、可行性和科学性进行论证。根据论证结果,制定相应的招标和采购计划以及建设施工方案。优先支持品牌专业、示范专业和特色专业的实验室建设,重点支持重点实验、实验教学示范中心的建设。

2021年,学校共设有教育部"科学工作能力实训示范基地"1个,省实验教学示范中心2个,市示范性实训基地3个,市重点实验室2个,公共基础计算机实验室33间,基础型智慧教室189间,专业实验室222间,教学科研仪器设备10 545台件。截至12月31日,学校共有教学实验分室255间,教学科研实验仪器设备总值15 247.22万元,实验室、实习场所面积76 617.93平方米。

【实验室建设项目论证】年内,实训管理处组织召开两次2021年度实验室建设项目论证会,12个单位申报的43个项目参加论证。经过项目负责人的现场汇报答辩和实验室建设论证委员会的评审,最终由校长办公会议审议决定,2021年度实验室建设项目同意立项建设39项,预算金额为1289.09万元。

【实验室建设】按照学校信息化建设"十三五"规划,结合《河南省本科高校智慧教室建设指南》要求,年内,学校新建基础型智慧教室90间;增建重点专业实验室数字影像创作实验室和多功能演播厅共2间;改造升级品牌专业实验室6间,增建公共基础计算机实验室2间;新增教学仪器设备987台件,合1765万元,学生实验实训场所、设备和环境得到进一步改善。

(撰稿人:周行　审稿人:程敏姿)

创新创业教育

【概况】学校创新创业教育按照"面向全体、分类施教、专业服务、全面发展"的工作理念,不断服务于学校应用型人才培养和地方经济社会建设。为落实建设"全国知名、特色鲜明的高水平民办本科大学"的发展目标,推进与加强学校内涵建设,制定《郑州升达经贸管理学院创新创业教育"十四五"发展规划》,做好学校创新创业教育顶层设计,围绕学校特色、育人特色、专业建设特色、课程特色等内容,从提升学校服务地方能力、加强专业集群建设、打造人才培养特色、挖掘教学内涵建设特色等方面进行目标设定,为学校"十四五"期间创新创业教育发展做好规划工作。

【创新创业教育教学】在课程建设方面,学校努力打造"三课合一"的双创课程体系,即构建双创通识课、双创专业课和双创实践课的"三课合一",促进双创理论与素质教育相融合、双创知识与专业教学相融合、双创实践与能力培养相融合。2021年,《大学生创业基础》《大学生职业发展》《大学生就业指导》三门通识课程已做到"全覆盖",初步形成了从创新意识到创业能力再到创新创业实践的全链条教育。三门通识课程推进教学模式、教学方式方法综合改革,精心设计、安排教学活动,全面带动启发式、探究式、讨论式、参与式、情景式等教学方法的运用,培养和提高学生的实践动手能力和创新能力。打造双创专业课,为双创学院圆通科学工作院与文法学院法律教研室合作开发律所工作标准。

【创新创业教育实训】双创实训体系建设是学校双创人才培养的三大主体系之一,是保障创新创业教育实现从双创知识、双创意识的培养,向双创能力培养转化的重要环节。学校遵循"面向全体、分类培养、专业服务、全面发展"的双创教育理念,以双创虚拟仿真实验平台建设为核心,在课程师资、实训方法、教学指导、软件环境、场地条件等方面扎实落实以实践化为导向的建设原则,分阶段、分目标建设学校的双创实训教育体系。2021年,双创实训项目培训人数为3411人次。

【创新创业教育实践】学校设立学科竞赛专项经费85万元,根据《郑州升达经贸管理学院大学生学科竞赛管理办法》,践行"以赛促教、以赛促学"

的工作思路,鼓励学生参加"互联网+"大赛、"挑战杯"大学生课外学术科技作品竞赛、"创青春"全国大学生创业大赛等。2021年度,学生获得省部级以上学科竞赛奖励达到438项。其中国家级33项,省部级405项;文艺、体育竞赛获奖51项,含国家级5项,省部级46项。

(撰稿人:胡素桂　审稿人:王铮)

学位授予

【学位授予情况】2021年学校符合学士学位授予资格6380人。其中授予经济学学士学位802人;授予管理学学士学位2566人;授予工学学士学位1226人;授予法学学士学位121人;授予文学学士学位732人;授予艺术学学士学位773人;授予教育学学士学位160人。

2021年,106名修读双学位毕业生中,符合双学位授予条件103人,其中管理学学士学位42人,法学学士学位39人,文学学士学位22人。

(教务处供稿)

产教融合

【与新郑市政务服务和大数据管理局签订战略合作协议】2021年6月10日,学校与新郑市政务服务和大数据管理局战略合作协议签约仪式在校行政楼第一会议室举行。新郑市政务服务和大数据管理局局长马纯杰,副局长李水英、秦建军、周湘贞,办公室主任王博,学校执行董事王新奇,副校长张金安,副校长吴益民,就业处兼校地合作处处长冯科,信工学院院长白鑫及部分同仁参加了签约仪式。双方一致同意在达成战略合作的基础上,围绕着政务服务的改革和提升、城市智能化管理体系建设亮点,在大数据平台建设、学生创新创业就业、实习实践方面开展深入合作,更好地服务地方经济发展。

执行董事王新奇博士与新郑市政务服务和大数据管理局
局长马纯杰代表双方签约

【执行董事王新奇、校长郭爱先率队前往苏州国顺教育科技有限公司和京东信息科技(宿迁)有限公司实地考察】2021年7月20日,应苏州国顺教育科技有限公司邀请,学校执行董事王新奇、校长郭爱先、董事会秘书兼科研处处长杨存博、发展规划处处长沈定军一行四人赴该公司进行实地考察,与其董事长陈怀忠针对校企合作事宜进行了深入交流。双方就人才培养、实验室建设、企业人才需求、学生实习就业等方面进行认真磋商,为合作项目的落地实施奠定了坚实基础。

与苏州国顺教育科技有限公司就合作事宜进行深度交流

7月21日,执行董事王新奇、校长郭爱先、副校长吴益民、董事会秘书兼科研处处长杨存博、发展规划处处长沈定军、商学院副院长白鹏飞到宿迁京东信息科技有限公司暨京东全国客服中心参观考察,并与京东校企合作部总经理杨程洽谈合作事宜。双方就电商、物流、数智化人才培养等方面进行了深入交流,双方将就合作落实问题拟订具体的合作方案。

与京东科技信息技术有限公司举行座谈交流会

校企双方在京东公司合影留念

【与京东科技信息技术有限公司举行共建产业学院签约仪式】 2021年12月10日,学校与京东科技信息技术有限公司校企共建升达·京东云乡村振兴电商产业学院签约仪式在学校第二会议室举行。京东校企合作部总经理杨程、京东校企合作大区负责人颜士淞、吴欣桐,京东校企合作区域运营经理樊鹏,校长郭爱先、就业处兼校地合作处处长冯科、商学院副院长白朋飞参加了签约仪式。校企双方共建升达·京东云乡村振兴电商产业学院既是学校和企业自身发展的需要,也是企业反哺高校、推动高校教育事业高质量发展的重要途径;通过深度合作,学校可以发挥自身科研和人才优势,企业也能更好地发挥产业优势,双方实现优势互补、资源共享,共同助力乡村产业振兴和强农惠农富农。此次签约成功,拉开了升达与京东在新形势下开展全方位合作的序幕。

郭爱先校长与京东公司杨程总经理代表双方签约

【与腾讯、河南科诚数字科技有限公司签约共建腾讯云现代产业学院】 2021年12月15日,学校与腾讯、河南科诚数字科技有限公司共建腾讯云现代产业学院签约仪式在本相茶文化学院举行。河南科诚数字科技有限公司董事长陈哲、腾讯教育行业河南区域总监李杰,执行董事王新奇、校长郭爱先、副校长吴益民、管理学院院长纪德尚、艺术学院院长吴柏林、信息工程学院院长白鑫以等参加签约仪式。学校和河南科诚数字科技有限公司、腾讯公司签署《合作共建升达-腾讯云现代产业学院协议》,升达-腾讯云现代产业学院将依托腾讯的数字化建设能力和企业品牌的强大背书,结合学校人才、专业优势和河南科诚数字科技有限公司先进的教育技术及行业背景优势,探索培养符合以"新技术、新业态、新产业、新模式"为特点的新一代创新型科技人才方式、方法、模式和内容,把升达-腾讯云现代产业学院建设成河南省产业学院的标杆项目,打造产教融合优秀品牌,提高人才培养质量。

郭爱先校长与河南科诚数字科技有限公司陈哲董事长代表双方签字

与会嘉宾合影留念

毕业生就业情况

【概况】学校2021届毕业生7943人,其中本科生6380人,占毕业生总人数的80.32%;专科生1563人,占毕业生总人数的19.68%;男生3094人,女生4849人,男女生比例为1:1.5。

毕业生来自全国31个省(含直辖市及自治区),其中省内人数为7738人,占毕业生总人数的97.42%;省外毕业生主要来自安徽省(0.35%)、河北省(0.25%)、山西省(0.25%)和吉林省(0.25%)及其他地区;省内毕业生生源前三位分别为周口市(12.42%)、郑州市(9.00%)、商丘市(8.39%)。

从学历层次及学院分布来看,本科毕业生分布在学校10个学院,其中会计学院本科毕业生人数最多,1064人,占本科毕业生总人数的16.68%;专科毕业生分布于学校6个学院,其中商学院专科毕业生最多,548人,占专科毕业生总人数的35.06%。

【毕业生去向】2021届毕业生就业总体以签订就业协议形式为主,占就业生总人数的80.03%;本科毕业生以签就业协议形式就业的,占本科毕业生总体的85.74%;专科毕业生以签就业协议和以升学形式就业为主,其中签就业协议比例为56.75%,升学比例为35.19%。

2021届毕业生中有72.15%选择省内就业,省外就业的毕业生主要集中在上海市、广东省和浙江省;毕业生省内就业的首选是郑州市,占省内就业总人数的42.06%,其次是南阳市、洛阳市,占比分别为4.07%和3.08%。

毕业生主要流向民营企业,占就业毕业生总量的93.07%,其次是国有企业和中初教育单位,分别占就业毕业生总量的2.62%和1.92%。2021届毕业生主要集中在教育,信息传输、软件和信息技术服务业,批发和零售业,建筑业等五个行业,人数占就业毕业生总量的63.14%。2021届毕业生总体升学率为9.76%,其中本科毕业生升学率为3.56%,专科毕业生升学率为35.19%。

【年终就业去向落实率】学校2021届毕业生年终就业去向的落实率为90.99%。本科毕业生年终就业去向落实率为90.45%,专科毕业生年终就业去向落实率为 93.28%。分学院看,年终就业去向落实率最高的为商学院(95.82%);其次是金融贸易学院(94.36%);建筑工程学院毕业生年终就业去向落实率最低(80.02%)。详见表 25。

表 25 2021 届毕业生年终就业去向落实率

学院	总体	本科	专科
金融贸易学院	94.36%	94.14%	95.40%
会计学院	90.60%	90.60%	——
管理学院	93.50%	92.49%	99.17%
商学院	95.82%	93.51%	98.54%
信息工程学院	91.54%	91.66%	——
外国语学院	87.05%	84.68%	94.87%
文法学院	90.34%	90.34%	——
艺术学院	93.12%	92.12%	97.16%
建筑工程学院	80.02%	80.75%	78.53%
体育学院	94.17%	94.17%	——
学校整体 90.99%,本科 90.45%,专科 93.28%			

(撰稿人:王洋 审稿人:冯科)

学生工作

学生日常管理

【概况】 开展爱国教育、养成教育、好学教育、文明礼貌教育、感恩教育、诚信自立自强教育,落实三大竞赛活动。

2020—2021学年第二学期,抽查课堂考勤,平均出勤率为94.36%(不含请假人数);抽查学生晨读,平均出勤率100%;抽查学生参加国旗教育情况,平均出勤率96.72%;组织统一补劳动202人;抽查学生内务不达标宿舍1468个,外宿学生118人次,宿舍违纪802人次。

2021—2022学年第一学期,抽查课堂考勤平均出勤率96.04%(不含请假人数);抽查学生晨读平均出勤率100%;抽查学生参加国旗教育平均出勤率95.88%;组织统一补劳动实践78人;抽查学生内务,不达标宿舍2913个,查处外宿学生99人次,宿舍抽烟93人次,宿舍违纪1040人次。

【三大竞赛】 详见表26、表27。

表26　2020—2021学年第二学期学务系统三大竞赛排名

项目	金贸	会计1	会计2	管理	商学	信工	外语	文法	艺术	建工	体育	交通
课堂考勤	9	1	7	8	4	6	2	3	10	5		
国旗教育	1	1	1	2	1	2	2	1	1	2	1	1
晨读	4	2	1	3	1	1	1	1	1	1	1	1
宿舍内务	6	1	2	9	7	3	8	4	10	5	11	12
外宿	9	2	7	8	4	1	6	3	11	5	10	12
晚回楼	4	2	3	8	7	6	5	1	10	11	9	12

续表

项目	金贸	会计1	会计2	管理	商学	信工	外语	文法	艺术	建工	体育	交通
劳动教育	8	2	1	11	6	12	7	10	3	9	3	5
教室卫生	5	7	6	12	8	11	9	4	3	2	10	1
缴费排名	5	7	7	5	11	10	7	1	1	9	1	1
综合排名	9	1	3	11	5	9	4	2	7	5	10	8

表27　2021—2022学年第一学期学务系统三大竞赛排名

项目	金贸	会计1	会计2	管理	商学	信工	外语	文法	艺术	建工	体育	交通
课堂考勤	7	2	1	5	11	3	9	6	4	10	12	8
国旗教育	1	1	1	1	1	1	1	1	1	1	1	1
晨读				5	5	3	4	1		2		
宿舍内务	5	4	12	7	6	1	2	3	10	8	11	9
外宿	1	7	3	6	9	4	5	2	12	8	10	11
晚回楼	3	8	1	7	11	9	4	6	10	5	12	1
劳动教育	9	11	1	1	12	9	8	7	1	10	6	1
教室卫生	5	11	4	10	9	8	7	6	2	3	12	1
缴费排名	7	1	7	11	9	10	6	1	12	1	1	1
综合排名	4	7	2	8	11	6	5	1	10	5	9	3

【评优评先】2020—2021学年三好学生2691名,优秀学生干部1430名,先进班集体41个。2021届郑州市三好学生108人,优秀学生干部37人。2021届省级优秀毕业生159名,校级优秀毕业生115名。

【创新工作】学务处落实疫情防控期间安全管理任务,成立三支巡查队伍,即保卫部巡查队伍、学生专班巡查队伍、志愿组织巡查队伍,加强校园巡视,维护校园安全稳定。

（撰稿人:孙鹏、张弛、李海滨、刘玉梅　审稿人:张红阳）

辅导员队伍建设

【概况】现有辅导员170人(男51人、女119人),辅导员师生比1∶188。年龄结构:辅导员队伍中30岁以下65人,31—35岁68人,35岁以上37人。职称结构:高职称数量为0;讲师职称33人,占19.4%;助教职称67人,占39.41%;无职称70人,占41.18%。

【推优获奖】详见表28。

表28 校内首届辅导员素质能力大赛获奖人员名单

序号	学院	辅导员	奖项
1	管理学院	齐利利	特等奖
2	文法学院	刘瑜	一等奖
3	会计学院	孟醒	一等奖
4	管理学院	程华斌	二等奖
5	管理学院	祖鹏阳	二等奖
6	管理学院	张惠丽	二等奖
7	会计学院	鲁玲玉	三等奖
8	会计学院	郭军学	三等奖
9	会计学院	胡翔宇	三等奖
10	外国语学院	田倩倩	三等奖
11	金融贸易学院	秦童	优秀奖
12	文法学院	张甜梦	优秀奖
13	商学院	张楠	优秀奖
14	艺术学院	孙凤娟	优秀奖
15	交通管理学院	杨田田	优秀奖

【创新工作】落实立德树人根本任务,全面提升学校辅导员的理论水平、职业能力和专业素养,以赛促学、以赛促建,举办"不忘初心练本领、牢记使命展风采"首届辅导员素质能力大赛。

(撰稿人:孙鹏、张颢 审稿人:张红阳)

学生资助工作

【概况】2021年,学生资助管理中心全面深入贯彻落实上级和学校各项贫困学生资助政策,不断完善工作机制和管理措施,深入扎实开展资助宣传、精准资助及资助育人工作,努力为家庭经济困难学生服务,较好地完成了奖、助、贷、减、补等各项学生资助工作。年内共资助家庭困难学生2.2356万人次,发放各类资助资金10 684.8634万元。

【国家奖助学金】2021年10月,学校有5408名学生获得国家奖助学金,其中国家奖学金7名、国家励志奖学金616名、国家助学金4785名(分春、秋两季发放,每次各发一半助学金),资助金额1892.65万元。2021年春、秋两季共为9833人次学生发放国家奖助学金1836.55万元。

【国家助学贷款】2021年,学校共有9250名学生办理国开行国家助学贷款,贷款总金额7918.38万元,助学贷款总人数占在校生人数28.48%,实现了应贷尽贷。

【勤工助学】2021年共设置958个勤工助学岗位,组织1530名家庭经济困难学生上岗,发放勤工助学金112.5234万元。

【其他资助】2021年为8名贫困学生减免学费5.8万元;为320名贫困学生发放棉衣(特困补助金额为3.2万元);为349名因洪涝受灾学生发放临时困难补助5.62万元;为34名贫困学生办理学费缓交35.17万元;为460名贫困学生发放社会资助资金38.575万元;为359名服兵役学生发放教育资助款631.2万元,为213名退役士兵发放服兵役专项助学金97.845万元。

【资助育人】开展多种形式的资助育人活动。组织"诚信校园行"学生资助知识竞赛,会计二部获得冠军、会计一部获得亚军、商学院获得季军。组织开展"诚信·自强"教育活动;借助奖助学金的评审和发放,对学生进行爱国教育、感恩教育、励志教育,教育引导学生把爱国之情化作报国之志。

(撰稿人:刘玉梅　审稿人:张红阳)

心理健康教育

【概况】在"学校—学院—班级—宿舍"四级工作体系下,心理健康教育中心(以下简称心理中心)立足疫情防控,开展疫情防控常态化背景下的心理健康教育工作,积极完成各项工作。加强培训,保障心理服务质量,加大疫情防控下的心理健康教育宣传工作,开展了以"筑梦青春,追梦成长"为主题的2021年"5·25"大学心理健康教育月活动;完成2020级本、专科班级学生《大学生心理健康教育》课程的慕课教学和管理工作,部分学院2021级专科班级学生的《大学生心理健康教育》课程教学工作;成功开展第十七届大学生心理健康教育宣传周活动。心理中心共完成个体咨询面谈169人次,咨询总时长216小时;处理心理危机干预个案13例,转介治疗6例;接待因心理或精神疾病休学或康复后复学的个案13例;组织11464名2021级学生完成测评,开展心理危机学生的筛查工作。学务处、心理中心与二级学院心理辅导站共同建立心理危机工作联动机制,形成工作合力,及时发现并干预了多起心理危机事件。

【开展疫情防控常态化背景下的心理健康教育宣传工作】心理中心加大疫情防控心理健康教育宣传工作,引导师生进行多形式自我心理调控:心理中心通过辅导员、心理委员广泛地宣传线上心理服务途径(邮箱、电话和QQ)和其它专业心理援助热线(如教育部华中师范大学心理援助热线);及时整合和更新社会心理援助资源,给辅导员及学生推介专业的网络心理服务,发放心理防疫的学习材料(心理防疫指南、减压音乐、专题讲座、心理自助手册等),营造良好校园心理防疫氛围。

【开展2021年度"5·25"大学生心理健康月活动】根据河南省教育厅的要求和学期工作安排,心理中心协同各学院于开学第12至15周开展了以"筑梦青春,追梦成长"为主题的"5.25"大学心理健康教育月系列活动,包括金贸学院的"朗心声"活动,管理学院的5.25"花开半夏话青春"心理健康情景剧,商学院的"心灵的故事"有奖征文,会计学院第二届"拥抱阳光拥抱爱"温暖校园行动等。

活动月期间,心理中心和各学院组织开展现场互动宣传、户外素质拓展、心理游戏等活动,参与学生近一千人次,宣传教育效果良好。通过形式多样的活动,营造了"人人关注心理健康"的校园文化氛围。

【2021级新生入学心理健康教育】心理中心10月15日邀请河南大学心理学博士陈欣副教授来校录制新生入学教育专题讲座,由各学院组织2021级学生观看。

【开展第十七届大学生心理健康教育宣传周活动】根据河南省委高校工委办公室、河南省教育厅办公室《关于开展2021年度全省高校心理健康教育宣传周活动的通知》(豫高办〔2021〕33号)的文件精神,结合学校实际,心理中心于2021年10月25日至11月19日开展了第十七届大学生心理健康教育宣传月系列活动,活动主题为"护航青春成长,礼赞建党百年"。

活动期间,不少班级召开了心理健康教育主题班会,各学院组织开展各项活动二十余项,如电影展播、心理运动会、笑脸征集等。心理中心和各学院在学校网站发布相关新闻17条,又通过学校网站、展板、微信公众号和微博等途径宣传活动周的安排,广泛宣传心理健康知识;各学院学生积极参与,形成了良好的校园氛围。

【开展2021级新生心理测评工作】心理中心协同信息化处和各学院,于11月8日至11月14日,组织11 464名2021级本、专科及专升本班级的学生开展了177场心理测评。

2021级心理测评全部结束后,心理中心分析、整理测评数据,组织各学院开展预警人员心理干预工作和相关心理辅导与咨询活动。2021级心理测评共筛查出需约谈人员1800人,其中积极关注人员1544人,高度预警人员256人。心理中心又印发了《心理测评预警名单解释及辅导建议》,组织各学院开展预警人员开展约谈工作,并填写《心理预警学生约谈反馈表》。

【心理健康教育师资队伍培训】3月至6月,心理中心和心理专员参加专业培训共计5人次,80学时。通过参会学习,提升了学校专兼职心理教师的专业技能水平,扩展了专业视野。又心理中心组织全体辅导员参加了线上学生心理危机干预专题培训。

【邀请心理专家来校开展心理专题讲座】11月24日,心理中心邀请中南大学心理学博士唐海波作《辅导员心理约谈的方法与技巧》专题讲座,结

合疫情防控的要求,组织各学院行政秘书和全体辅导员通过网络在线学习,以提升学校辅导员队伍开展心理辅导与约谈的能力

11月30日,心理中心邀请葛宝岳副教授为学校宿舍管理员开展专题培训《危机行为识别应对要点》,以加强学校的心理危机干预工作。宿管科组织宿舍楼管理员参加了培训。

【扎实开展学生个体心理咨询工作】 2021年心理中心共完成个体咨询面谈169人次,咨询总时长216小时;处理心理危机干预个案13例,转介治疗6例;接待因心理或精神疾病休学或康复后复学的个案13例;遵守心理咨询工作伦理,规范心理咨询工作,定期开展个案讨论,做好咨询记录。

【规范开展心理危机干预工作】 心理中心关注重点人群,在期初、期中和期末开展学生心理危机的筛查工作,建立《升达学院心理危机学生排查动态表》,填写《升达学院心理危机学生排查及干预反馈表》。一旦发生学生心理危机事件,及时补充《动态表》,完善"班级—学院—心理中心"的信息反馈。

(撰稿人:尚瑞莉 审稿人:张红阳)

招生情况

【概况】 学校共有45个本科专业、23个专升本专业、25个专科专业参加招生,招生计划10 550人;在专升本录取前,新增专升本计划300人,最终落实招生计划共计10 850人。实际录取10 850人,注册报到10 603人,报到率达到97.72%。

其中,本科报到率97.96%,专科报到率96.41%,专升本报到率98.21%。各项报到数据均在河南省本科高校中居于领先地位。

文科录取最低分为496分,高出本科二批省控线30分;理科录取最低分为436分,高出本科二批省控线36分,生源质量稳步提升。

【招生计划】 招生总规模的确定。拟定招生规模草案,及时报送学校招生工作委员会审批。最终学校招生总规模为10 850人(其中本科5350人,专科2200人,专升本3300人)。

【招生宣传】宣传资料的设计和印制。学校年招生简章仍由印之星公司承办设计与制作。前期,招生办积极与各个二级学院、教学部、行政处室联系和协商招生宣传材料的内容,在往年的基础上进行创新,设计了年度宣传材料的定稿。同时,招生办与设计师研究商讨招生简章的更新设计方案,经过多次修改,最终形成学校招生简章定稿。2021年,为了满足招生宣传的需求,学校印刷招生画册10万册,招生海报500张,招生折页25万册,笔记本30万册,专升本折页3万册。

人员培训。为了进一步提升学校招生人员的业务能力,招生办多次通过不同渠道对各地区宣传人员进行业务培训。6月17日下午,学校2021年志愿填报阶段招生工作培训会在博新楼报告厅举行。执行董事王新奇,发展规划处处长沈定军,招生办公室主任刘景向,国际交流处处长顿雁峰以及学校各区域招生工作人员参加此次培训会。通过系列培训,有效提升了招生人员的业务能力。

高考前期的宣传。本阶段宣传活动分两个时间段开展,分别为:4月6日至4月9日和5月8日至5月12日。共安排教师155人次,学生178人次参与宣传活动,发放笔记本20万本,宣传折页25万册,环保布袋1万个,深入到18个地市400多所中学进行宣传,起到了良好的宣传效果。

高考期间的宣传。本阶段宣传时间为6月7日至6月10日,宣传对象主要是考生和家长,工作目标是将学校宣传资料和宣传礼品发放给目标考生群及其家长手中。本阶段共安排69名教师和120名学生参与宣传。

填报志愿期间的宣传。招生办根据公益高考志愿填报指导服务的形式,继续在18个地市设立公益服务站,以公益活动吸引更多人前来咨询了解。除了公益服务站咨询指导外,还要求各地充分利用当地渠道和资源,开展线上线下公益讲座报告、地方媒体宣传等各种活动。本阶段发放宣传画册约10万份。

媒体宣传。疫情防控常态化背景下,积极调整线上媒体宣传比重。2021年网络媒体宣传主要依托学校招生信息网、河南阳光高考信息平台、河南省招生考试信息网、中国教育在线、升学在线、腾讯微信朋友圈、QQ空间、快闪、百度、微博和抖音小视频等网络和新媒体平台,精准定向投放广告;报纸杂志方面,学校继续在《招生考试之友》刊登广告,同时,为配合填报志愿期间招生宣传,学校在《大河报》刊登广告,公布省内各市的咨询点联系方式,热忱欢迎考生到校参观咨询。学校还通过云招考、升学在线、学信网、腾讯、网易、大河网等各类公司组织的网络直播,线上线下高招咨询会等进行宣传,扩大学校的影响力。

【录取工作】成立工作委员会,下设工作组,通过协调与监督,安全、稳定、有序、顺利进行地完成了2021年的招生录取工作。

招生办整理招生录取机房,参加河南省招办组织的模拟录取演练,针对演练中进行改进,安装调试好录取所需软件和硬件,保证了录取时各项设备正常的使用。

做好招生录取人员的纪律和流程培训,确保招生录取工作的公正、公开、公平。认真贯彻执行教育部"30个不得"招生工作禁令。

申请相关部门做好录取配合工作,保证录取工作的顺利进行,尤其是网络安全稳定、电力供应等问题。同时,招生办做好了各类人员的值班安排。

协调银行和快递等相关部门,确保银行卡和录取通知书能顺利快速邮寄到考生手中。

在录取期间,严格按照学校招生录取工作委员会的决议进行录取工作,保证了录取工作平安、顺利、圆满地完成。见表29至表35。

表29　2021年学校招生计划录取和报到情况

批次名称		计划款	录取数	计划完成率	报道数	报到率
专升本		3000	3300	110%	3241	98.21%
本科	省内	4956	4956	100%	4860	98.06%
	省外	394	394	100%	381	96.7%
	小计	5350	5350	100.00%	5241	97.96%
专科		2200	2200	100%	2121	96.41%
总计		10550	10850	102.84%	10603	97.72%

表 30　2016-2021 年文理科录取最低分超省控线变化情况

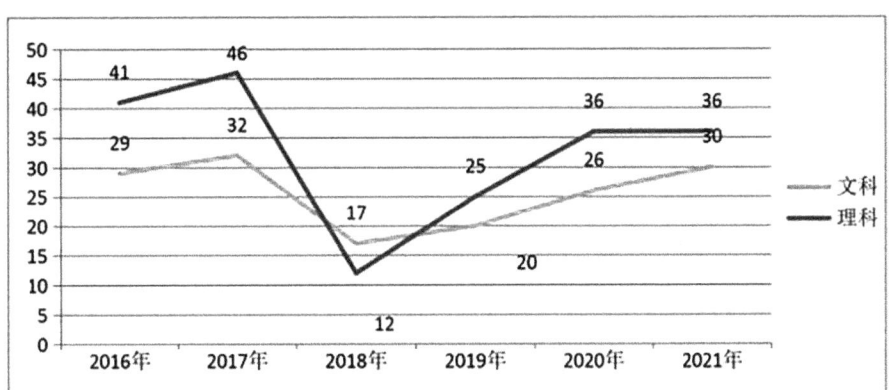

表 31　2016-2021 年文理科录取平均分变化情况

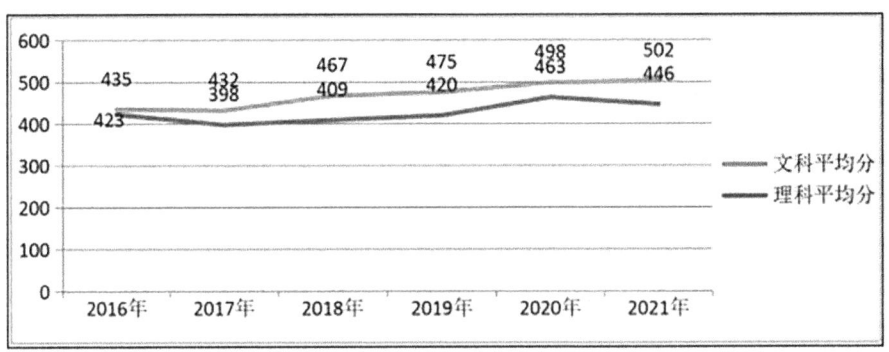

表 32　2016-2021 年文理科录取平均分超省控线变化情况

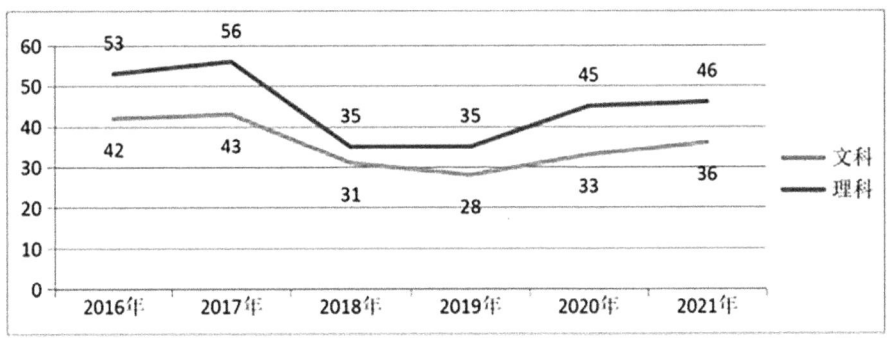

表33 各学院专业录取最低分数表

专业名称	文科	理科
经济学	496	436
金融学	496	436
金融工程	496	437
国际经济与贸易	496	437
税收学	496	436
会计学	502	448
财务管理	496	437
审计学	496	436
工商管理类	496	436
广告学	496	436
电子商务类	496	436
英语	501	449
日语	496	437
翻译	496	436
商务英语	496	436
法学	504	443
学前教育	497	437
网络与新媒体	502	
汉语言文学	507	
新闻学	496	
电子信息工程		440
计算机科学与技术		450
软件工程		441
物联网工程		436
智能科学与技术		437

续表

专业名称	文科	理科
数据科学与大数据技术		439
土木工程		436
建筑学(学制五年)		437
工程管理		437
工程造价		436
汽车服务工程		437

表34 2016—2021年本科专业一志愿计划满足率统计表

项目	年份					
	2016年	2017年	2018年	2019年	2020年	2021年
本科专业数	40	40	38	40	42	39
一志愿满足计划的专业数	14	10	16	13	15	15
一志愿满足计划专业比例	35%	25%	42.1%	32.5%	35.71%	38.46%
一志愿计划满足率50%以下专业数	14	8	10	14	16	14
一志愿计划满足率50%以下专业比例	35%	20%	26.32%	35%	38.1%	35.90%
一志愿计划满足率30%以下专业数	1	1	4	9	10	10
一志愿计划满足率30%以下专业比例	2.5%	2.50%	10.52%	22.5%	23.81%	25.64%

(招生工作办公室供稿)

校园文化建设

【校园文化】学校宣传部牵头制定《文化建设工作五年规划（2021-

2025)》。

按照学校疫情防控工作部署,校园文化活动坚持政治性、先进性、群众性、艺术性导向。组织开展"永远跟党走,奋斗新征程"庆祝中国共产党成立100周年文艺晚会、"百年梦'响'为你歌唱"歌手大赛、"忆百年峥嵘岁月,启社团青春华章"社团文化节、"青春向党,奋斗强国"网络文化节、"庆祝建党百年"荧光夜跑、"唱响红色旋律,展现青春风采"一二·九红色晚会、"庆百年华诞,展青春风采"嘉年华晚会等主题鲜明的校园文艺活动30余场次。

4月,组织参加"礼赞建党百年,矢志为党育人"师德教育主题征文,开展师德师风优秀案例评选活动。征文作品获得河南省一等奖1篇,二等奖1篇,三等奖2篇;诗歌朗诵比赛作品获得河南省三等奖。

5月,积极开展中华优秀传统文化传承基地遴选工作,推荐上报"宋代点茶"传承基地项目。

11月1日至11月15日,以"庆祝建校二十八周年"为主题,在图书馆中厅举办"创办人王广亚博士书画艺术展暨建校二十八周年办学成果展",展出创办人书画作品100余幅,展示反映学校"十三五"以来在人才培养、科学研究、社会服务、文化传承与创新等方面办学成果的作品50幅。

11月至12月,举办防汛救灾与疫情防控先进事迹展。收集整理了郑州"7·20"以来,汛情、疫情时期坚守、冲锋在校园一线的先进典型,材料设计展出4个优秀集体和29个先进个人的先进事迹,持续深入开展"把灾难当教材,与祖国共成长"主题教育活动。

12月,做好学校第二次党代会宣传报道工作。制定宣传工作方案,在学校官网开设专题网站,利用线上线下宣传阵地、媒体平台营造"喜迎党代会,奋进新征程"浓郁氛围;以"总结经验、展示成就,凝心聚力、砥砺奋进"为主题,举办学校改革发展成就展;举办学校党员风采事迹展,集中宣传展示学校教学科研服务一线先进事迹49例。

(校团委、宣传部供稿)

【社会实践】组织开展"永远跟党走,奋进新时代"暑期文化科技卫生

"三下乡"社会实践活动。组建重点团队11支,深入城镇、乡村、学校、社区等基层单位,围绕党史学习教育、理论宣讲、乡村振兴等开展活动,受到中国青年网、河南日报顶端新闻、今日头条、搜狐新闻、网易新闻、公益明星网、豫民网、大爱郑州网、今日大学生网、多彩大学生网等平台或媒体报道。组织申报河南省第五届"出彩中原"大学生社会实践活动,两个项目获准立项。"青苗计划"实践团队获评全省暑期社会实践优秀团队。

(校团委供稿)

科学研究与社会服务

科研工作

【概况】年内,学校共立项各类科研纵向项目572项,共结项513项,获奖132项。学校共签订横向课题14项。学校共发表各级各类论文654篇,出版学术著作18部,获得授权专利26项,获得软件著作权30项。

学校获得科研经费178.14万元,其中包括纵向经费110.85万元(含郑州市财政局2020年度基础研究和应用基础研究专项资金奖励73万),横向课题合同经费63.79万元,政府专利资助奖金3.5万元。另,学校科研资助配套70.1万元;成果奖励92.16万元。

【科研项目】学校共立项各类科研纵向项目572项,其中省部级项目15项,市厅级项目164项,校级项目393项。获得科研经费资助178.14万元,学校配套资助70.1万元。

【高水平论文】2021年度学校发表收录检索论文11篇,其中EI检索3篇,SCI检索8篇,中文核心期刊论文44篇。见表35。

表35 2021年科研成果登记汇总表

单位	课题立项(项)			横向课题(项)	课题结项(项)			奖励(项)		论文发表(篇)				著作(部)	专利(项)	软著(项)
	省部级	厅级	校级		省级	厅级	校级	厅级	校级	检索转载	核心期刊	一般期刊	校学报			
金贸学院	0	21	31	0	1	26	40	6	10	1	0	58	5	0	3	0
会计学院	0	22	47	0	0	17	38	4	9	0	9	79	4	1	1	0

续表

单位	课题立项(项)			横向课题(项)	课题结项(项)			奖励(项)		论文发表(篇)				著作(部)	专利(项)	软著(项)
	省部级	厅级	校级		省级	厅级	校级	厅级	校级	检索转载	核心期刊	一般期刊	校学报			
管理学院	3	21	55	1	2	15	37	5	2	0	6	32	9	7	1	0
商学院	1	20	46	2	2	17	32	3	5	0	5	44	1	1	0	0
信工学院	0	3	16	4	1	1	8	2	0	2	5	16	0	0	4	17
外语学院	1	4	17	0	0	6	13	5	0	1	2	40	2	1	0	0
文法学院	1	7	19	0	0	9	23	0	3	0	3	21	1	1	1	0
艺术学院	3	9	14	3	0	13	9	3	2	1	3	61	3	1	5	1
建工学院	1	5	14	0	0	11	17	2	1	0	2	33	1	0	6	2
体育学院	0	2	10	1	1	2	7	0	1	4	0	23	0	0	2	4
基础部	1	4	17	1	1	11	20	4	7	1	2	42	1	4	0	0
马院	1	10	9	0	0	10	8	4	1	0	1	15	4	0	0	1
双创学院	1	5	17	1	0	5	11	0	0	1	1	13	1	0	0	5
交通学院	0	0	3	0	0	0	0	0	0	0	2	0	0	0	0	0
行政单位	2	31	78	1	6	39	54	40	13	0	5	67	18	2	3	0
小计	15	164	393	14	14	182	317	78	54	11	44	546	50	18	26	30
合计	572			14	513			132		651(不含学生)				18	26	30

【学术交流活动】年内,学校共举办学术讲座68场,其中线下10场,线上58场;教师参加校外科研学术会议55人次。

5月13日,邀请中国海洋大学林少华教授作题为《我见到的和我翻译的村上春树》的专题报告,外国语学院师生代表参会。

5月13日,邀请苏州大学外国语学院博士生导师王宏教授作题为《典籍英译:回顾与展望》的专题报告,外国语学院师生代表参会。

6月9日,邀请对外经济贸易大学博士生导师叶陈刚教授作题为《商业向善、国家廉政与会计职业道德》的专题报告,会计学院师生代表参会。

11月26日,邀请河南师范大学孟国正教授作题为《动作发展视域下运动技能学习与控制》专题报告,体育学院师生代表参会。

学科建设

【概况】年内,3个省级重点学科和7个校级重点学科对标对表建设。完成3个省级重点学科的年度检查,启动了7个校级重点学科的终期验收工作。

【省重点学科】2021年度,学校有3个在建第九批省级重点学科,分别是区域经济学、企业管理、计算机应用技术。2021年4月21日下午,学校在国际会议厅召开了第九批河南省重点学科中期检查实地核查工作汇报会议,河南省教育厅专家组成员是河南科技学院副校长何松林教授、河南财经政法大学研究生处处长李晓峰教授、新乡医学院学科建设办公室主任王明永教授和省教育厅学位管理和研究生教育处干部陈丹丹。第九批省级重点学科(术)带头人纪德尚教授、白鑫教授、孙植华副教授汇报了学科点立项建设三年来的建设成效,分析了存在问题,明确了今后努力方向。见表36。

表36 省级重点学科一览表

序号	级别	批次	学科名称	依托学院	学科带头人	立项时间
1	省级	河南省第九批	计算机应用技术	信工学院	王芳	2018年3月
2	省级	河南省第九批	区域经济学	金贸学院	何伟	2018年3月
3	省级	河南省第九批	企业管理	管理学院 商学院	纪德尚	2018年3月

【校重点学科】2021年度,学校有7个在建校级重点学科,分别是会计学、旅游管理、国际贸易、英语语言文学、中国古代文学、软件工程和土木工

程。2021年12月,启动校级重点学科终期验收工作。见表37。

表37 校级重点学科一览表

序号	级别	批次	学科名称	学科带头人	建设周期
1	校级	学校第三批	会计学	车伟娜	2018年12月至2021年12月
2	校级	学校第三批	旅游管理	管华	2018年12月至2021年12月
3	校级	学校第三批	国际贸易	李秋娟	2018年12月至2021年12月
4	校级	学校第三批	英语语言文学	赵文静	2018年12月至2021年12月
5	校级	学校第三批	中国古代文学	吕书宝	2018年12月至2021年12月
6	校级	学校第三批	软件工程	程杰	2018年12月至2021年12月
7	校级	学校第三批	土木工程	杨开云	2018年12月至2021年12月

学报编辑工作

【概况】《郑州升达经贸管理学院》是由郑州升达经贸管理学院主办的,以社会科学类为主的综合研究性内部资料(河南省连续性内部资料[省直]231号),创办于2005年,原刊名《郑州升达经贸管理学院学报》,2021年更名为《升达教育研究》。该内部资料每年出版4期,每期92页,16开本,每期印数800册,每期逢季度末20日出版。

2021年共出版4期,发表论文63篇,主要发表习近平新时代中国特色社会主义思想、民办高等教育、王广亚教育理论研究、经济学、国际贸易、企业管理、会计学、创新创业等方面的基础研究、应用研究及综合评述方面的学术论文。2021年举办封面设计大赛,重新设计封面。

【组织机构】学报编辑部设主任1人,编辑人员1人。设编辑委员会,名单如下(按音序排列)。

顾问:程韬光　谷建全　刘道兴　唐泽仓　王淑芳　王新奇　辛世俊
编委会主任:郭爱先
编委会副主任:张金安
编委会委员:段丰乐　郭爱先　何　伟　纪德尚　焦争鸣　李　惠
　　　　　　李向民　沈定军　谭笑珉　王莉莉　王　铮　吴柏林

吴益民　严广松　杨存博　杨开云　张金安　张　梦
张王利　张　欣　赵文静　职正路

【特色栏目】"新时代新思想研究""民办高等教育研究""王广亚教育理论研究"。

【学术交流】2021年5月27日至28日,编辑部冯艳艳参加在浙江树人大学召开的二届三次全国民办高校学报工作研讨会。会议围绕"新时代民办高校学报的发展与建设"主题进行深入研讨。

2021年6月22日至25日,编辑部冯艳艳参加由中国新闻出版研究院举办的第四期"内部资料性出版物审读与编辑业务培训班",进一步学习内部资料性出版物编印工作规范,提高政治意识和审读能力。

【获得荣誉】2021年5月,在全国民办高校学报研究会第六次"双优"评比中,学校学报获得全国"优秀学报一等奖";冯艳艳获得优秀编辑学论文二等奖;2021年12月冯艳艳被评为郑州市2021年度"十佳编辑"。

学校学报获得全国民办高校学报"优秀学报一等奖"

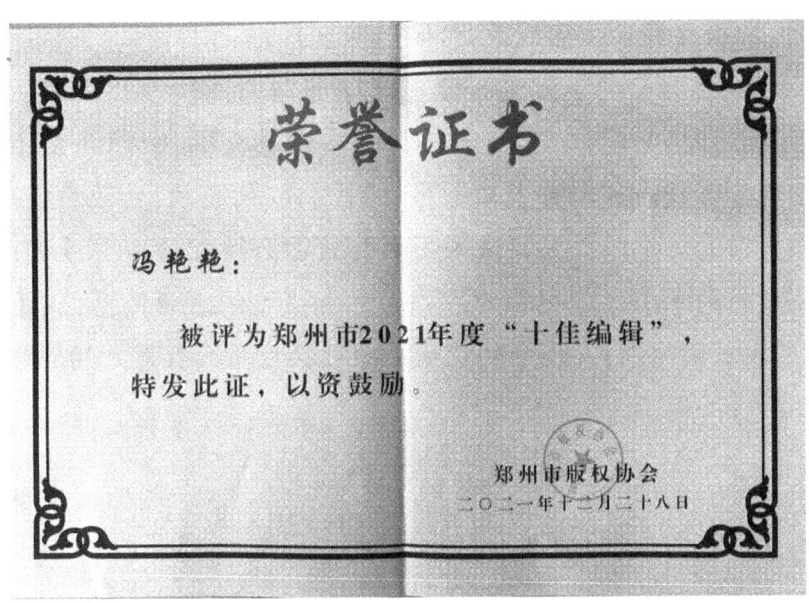

冯艳艳被评为郑州市版权协会2021年度"十佳编辑"

社会服务

2021年度获得授权专利26项,其中7项发明专利,19项实用新型;软件著作权30项;签订横向课题14项,经费63.79万元。

《郑州市妇女发展规划(2021—2030年)》《郑州市儿童发展规划(2021—2030年)》是郑州未来10年促进妇女儿童发展的中长期规划,它事关郑州市妇女儿童事业未来发展质量和妇女儿童安康福祉。郑州市妇女联合会委托管理学院院长纪德尚教授及其团队承担规划起草编制工作,双方于12月14日签订编制委托协议,合同到账经费15万。目前两个规划已经起草完毕,等待妇联征求意见后定稿;编制团队正在着手撰写亮点解读、制作宣传折页工作。

6月,中国人事科学研究院与河南省行政管理科学研究所委托科研处处长杨存博副教授及其团队开展"'智慧仲裁'研究——以郑州高新区'智慧仲裁'平台建设为例"项目研究,双方签订横向课题合同。该项目针对郑州高新区"智慧仲裁"平台建设、开发管理、应用及考核等相关指标进行调研和数据分析,形成研究报告后报送中国人事科学研究院。该项目已经于

12月结项,取得良好的社会成效,合同经费5万元。

7月,河南省社会科学院委托双创学院曹华莹副教授及其团队开展河南省人口发展评估专题研究,双方签订横向课题合同,合同经费10万元。该项目主要分析和研究全省人口数量、结构、分布、流动、受教育情况、城镇化、婚育、人口老龄化以及人口未来发展与资源环境相适应等系列问题,是研究和制定河南未来人口发展的战略目标和措施的重要依据,对于实现中原崛起,建设和谐河南,实现全面建成小康社会目标具有重大的战略意义。

(撰稿人:李永红　审稿人:杨存博)

交流与合作

【概况】学校与美国、英国、爱尔兰、德国、加拿大等国家30余所高校及台湾地区6所高校建立校际合作关系,注重开展海峡两岸学术文化交流,多次承办国贸金融实践教学研讨会等学术会议,组织"孔子行脚""台湾大学生中原文化行"等两岸大学生交流活动,被誉为"豫台交流的典范"。学校与菲律宾、马来西亚高校合作开展联合培养博士项目,与爱尔兰唐道克理工学院合作开展电子商务、市场营销、酒店管理专科教育项目。

【校际交流合作】学校与英国、美国、德国、加拿大、马来西亚、日本、韩国等30余所国(境)外高校开展交流活动,另与多所国(境)外教育机构签署合作协议。见表38。

表38 国(境)外合作院校项目列表

序号	国家或地区	院校名称
1	中国台湾(6所)	育达科技大学、台东大学、南华大学、健行科技大学、义守大学、万能科技大学
2	英国	亚伯大学
3	加拿大	圣文森山大学
4	美国(5所)	佐治亚西南州立大学、南佛罗里达大学、德克萨斯大学阿灵顿分校、阿什兰大学、美国密苏里州立大学
5	马来西亚(6所)	管理与科学大学、城市大学、思特雅大学、马六甲马来西亚技术大学、吉隆坡大学、世纪大学
6	日本(2所)	芦屋大学、名古屋产业大学

续表

序号	国家或地区	院校名称
7	波兰(2所)	罗兹理工大学、比亚韦斯托克技术大学
8	菲律宾(3所)	莱西姆大学、马普阿大学、维萨亚斯大学
9	匈牙利	托莫里帕尔学院
10	韩国(6所)	韩国世翰大学、启明大学、庆星大学、延世大学、南部大学、全州大学
11	爱尔兰	唐道克理工学院
12	德国(2所)	埃森经济管理应用技术大学(FOM)、德累斯顿国际大学
13	西班牙	胡安·卡洛斯国王大学
14	塞浦路斯	那波勒斯大学

【外事活动】6月3日,与菲律宾马普阿大学、莱西姆大学联合培养硕士项目启动仪式在学校国际会议厅举行。执行董事王新奇、校长郭爱先、副校长兼教务长吴益民出席仪式,申硕办主任杨存博、金贸学院副院长杨毅、管理学院副院长唐云及部分师生代表参加启动仪式,仪式由国际交流处处长顿雁峰主持。线上出席启动仪式的外方代表有:马普阿大学校长兼首席执行官雷纳尔多·维阿博士、学术副校长博尼法寿·小多玛博士、国际处处长罗赛特·艾拉、信息技术学院院长阿里埃尔·克里·巴兰、莱西姆大学主管学术执行副校长詹妮·图柯碧、研究生院院长塞缪尔·蔡博士。

11月26日,与菲律宾维萨亚斯大学在国际会议厅举行合作协议签约仪式。执行董事王新奇、副校长兼教务长吴益民出席会议,菲律宾维萨亚斯大学首席执行官伊尼戈博士、首席财务和行政官罗斯玛丽博士、首席学术官安娜·卢博士、研究执行总监维多利亚博士、研究主任莉莎·洛伦娜博士参加视频会议。发展规划处、科研处、人事处、国际交流处相关部门及维萨亚斯大学博士项目报名教师参加会议。

【师生对外交流】2021年,组织第三期教师出国读博项目,参与教师共21人次,赴菲律宾维萨亚斯大学学习教育学专业13人次、菲律宾马布阿大学学习计算机专业8人次。见表39。

表 39　历年国外博士项目统计

期次	学校	专业	人数	入学时间
第一期	菲律宾莱西姆大学	工商管理	11	2020 年 9 月
第二期	菲律宾莱西姆大学	工商管理	6	2021 年 1 月
第二期	菲律宾莱西姆大学	英语	12	2021 年 1 月
第二期	马来西亚管理科学大学	管理	1	2021 年 1 月
第二期	马来西亚管理科学大学	计算机	1	2021 年 1 月
第三期	菲律宾维萨亚斯大学	教育学	13	2022 年 2 月
第三期	菲律宾马布阿大学	计算机	8	2022 年 2 月
合计			52	

学校自 2011 年春开展出国(境)交流项目,共有 387 名学生出国境交流,包括交流生项目、暑期项目、孔子行脚项目等。见表 40。

表 40　历年出国(境)学生情况统计

时间	学院										合计
	金贸	会计	商学	管理	体育	外语	艺术	文法	信工	建工	
2011 年春	12	7	5	4							28
2011 年秋	12	3	17	1		5		3	1		42
2012 年春	16	19	4	4		5		5	2		55
2012 年秋	2	1	5	1							9
2013 年春	2	5	6			1		1			15
2013 年秋	4	3	2	2		1	1		2		15
2014 年春	7	11	3	3		3					27
2014 年秋	5	8		2							15
2015 年春	4	4	1	3	1	1		1			15
2015 年秋	3	3	1	1	1	1		1	1		12
2016 年春	4	5	1	3	1	2	1	1	1	1	20

续表

时间	学院										合计
	金贸	会计	商学	管理	体育	外语	艺术	文法	信工	建工	
2016年秋	2	1	1	1	1		1	1			8
2017年春	2	4	3	3	8		3	3		1	27
2017年秋	1	1	1		2	1	3				9
2018年春	7		1	6	5	3	2				24
2018年秋		2		3	1	2	2			1	11
2019年春	5		7	5	3		1	1		2	24
2019年秋	3			2			19			4	28
2020年春	2						1				3
2020年秋											0
2021年春											0
2021年秋											0
合计	93	77	58	44	23	20	39	17	7	9	387

【外籍专家工作】 2021年,外籍教师人数为6人。见表41。

表41 历年外教人数统计

序号	学年	人数	序号	学年	人数
1	2004—2005	30	10	2013—2014	21
2	2005—2006	30	11	2014—2015	19
3	2006—2007	20	12	2015—2016	16
4	2007—2008	28	13	2016—2017	10
5	2008—2009	27	14	2017—2018	11
6	2009—2010	33	15	2018—2019	11
7	2010—2011	28	16	2019—2020	9
8	2011—2012	28	17	2020—2021	6
9	2012—2013	22			

【中外合作办学项目】 2020年3月,获河南省教育厅批准,与爱尔兰唐道克理工学院合作举办电子商务、市场营销、酒店管理与数字化运营专业专科项目。2020年9月完成电子商务专业招生工作,2021年9月完成全部三个专业的招生工作,项目在读学生332人。见表42。

表42　中外合作办学专业学生统计表

年级	专业	招生计划	录取人数	报到人数	报录比例	在校人数
2020	电子商务	100	100	95	95%	87[①]
2021	电子商务	100	105	103	98.1%	103
	市场营销	80	81	78	96.3%	76[②]
	酒店管理	80	74	70	94.6%	66[③]
合计		360	360	346	96%	

注:① 大一期间休学7人,大二期间休学1人。
　　② 转出合作办学2人。
　　③ 转出合作办学3人,休学1人。

(撰稿人:崔东丽　审稿人:顿雁峰)

董事会工作

【概况】董事会办公室作为董事会常设机构,围绕服务董事会、服务学校建设和发展,做好董事会会议活动组织、文书档案整理、沟通联络等工作。

【董事会会议】2021年3月26日上午,郑州升达经贸管理学院董事会在第二会议室召开第二届第八次会议。会议同意崔慕岳、张德伟、李学桥的卸任董事申请,选举产生郑州升达经贸管理学院第三届董事会成员:王淑芳,王新奇、雷霆、郭爱先、吴益民、张欣、林丽纹。

2021年3月26日上午,在第二会议室召开第三届董事会第一次会议。会议选举产生郑州升达经贸管理学院第三届董事会董事长王淑芳、执行董事王新奇,表决通过董事长提名的监事杨存博、沈定军、秦旻和董事会秘书杨存博;审议决定张欣为郑州升达经贸管理学院校长;听取审议并表决通过学校2021年工作报告;听取审议并表决通过学校2021年度财务预算和2020年度财务决算;决定部分机构重组与调整方案。

2021年6月29日上午,董事会在专家楼二单元302室召开第三届第二次会议。会议研究2021—2022学年学校干部聘任及部分干部人事异动等事宜。

2021年9月30日上午,董事会在专家楼二单元302室召开第三届第三次会议。会议研究学校部分空岗干部的聘任事宜。

2021年11月8日下午,董事会在专家楼二单元302室召开第三届董事会第四次会议,审议决定张欣为郑州升达经贸管理学院校长。

【财务决算预算】2021年3月26日上午,学校在第二会议室召开董事会会议,会议主要研究2020年度财务决算和2021年度财务预算等事项。

(撰稿人:杨海滨　审稿人:杨存博)

党建与思想政治工作

综合

【概况】党委办公室是学校党委领导下的综合职能部门和办事机构,具有综合协调、服务保障、参谋助手、督查督办等职能。

党委办公室的主要任务是:围绕党委中心工作,协调推进党委相关决策部署的贯彻落实;负责党委有关会议和活动的组织服务,协调安排党委领导的公务活动,做好党委对外联络工作;根据党委指示或授权,协调党群各部门、各二级党组织开展工作,对相关工作事项进行督查督办;协助党委领导开展调研活动,收集信息、反映动态,及时向党委和上级有关部门报告重大情况;负责党委文件、报告、总结、请示及其他重要材料的起草、印发和上报工作;负责校内外文件的收发、登记、传阅与归档等工作;负责学校党委公章及介绍信的管理,党群系统印章的刻制、启用、备案工作;负责党群干部值班的安排、督查工作,党报党刊的征订发放工作;负责党务信息公开工作,《党委大事记》编印和网站运维工作;完成学校党委和校领导交办的其他工作。

党委办公室下设综合科,共有工作人员4人,主任1名,科长1名。

人员变动:3月17日,综合科苏杭同志离职;5月17日,综合科李扬同志入职。

【党代会】12月1日至2日,中国共产党郑州升达经贸管理学院第二次代表大会成功召开,大会选举产生了新一届高质量的两委班子,总结第一次党代会以来的经验,提出了围绕学校奋斗目标和发展思路的主要工作任务,对提升学校党建高质量发展作出系统部署。

【党委会议】2021年度,学校党委召开了14次党委会议,主要研究了党的建设、师生思想政治教育工作、思想政治理论课建设、意识形态工作、宣传思想工作、统一战线工作、党风廉洁教育、全面从严治党、安全稳定、精神文明创建和群团工作等相关事宜;学校各级党组织严格落实会议精神,根据会议安排做好各项工作。

【机构设置】成立党委保卫工作部,进一步健全党委职能部门设置,增强了党务工作力量。

【制度建设】修订了《中共郑州升达经贸管理学院委员会会议议事规则》《郑州升达经贸管理学院党委理论学习中心组学习规则》等制度,不断提升学校党建工作的科学化、规范化、制度化水平,有力推动学校党的建设和教育事业高质量发展。

【党建调研】4月13日至5月19日,雷霆、张德伟以及党委办公室、组织部、宣传部、统战部、纪委机关等部门负责人组成调研组,先后深入11个专业学院和2个公共教学单位进行调研,听取了各院部党政主要负责同志对本单位总体情况的汇报,并与班子成员及师生代表座谈,详细了解各院部、师生基本情况、党组织设置、党建特色品牌和好的做法、院部发展面临的困难,倾听了师生对党史学习教育、学校党建和思政工作的意见与建议等,尤其是关于"急、难、愁、盼"问题的反映。

【党建考核】6月9日至15日,按照《郑州升达经贸管理学院基层党建工作考核评价指标体系》(升达党发〔2020〕68号)文件精神,对各二级党组织党建工作进行综合考核。

【干部考核】12月29日,根据省委考核工作统一安排,省高校考核三组通过问卷调查、个别谈话等方式,对雷霆同志2021年履行岗位职责、发挥职能作用、完成工作目标、落实党风廉政建设责任制情况进行综合考核。

(撰稿人:李扬　审核人:秦旻)

组织工作

【概况】中共郑州升达经贸管理学院委员会下设组织部,简称党委组织部,是校党委负责组织工作的职能部门。在校党委的领导下,认真贯彻执行党的路线、方针和政策,为学校改革、发展、稳定提供组织保证;负责中层领导班子的思想政治建设工作;加强基层党组织建设,抓好各级基层党组织的设置、组建、考核和换届工作,提高基层党建工作的整体水平;负责党员发展、管理和入党积极分子培养工作,负责党费收缴、使用、管理和党组织关系管理工作;坚持和完善组织生活制度、民主生活会制度及其他各项规章制度,组织开展创先争优、党内表彰工作;负责领导干部个人有关事项报告工作,受理干部、党员的申诉、来信来访以及教职工因公出国(境)政审工作;加强信息化建设,做好党务信息统计工作;加强部门自身建设,建立健全组织工作制度,负责组织工作队伍建设,指导基层党组织开展组织工作;协助筹办学校党的代表大会、代表会议,做好各级党代会代表、人大代表、政协委员的推荐审查工作;完成上级党组织和校领导交办的其他工作任务。

党委组织部有专职工作人员3人,组织部部长秦旻主持全面工作;下设1个科室,组织科长单锐。

升达学院党委下设17个二级党组织,其中10个分党委,5个党总支和2个直属党支部。共有党员2645人,其中教职工党员811人,占教职工总数的50.84%;学生1834人,占在校生总数的5.65%。

党员基本情况

填报单位:中共郑州升达经贸管理学院委员会　　截止时间:2021年12月31日　　第二表

项目		总数 A	预备党员 B	女 C	少数民族 D	台湾省籍 E	30岁及以下 F	31至35岁 G	36至40岁 H	41至45岁 I	46至50岁 J	51至55岁 K	56至60岁 L	61至65岁 M	66至70岁 N	71岁及以上 O
总　　　　计	1	2645	1214	1704	41		1974	260	255	105	35	7	8		1	
一、在岗职工	2	810	34	527	20		140	260	255	105	35	7	8			
公有制单位 合　　计	3	1											1			
党政机关工作人员	4															
事业单位管理人员	5	1											1			
事业单位专业技术人员	6															
社会组织 合　　计	16	809	34	527	20		140	260	255	105	35	7	7			
管　理　人　员	17	405	17	219	12		96	126	108	41	22	6	6			
专　业　技　术　人　员	18	404	17	308	8		44	134	147	64	13	1	1			
四、学　　　　生	24	1834	1180	1176	21		1834									
五、离退体人员	25	1		1											1	
六、其　　他	26															

学校党员基本情况(全国党员信息系统截图)

党员学历情况

填报单位：中共郑州升达经贸管理学院委员会　　截止时间：2021年12月31日　　第四表

项目		总数	研究生	大学本科	大学专科	中专	高中、中技	初中及以下
甲		A	B	C	D	E	F	G
总计	1	2645	564	217	456	2	1406	
一、在岗职工	2	810	564	216	10	2	18	
公有制单位　合计	3	1						
党政机关工作人员	4							
事业单位管理人员	5	1		1				
事业单位专业技术人员	6							
社会组织　合计	16	809	564	215	10	2	18	
管理人员	17	405	225	150	10	2	18	
专业技术人员	18	404	339	65				
工勤技能人员	19							
农民工	20							
二、农牧渔民	21							
外出务工经商人员	22							
三、军人、武警	23							
四、学生	24	1834			446		1388	
五、离退休人员	25	1		1				
六、其他	26							

学校党员学历情况（全国党员信息系统截图）

【党史学习教育】严格落实校院两级领导班子讲党课，共开展69场讲党课活动；将党史学习教育内容纳入党校培训计划，在第十三期和第十四期入党积极分子培训计划中加入19个学时党史学习教育内容；邀请2位专家入校开展党史学习教育专题讲座和党务工作经验交流专题座谈会；开展"河南100问""微党课"征集活动，共征集26个微党课作品，择优推选5部作品参加河南省教育厅百堂"微党课"征集活动的评选，其中一部作品入选并获得第12名；组织指导全校152个党支部开展2021年党史学习教育专题组织生活会；结合主题党日活动，组织推进"七一"前夕新党员入党宣誓和重温入党誓词活动。

【第二次党代会】完成第二次党代会代表和两委委员候选人初步人选的选举工作。对150名第二次党代会代表候选人预备人选的资格进行审查，制作《中共郑州升达经贸管理学院第二次代表大会代表候选人预备人选名册》，提交党委会审议。制作《中共郑州升达经贸管理学院第二次代表大会代表名册》，撰写《中共郑州升达经贸管理学院第二次代表大会关于代表资格审查的报告》。对各二级党组织提交的28名两委委员候选人初步人选资格进行审查，起草《关于推荐中共郑州升达经贸管理学院第二届委员会和纪律检查委员会候选人初步人选工作情况的报告》，提交党委会审议。

协助完成第二次党代会的预选和正式选举工作。制作《中共郑州升达经贸管理学院第二届委员会委员候选人预备人选名册》《中共郑州升达经贸管理学院第二届纪律检查委员会委员候选人预备人选名册》，撰写《中共郑州升达经贸管理学院第二次代表大会关于党费收缴、使用和管理情况的报告》《关于中共郑州升达经贸管理学院第二届委员会和纪律检查委员会委员候选人预备人选推荐提名情况的说明》，完成党代表编团（代表团、列席团）工作，制作预选选票、报告单和正式选举选票、报告单。

负责与省委高校工委组干处沟通、协调。起草《中共郑州升达经贸管理学院委员会关于召开中国共产党郑州升达经贸管理学院第二次代表大会的请示》《中共郑州升达经贸管理学院委员会关于第二届委员会和纪律检查委员会委员候选人预备人选的请示》《中共郑州升达经贸管理学院委员会关于第二届委员会书记、副书记和纪律检查委员会书记候选人预备人选的请示》和《中共郑州升达经贸管理学院委员会关于中共郑州升达经贸管理学院第二次代表大会和第二届党委、纪委第一次全体会议选举结果的报告》，并按照要求报送请示材料。

【基层组织建设】2021年党委组织部牢固树立"党的一切工作到支部"的鲜明导向，加强党支部标准化、规范化建设，提高党支部建设质量。

对二级党组织进行了调整，及时更新了全国党员信息系统、学校官网组织架构。

印发了《关于做好基层党支部设置调整工作的通知》（校党组〔2021〕1号），对基层党支部的设置重新做了调整；调整后共设置152个党支部（包括两个直属党支部），其中，教工党支部70个，学生党支部82个。指导基层根据党员规模和党支部作用发挥情况，及时调整支部设置。

为省级样板党支部管理学院教工党支部配备足额建设经费，积极指导和支持支部建设。

在校级样板党支部建设的基础上，推荐党委统战部发规处党支部、外国语学院英语教研室党支部、艺术学院服装与服饰设计专业和数字媒体艺术专业学生党支部参加全省高校第二批省级样板党支部评定活动。组织管理学院教工党支部参加"全国党建工作样板党支部"评选创建活动。

完成中共河南省委高校工委、校党委2021年度党内表彰工作,共有51名优秀共产党员、14名优秀党务工作者和17个先进基层党组织受到表彰。

【党员发展教育管理】保质保量完成新形势下党员发展教育工作。按照中央组织部印发的《中国共产党发展党员工作细则》和省委组织部"双推双评三全程"的工作要求,进一步规范党员发展流程,把发展党员工作作为全面从严治党向基层延伸的重要举措,纳入各党总支、直属党支部党建工作责任制,作为书记抓基层党建工作述职评议的重要内容,有效规范了党员发展程序、提高了党员发展质量。通过严把关键环节、加强过程监管、严肃工作纪律,保证新发展党员政治合格、质量过硬。

举办第十三期、第十四期入党积极分子和发展对象培训班,培训入党积极分子2813人,发展对象1200人。截至12月,学校发展党员1200人,其中,高级知识分子群体18人,圆满完成了2021年度的发展党员计划。举办"建党百年映初心,党建引领显力量"支部书记网络培训班,组织参加全国高校基层党组织书记党史学习教育专题网络培训班、全省高校组织部部长和院系基层党组织书记学习贯彻党的十九届六中全会精神专题网络培训班,累计培训231人次;选派体育学院院长张王利等4名同志参加省委组织部、省委高校工委举办的各类培训班。

完成党组织关系管理和排查工作。对258名2021级新生党员和69名新入职教职工党员进行党员档案审核,并通过全国党员信息系统完成组织关系转接工作;对727名毕业生党员和35名离职教职工进行组织关系转出工作。落实中组部关于做好高校毕业生党员组织关系管理工作的要求,对学校党员组织关系进行全面排查。对比《郑州升达经贸管理学院毕业生党员信息登记表》和全国党员信息系统,对滞留的毕业生党员组织关系进行主动对接,确保组织关系及时完成转接,避免出现"口袋"党员。

严格执行党费收缴、使用和相关管理规定。实行党费财务和出纳分设制度,加强专用账户的管理,每月月底核对账目;进一步规范返还党费使用,严格党费审批手续;严格执行党费收支情况公示制度。2021年度,党费使用支出中有268 864.05元用于购买学习资料、培训党员、表彰先进、帮扶困难党员、修建党员活动室,17 279元用于省级样板支部建设。按照中组部关于定期"开展党费工作检查""试行党费审计制度"等规定要求,开展党费收缴、使用和管理工作自查,并撰写自查报告。

党委书记雷霆同志以普通党员身份参加所在支部组织生活会

严格落实党的组织生活制度。组织召开2020年度基层党组织组织生活会和民主评议党员工作,认真开展谈心谈话;对党员领导干部执行双重组织生活。严格落实"三会一课"制度,对全校党支部"三会一课"开展情况进行了专项督查,召开专题会,对"三会一课"记录本中存在的问题进行研判,针对出现的问题向基层党组织进行反馈,并督促其进行整改落实,保证"三会一课"在新形势下成为保持党员党性纯洁的有效途径。全面推行党支部"主题党日"活动,促进组织生活基本制度落实,提升支部组织力,增强党员教育管理实效。

组织开展"七一"前夕走访慰问困难党员活动,对亟需帮扶的8名困难党员进行了慰问和帮扶,在建党100周年之际送去党的关怀和温暖。

加强对党务信息工作人员的培训,及时维护全国党员信息系统,并获得中共河南省委高校工委授予的"2020年度高校党务信息统计全优报表单位"称号。完成2021年预备党员信息核对录入工作,确保数据更新及时、准确;完成2021年全国高校基层党组织和党员队伍状况专项统计填报工作;按照中共河南省委高校工委要求上报2022年度党员发展计划;完成学校

2021年度党务信息统计工作。

学校荣获2020年度高校党务信息统计优秀单位称号的批文

【"百万党员消费助农"活动】 组织开展"百万党员消费助农"活动。全校共有67个党支部、285名党员参与了此项活动,助农金额为16 473.4元。

【部门自身建设】 加强自身建设,修订部门工作职责和党员发展细则,提高对党委决策部署的执行力,发挥规划、指导、监督、协调和服务的综合职能。加强理论学习,巩固党史学习教育成效,提高政治理论水平和业务工作能力。坚持高标准、严要求,加强廉政建设,以优良的工作作风服务广大师生,不断提高师生认可度和满意度,维护组织部门良好形象。

(撰稿人:张威　审核人:秦旻)

宣传思想工作

【概况】 党委宣传部是校党委负责宣传思想工作的职能部门,是学校精神文明建设的牵头协调部门。党委宣传部部长兼校文明办主任职正路,主持党委宣传部理论宣传教育、思想政治教育、校园文化建设、文明校园创建等工作;下设宣传文化科,科长1人、科员1人、干事1人,其中具有中级职称者3人、初级职称1人。

【庆祝建党100周年系列活动】4月至12月,学校以"永远跟党走,奋斗新征程"为主题,线上线下相结合,通过"读、讲、演、说、赛、唱、展、写"等多种形式,广泛开展"百年党史青年说"大学生讲党史大赛、红歌接力唱、主题文艺汇演、师生颂党情、百年党史知识竞赛、百年党史"河南100问""微党课"比赛、红色电影进课堂、"奋斗百年路,启航新征程"图片展、"翰墨忆初心,矢志育新人"书画作品展、庆祝建党百年理论研讨会等活动,引导师生赓续精神血脉,筑牢理想信念。在省委宣传部、省委高校工委、省教育厅等组织的庆祝建党百年活动中,学校获市厅级以上荣誉38项次。

【党史学习教育】2021年3月至2022年1月,学校围绕学史明理、学史增信、学史崇德、学史力行目标,牢牢把握"学党史、强信念、育新人"的鲜明主题,聚焦为民务实,突出以学促干,面向全体党员,以中层及以上领导干部为重点,扎实开展党史学习教育。

提高政治站位,统筹安排部署。3月份,召开学校党委会议、动员大会,及时学习、传达上级有关会议讲话精神和各阶段党史学习教育安排,研究制定学校党史学习教育工作方案。成立学校党史学习教育领导小组,设立学校党史学习教育领导小组办公室,办公室下设综合协调组、舆论宣传组、保障督导组。

聚焦培根铸魂,抓好专题学习,在专题学习中感悟思想伟力。一是开展自主学习,发放《习近平论中国共产党历史》《中国共产党简史》等8套2000余册学习教材,党员领导干部利用指定教材、"学习强国"平台、党史学习教育网络平台等,每人每天坚持学习不少于1小时,每月学习篇目不少于20篇。二是校院两级党组织通过理论学习中心组学习、教职工政治理论学习、专家报告会等形式,集中进行研讨与学习。三是充分发挥领导干部"头雁效应",落实领导班子成员和学院书记、院长上讲台,带头讲好思想政治课,同青年学生一起学党史、话青春、讲使命;同时遴选组建师生党史学习教育宣讲团,主动走进宿舍、走进学院、走进社团。

聚焦思想融入,抓好政治引领"四融入",在强化引领中坚定理想信念。

9月29日,校党委书记雷霆(中)、校长郭爱先(左六)带领党员干部到升达艺术馆参观学习

一是融入理论研究,组织开展"党史学习教育大家谈"活动、优秀论文和专项课题征集活动;共征集优秀论文14篇,获批专项课题立项33项,其中代晓雅老师撰写的《建党百年中国道路自信的生成逻辑及提升路径》入选并参加全省社科界庆祝建党百年理论研讨会。二是融入课堂教学,组织马克思主义学院5个教研室进行集体备课,深入学习贯彻习近平总书记重要讲话精神和党的十九届五中、六中全会精神,深入研读党史学习教育指定学习教材,组织开展"课程思政我先行"等活动。三是融入校园活动,线上线下相结合,以"读、讲、演、说、赛、唱、展、写"等多种形式,广泛开展党史图片展、"微党课"大赛、国旗下演讲等校园活动,引导广大师生赓续精神血脉,筑牢理想信念。四是融入社会实践,组织领导干部参观学习"出彩中原——河南红色文化展"和"党旗飘扬——党旗国旗军旗诞生珍贵史料展",组织开展"寻访红色足迹""红色文物说""党的故事我来讲""红色对话——听老党员讲故事"等暑期社会实践活动。

抓好"我为群众办实事"活动,在实践活动中体现为民情怀。学校制定印发《关于深入开展"我为群众办实事"实践活动的通知》,建立健全活动责任体系,强化使命担当,坚持"广泛问需",深入了解师生所思所盼,研究确定事项清单,在此基础上做到精准问策,实现扎实问效,多措并举推动落地落实。年内,学校及各二级党组织为群众办实事171项。

推动成果转化,深化初心使命,在组织生活中强化责任担当。学校党委印发《关于召开党史学习教育专题组织生活会的通知》,要求全校144个党支部将召开专题组织生活会作为提升政治免疫力的"党性检修";各党支部围绕做好专题组织生活会"后半篇文章",把改进工作作为落脚点,以实干实绩检验会议效果,努力把学党史、悟思想的成果转化为办实事、开新局的成效。

【理论宣传教育工作】始终把学习贯彻习近平新时代中国特色社会主义思想作为最重要的政治任务,坚持不懈推动习近平新时代中国特色社会主义思想入脑入心。

落实校院两级中心组学习和师生员工政治学习制度。年初,修订、印发学校《党委理论学习中心组学习规则》,制定《2021年度校党委理论学习中心组学习安排》,采用线上线下相结合等方式,组织校党委理论学习中心组学习11次,学习贯彻习近平总书记在庆祝中国共产党成立100周年大会上的重要讲话精神、党的十九届六中全会精神等理论与时政热点;制定《年度基层党组织及教职工理论学习安排》,推动基层党组织及教职工理论学习改革,促进理论学习和业务学习相融合,提升学习效果,持续加强师生员工的政治理论武装。

【思想政治教育工作】组织校院两级领导干部上好春秋季开学第一课、思政第一课,组织师生同上"四史"思政大课、同上一堂奥运思政大课,观看"出彩河南人"2021最美教师发布仪式、"一起扛""请党放心,强国有我"——出彩河南人楷模发布厅开学第一课等节目,教育引导师生坚定理想信念。

加强意识形态工作。及时更新宣传栏、电子显示屏、展板、条幅,指导学校官网、官方微信微博、文化活动场地等意识形态阵地始终坚持正确的政治导向,弘扬主旋律,传播正能量;审批报告会等87场次;排查、整改党的十八大以来校内网络媒体宣传报道涉中央主要领导同志姓名、职务等称谓不规范和编辑错字、漏字、多字等问题89处;全年收集处理疫情期间校园封校、食堂安全卫生、公共浴池开放等舆情信息10余条;建立并不断壮大网络评论员队伍,做好重大活动和热点问题、突发事件的网上舆论引导,3次出色完成省教育厅组织的网评任务。12月3日至4日,接受河南省委意识形态工作专项督查。

4月15日,省委第六巡视组副组长杨自明一行莅校调研大学生思想政治教育工作。工作汇报会在行政楼国际会议厅举行,校领导、各相关职能部门主管和二级党组织书记参会。

4月15日,省委第六巡视组莅校调研大学生思想政治教育工作,校党委书记雷霆(右侧前排左三)在国际会议厅作工作汇报

加强安全、法治教育,开展"安全生产月"、网络安全宣传周、全民国家安全教育日宣传教育活动,"学宪法,讲宪法""百名法学家百场报告会"法治宣讲等活动,通过媒体宣传、视频观看、知识学习、普法宣传、安全培训、风险排查等形式,增强师生维护国家安全意识和能力。

【精神文明建设工作】开展"我们的节日"系列活动,利用"清明节""端午节""国庆节"等节日开展特色活动,丰富校园文化生活,弘扬中华优秀传统文化。

加强校园社会主义核心价值观氛围营造,安装、更新有关习近平新时代中国特色社会主义思想、社会主义核心价值观以及"讲文明,树新风"公益广告等内容的喷绘、展板、灯箱片137块。

在2021年度全省教育系统"两创两争"活动先进集体和先进个人评选中,学校获评河南省文明教师2名,文明网民1名,文明社团1个,文明班级2个,文明宿舍3个,文明学生6名(豫高发〔2022〕3号)。

3月初,组织参加首届"新郑市新时代文明实践推动周"活动,选派马军、邰向民、张茜三位教师分别赴新郑市实验小学、外国语小学、市直小学开展"文明礼仪宣讲"。

按照省文明办工作安排,4月-6月组织选派艺术学院沈运飞、绍文策、孙甜等8名学生志愿者赴汤阴县4所乡村学校少年宫,圆满完成省第二期"快乐成长"乡村学校少年宫文艺支教活动。

深化社区帮扶活动。年内,结对新郑市阳光港湾小区,更新园区公益广告牌60块;开展法律咨询和生态环保主题"绿城使者进社区"志愿服务活动2次。

12月8日,选派马克思主义学院杨天佑副教授赴新郑市新时代文明实践中心,以《百年党史为鉴,勇毅前行指南》为题,在线上直播宣讲党的十九届六中全会精神;观看量达3.23万人次。

完成本届省级文明校园年度复查。按照《河南省高校文明校园(标兵)测评体系》要求,制定学校工作实施方案,明确创建任务,根据复查工作台账收集整理、创建档案材料,撰写年度自查工作报告及汇报材料。12月15日,学校顺利通过复查并获肯定。

(撰稿人:张明奇　审稿人:韦杨建)

纪检工作

【概况】中共郑州升达经贸管理学院纪律检查委员会是在校党委和上级纪委的领导下负责党内监督工作的专责机关。2021年12月第一届任期已满,经换届选举产生第二届纪律检查委员会委员7人,张欣、袁征分别当选为新一届纪委书记、副书记,王新平、石皓召、白鑫、冯科、钟江鸽当选为委员。

中国共产党郑州升达经贸管理学院第二届纪律检查委员会委员合影

校纪委主要任务是：维护党的章程和其他党内法规，对党员进行遵规守纪的教育，维护党的纪律；协助学校党委加强党风廉政建设和反腐败工作，推进廉洁教育和廉洁文化建设；加强制度建设，确保党风廉政建设责任制的落实；检查各级党组织和党员贯彻执行党的路线、方针、政策和决议的执行情况，为学校的改革、发展和稳定服务；检查和处理党的组织和党员违反党的章程和其他党内法规的案件，决定或取消对这些案件中的党员的处分；受理党员的控告和申诉，保障党章规定的党员权利不受侵犯；承办学校党委和上级纪检机关交办的应由纪委办理的工作任务。

【落实党风廉洁建设责任】 积极发挥校纪委党内监督专责职责，协助学校党委落实党风廉政建设责任制，督促全校各级党组织落实全面从严治党主体责任，制定《郑州升达经贸管理学院2021年纪检工作要点》；协助校党委召开党的建设暨全面从严治党工作会议，组织中层以上领导干部签订了2021年度党风廉政建设责任书，推动各二级党组织签订廉洁自律承诺书；修订完善基层党建党风廉政建设工作量化考核指标，并从纪检机制、监督执纪问责、作风建设和廉政教育工作四个方面对基层党组织进行纪检工作年度考核，以考核倒逼责任落实。

【疫情防控】 新冠疫情发生以来，校纪委认真贯彻落实习近平总书记关于疫情防控的重要指示批示精神和省委、学校各项防控部署；严格履行监督执纪责任情况，即"日报告""零报告"专人报送制度，每日向省专班执纪组报送学校监督执纪信息；先后制定了《关于开展2021年秋季疫情防控和灾后重建以及开学准备三项重要工作的监督检查方案》《关于进一步加强疫情防控监督执纪问责工作方案》及《关于进一步严明疫情防控工作纪律的通知》，对学校各单位疫情防控工作落实情况进行专项督查，并将督查发现的问题及时反馈给相关单位进行整改解决。

【廉洁教育】利用纪检工作人员微信平台及时传达学校和上级纪检机关有关廉政建设方面的政策和文件精神等；在纪委网站转载、发布纪检要闻或通知等67篇，通报全国教育系统关于违反中央八项规定精神、落实全面从严治党不力等方面的处理情况和案例21起；组织发放纪检宣传刊物45期；组织参加新时代党风廉政建设和反腐败工作研究项目申报工作；结合"四史"学习教育和"不忘初心、牢记使命"主题教育，积极推动各基层党组织扎实开展廉政建设宣传教育活动；围绕领导干部反腐倡廉教育、重点领域和关键环节风险防范教育，加强违纪风险预警；在元旦、春节、"五一"、端午节、教师节、中秋节、国庆节等重要时间节点，不断强调廉洁自律及纪律监督，并协同仁事处、教务处等职能部门，加强师德师风建设。

【监督执纪问责】把政治监督作为根本职责，强化对践行"四个意识"、做到"两个维护"、贯彻党章和其他党内法规、遵守政治纪律和政治规矩、执行党的路线方针政策和重大决策部署、严肃党内政治生活等情况的监督，对全校各级党组织落实全面从严治党情况进行调研督查；出台《郑州升达经贸管理学院重点领域关键环节监督办法》，重点加强对中央八项规定精神贯彻落实情况、"四风"专项整治情况、人事招聘、干部晋升、职称评审、人才推优、招生录取等重点领域关键环节的监督检查，在"淑芳师德奖""出彩河南人"最美教师评选、在岗履职情况、实施禁烟禁酒、厉行节约反对浪费等工作中均积极发挥监督作用；围绕监督过程中发现的廉洁风险点加强管控，制定措施，建章立制，堵塞漏洞，从源头上预防和解决各种苗头性、倾向性问题。依规依纪依法处理检举控告，全年共受理问题线索18起。

【以案促改】研究制定《中共郑州升达经贸管理学院委员会一体推进不

敢腐、不能腐、不想腐,深化以案促改实施方案》,安排部署学校一体推进"三不"工作,持续推进全面从严治党、从严治校向纵深发展,真正做到心有所畏、言有所戒、行有所止。

【自身建设】督促新设立的二级党组织补齐纪检委员,打通基层监督"最后一公里",实现监督工作全覆盖;赴河南大学,针对审查调查工作进行学习调研,学经验、找差距、补短板。

(撰稿人:武永民　审稿人:袁征)

统战工作

【概况】中共郑州升达经贸管理学院委员会下设统战部,简称党委统战部,是校党委主管统一战线工作的职能部门,主要职责是围绕学校中心工作,全面执行上级统战部门和学校党委下达的各项工作任务,巩固和扩大统一战线,完成凝心聚力工作,团结一切可以团结的力量,同心同德,为学校事业发展和地方经济社会发展贡献力量。

党委统战部有工作人员4人,下设统战科。部长沈定军主持全面工作,下设科长1人。

各二级党组织分别设有统战委员和统战专员。

【党委统战部自身建设】修订了部门工作职责;新增专职统战工作人员2人;加强部门工作人员业务能力培训,沈定军参加了全省高校统战部部长会议和高校统战部长培训班,单锐参加了"统战业务骨干培训班"。

【民主党派工作】完成民主党派成员信息统计与更新工作。学校共有民主党派成员24人,其中民革8人、民盟4人、民进5人、农工党1人、致公党1人、九三学社5人。邀请民主党派成员鲁运芳、何虹卫、乔木、左敬亮、冯善德参加学校建党100周年暨"七一"表彰大会。

【党外知识分子工作】加强对党外知识分子的思想政治引领,在微信公众号"升达统战"推送统战理论相关文章102篇。贯彻落实党员领导干部与党外人士联谊交友制度,全年组织联谊交友活动共60余次。

党建与思想政治工作

归国留学代表参与"追梦中华,百年赤子心"短视频录制活动

【侨界工作】推荐归国留学人员杜亮等10位教师为新郑市欧美同学会理事人选,配合做好相关考察工作。组织归国留学人员开展"侨心向党·同唱一首歌"活动、"追梦中华,百年赤子心"短视频作品征集活动,收看庆祝中国共产党成立100周年大会直播,在第八个"宪法宣传日"期间组织参加郑州大学教授、法学博士魏胜强围绕习近平法治思想解读所作的专题报告会。

【新的社会阶层人士工作】完善更新新的社会阶层人士数据库,学校新的社会阶层人士共计1478人。配合做好省新的社会阶层人士联谊会常务理事人选、执行董事王新奇的考察工作,并及时报送了相关考察材料。依托"新的社会阶层人士统战工作理论研究中心与人才培养中心",完成了第三批共计6项校级统战专项课题的结项工作,组织申报河南省党建创新项目,"加强和改进新时代民办高校新的社会阶层人士思想引领工作研究"获得立项审批。

11月29日,省委高校工委组干处处长李永海一行莅校指导新的社会阶层人士统战工作。

【民族宗教工作】对少数民族师生信息进行统计。学校有少数民族学生370人,其中回族291人,满族34人,蒙古族26人,其他少数民族19人;

少数民族教师42人,其中回族32人,满族5人。

加强校地合作,与中共新郑市委统战部及属地相关部门共同签署校地共建"双防"合作的工作协议。印发《关于做好2021年新生入学时段"双防"宗教工作的通知》(校党统〔2021〕3号),对全校师生宗教信仰情况进行全面摸排,建立巡视督察组,组织新入职教职工签署《教职工承诺书》,建立完善涵盖教材引进、课堂管理、校园管理、食宿管理等各个环节的全方位、立体式"双防"宗教工作体系。

宗教政策法规宣传月期间,向新入职教职工发放《高校民族宗教工作知识读本》100余本,向2021级新生发放《河南省大学生宗教政策法规明白卡》10 691份、《大学生中国特色社会主义民族宗教理论知识手册》10 718份,组织开展民族宗教理论和政策培训会、主题班会、民族宗教网络知识竞赛动员会。

组织182名在校学生参加"中华民族一家亲,同心共筑中国梦"主题演讲比赛活动。组织12 197名学生参加第九届大学生中国特色社会主义民族宗教理论知识竞赛,2021级新生达到百分之百全覆盖,王彦、田卓、康新悦三名学生获奖。

校领导班子接待省委统战部、省委高校工委督察组成员

12月24日,接待省委统战部、省委高校工委督察组杨士斌一行,配合完成学校贯彻落实习近平总书记关于宗教工作重要讲话精神相关情况的督导检查工作。

【获得荣誉】学校被授予新郑市"2021年度新的社会阶层人士统战工作先进单位",新郑市"2021年度基层侨联组织建设先进单位"称号。

(撰稿人:李政委　审稿人:沈定军)

共青团工作

【概况】共青团郑州升达经贸管理学院委员会(以下简称校团委)负责学校共青团工作。

现有在岗在编人员4人。正处级1人,团委书记李霄锋同志主持全面工作;科级干部1人、科员1人、干事1人。校团委下设1个科室,为课外活动科。

【团学组织改革工作】在校党委领导下,校团委按照《关于推动高校学生会(研究生会)深化改革的若干意见》《学联学生会组织改革方案》等文件精神,指导学生会组织持续深化改革,依法依章程独立自主开展工作。

11月11日,经校党委、省学联批准,校第三次学生代表大会召开,325名正式代表参加大会,大会听取并表决通过了校第二届学生委员会所作的《牢记初心使命,坚定理想信念——为建设特色鲜明高水平应用型民办大学谱写青春华章》工作报告,审议了《郑州升达经贸管理学院第三次学生代表大会提案征集分类工作报告》,选举产生了第三届学生委员会和校学生会主席团。

12月8日,河南省高校共青团和学生会深化改革第六评估工作组莅校开展共青团和学生会深化改革评估工作。评估组分别与团干部、学生会工作人员和学生代表进行访谈并查阅资料,对学校共青团和学生会在深化改革方面的做法和成效给予充分肯定。

按照"政治为基、扁平管理、分类指导、合作共建、动态调整"工作思路指导学生社团工作。本年度在册校、院学生社团81个,其中,校级学生社团42个,院级学生社团39个。根据《郑州升达经贸管理学院学生社团管理办法》《郑州升达经贸管理学院学生社团指导老师管理办法》相关要求,开展2次社团学期注册、1次社团年审,注销学生社团7个,整改学生社团1个,批准成立学生社团5个;选聘48名教师担任社团指导教师,完成两个学期指导教师的考核工作。全校学生社团年内举办活动280余场次,社团及成员获校级以上荣誉100余项。青年马克思主义研究协会获评"河南省文明社团",数学爱好者协会获评"河南省十佳学生社团"。

12月26日至27日,共青团河南省第十五次代表大会在河南省人民会堂召开,校团委书记李霄锋作为团代表参加大会,全票当选为共青团河南省第十五届委员会候补委员。

【思想建设】以庆祝中国共产党成立100周年为契机,开展党史学习教育。印发《关于开展"学党史、强信念、跟党走"学习教育方案》,全校各级团学组织常态化开展党史专题学习教育实践活动,基层团支部组织开展组织生活会,实现全覆盖。全校团干部、青马骨干学员深入团支部、社团开展宣讲50场次。开展"百年党史青年说""一起学党史"知识竞赛活动。参加河南省"百年党史青年说"大学生讲党史大赛,作品《刑场上的婚礼》获一等奖,学校获优秀组织奖。参加河南省优质网络思政微课(微视频)征集活动,学生共获奖21项。参加"100名师生颂党情"活动,作品《做一名努力的追光者》获二等奖。共青团改革经验交流材料《郑州升达经贸管理学院保障有力充满活力》被《"青春心向党,建功新时代"——河南共青团庆祝中国共产党成立100周年丛书》收录。

组织开展"请党放心,强国有我""弘扬爱国精神,担当复兴重任""初心向党,学史增信"等主题教育活动,筑牢青年理想信念根基。组织全校学生参加"青年大学习""苗苗'会'学习"网络主题团课,累计参与85万余人次。发挥共青团网络育人功能,校团委网站共发布团学信息230条,微博发布2155条,微信发布410条,QQ平台发布1879条,阅读量近100万人次;推出《防汛有我,青年担当》《防疫有我,青年担当》等专题新媒体产品,树立防汛抗疫志愿者典型150人次。先后组织学习贯彻习近平总书记在庆祝中国共产党成立100周年大会上的重要讲话、党的十九届六中全会精神、省第十一次党代会精神、共青团河南省第十五次代表大会精神等,引领青年深刻领悟"两个确立"的决定性意义,增强"四个意识",坚定"四个自信",做到"两个维护"。

实施第四期"青马工程——力行实验班"培养计划。组织学员开展"青年杨靖宇烈士"青春寻访、"读原著,学原文,悟原理"活动及"习近平的七年知青岁月""红色家书""经典记忆""长征精神"读书分享会等活动。学员深入班级、社团开展党史知识宣讲53场次,覆盖团员学生3000余人次。第四期48名学员顺利结业;1名学员参加河南省"青马班"培训并顺利结业。

组织参加共青团河南省委2021年度专项调研课题(青少年工作研究)结项工作,4项课题顺利结项。

【组织建设】加强团建工作,聚焦基础团务,完成2021届毕业生团员组织关系转出和2021级新生团员组织关系转入工作。落实团员推优工作,全年推荐入党积极分子2727名、党员发展对象1166名。严格规范入团程序,全年发展团员50名。11月,依托智慧团建系统,完成651个团支部对标定级工作。年内,组织开展团校、团学宣传骨干培训、社团骨干培训、团支部书记专题培训等;先后选派3名团干部参加团省委专题培训。

开展全校共青团系统2020-2021年度考核表彰工作。表彰"十佳共青团员"(学生)、"共青团干部"(学生)10人,表彰"优秀共青团干部"(含教师)100人、"优秀共青团员"534人、"五四红旗团支部"29个。5月,校国旗班团支部获评"全国五四红旗团支部";5月,会计学院团委获评"河南省五四红旗团委",文法学院团委书记郑玲玲获"河南省优秀共青团干部"称号,校青年志愿者协会团支部和文法学院2017级法学本科2班团支部获评"河南省五四红旗团支部",外语学院2018级翻译一班李萌获"河南省优秀共青团员"评;2018级翻译1班团支书李萌获评河南省百优"魅力团支书",会计学院审计学专业2018级2班团支部获评河南省百优"活力团支部"。6月,文法学院2017级法学本科2班团支部获评全国高校"活力团支部"。11月,85名学生获评"河南省三好学生",30名学生获评"河南省优秀学生干部",30个班集体获"河南省先进班集体"称号。11月,商学院2018级物流管理本科1班学生耿海釜获"中国电信奖学金·飞Young奖"。12月,会计学院2018级审计专业学生秦广达获评2020年度"中国大学生自强之星"。

【志愿服务】根据共青团中央、共青团河南省委2021年大学生志愿服务西部计划部署,面向2021届毕业生开展志愿者招募,按照程序选派12名学生参加西部计划全国项目、河南"乡村振兴计划"。

以校青年志愿者协会为依托,号召、组织全校学生志愿者开展疫情防控、迎接新生、"保护母亲河,争当'河小青'""献热血,我为防疫护航""重阳敬老""暖冬义捐""携手防疫抗艾共担健康责任""关爱残障儿童""青春寻访母亲河"等志愿服务活动。协助河南广亚教育基金会评定志愿服务奖,发放奖金6万元,200名学生志愿者获奖。学校获河南省大中专院校"无偿献血优秀团队"奖。

【开展"我为青年做件事"】各级团组织通过举办就业创业讲座、职业能力提升赛事、结对帮扶等举措,帮助20名低收入家庭毕业生顺利就业。依托学代会,征集提案19条,推动相关部门对学生提案予以答复处理,做到事事有回音、件件有落实。

【重大赛事】组织参加第十五届"挑战杯"河南省大学生课外学术科技作品竞赛,获省级奖项20项,其中二等奖4项,三等奖16项。

组织参加河南省第十七届大学生网上科技文化艺术节,共获奖17项,其中一等奖1项,二等奖6项,三等奖10项;学校获"优秀组织奖"。

完成第四届大学生创新科研项目结项评审,其中40个项目结项,学生在校外刊物上发表论文5篇。

(撰稿人:石守金　审稿人:李霄锋)

教代会与工会工作

【概况】郑州升达经贸管理学院工会委员会,简称校工会,系独立法人,在校党委和上级工会领导下独立自主地开展活动,是教职工自愿结合的群众组织,履行"维护、参与、教育、建设"职能。负责教育教职工不断提高思想道德素质和科学文化素质,建设有理想、有道德、有文化、有纪律的教职工队伍;负责筹备和组织召开教职工代表大会和会员代表大会,行使教代会工作机构职能和会员代表大会工作机构职能;负责代表和维护教职工的合法权益和民主权利,关心教职工生活,做好困难教职工的帮扶救助工作;负责组织教职工开展群众性学先进、赶先进活动;负责组织开展群众性文化、体育活动,丰富和活跃教职工的文化生活,发挥各类协会等群众团体的活动积极性,提高教职工健康水平;负责做好教职工群众的生活福利工作,协助解决教职工日常福利,发挥好学校与教职工之间的桥梁和纽带作用,协同有关职能部门,做好劳动争议的调解工作;负责做好工会各级组织的建设工作;负责收缴、管理和使用工会经费;指导、检查基层工会的工作,开展建设"教职工之家"活动,组织推荐评选"十佳最美教师""巾帼建功标兵""先进女职工集体"等工作;完成党委及上级工会交办的其他工作。

校工会有专职工作人员2人,下设办公室,科级干部1人,干事1人。学校共分为17个分工会组织,由校工会统一领导。学校副校长张金安兼任工会主席(法人),人事处长王新平(女)兼任工会副主席,校办主任朱永恒兼任工会副主席。

【教学技能大赛】校工会联合各个教学单位开展教学技能竞赛活动。经校工会推荐,省教科文卫体工会委员会评选,学校选送10名优秀教师参加2021年度河南省教学技能竞赛,获一等奖5名、二等奖3名、三等奖2名。其中,建筑工程学院璩媛媛、基础部丁艳凤、外国语学院张丽娟、体育学院张晓丹、会计学院郭苏敬获一等奖,并被授予"河南省教学标兵"称号;璩媛媛、丁艳凤入围全省教学技能竞赛高校工科组和高校理科组前20名,璩媛媛在决赛中获得高校工科组全省第4名的骄人成绩。

【困难职工帮扶】建立困难教职工档案,不断完善帮扶机制。2021年度校工会完成教职工新婚福利发放26人次、教职工住院慰问28人次、教职工直系亲属去世慰问21人次、哺乳期补贴111人次,累计金额为4.3万元。通过"金秋助学"活动帮扶困难教职工子女入学77户,其中,在大专及以上阶段家庭7户,小学阶段家庭40户,幼儿园阶段家庭30户,共计减免学费13.82万元。通过"双节"送温暖活动,设置困难教职工帮扶基金2万元,向17名困难教职工发放帮扶资金。

【教工文体活动】校工会向全校17个分工会,1574名会员共计返还工会会费3.77万元,用以开展工会会员文体活动。各分工会创新活动形式,通过开展趣味运动会、红色观影、文艺作品比赛等多种活动,展现了学校教职员工团结奋进的精神风貌。强化工运史研究,积极推动工会理论化建设。为进一步推进学校工会工作理论与实践创新,更好地引导工会工作者积极开展工会研究,提高工会工作的科学化水平,从各单位申报的理论与实践研究课题中评选出 25 个予以立项,又通过一年的研究论证,经专家评审,同意对这 25 项课题予以结项。含重点项目结项 5 项,匹配科研经费 3000 元/项;一般项目结项 20 项,匹配科研经费 1000 元/项。有 3 项课题获得省总工会二等奖,1 项课题获得优秀奖。

【女工活动】开展"书香三八"读书活动,引领女教职工在阅读中获取知识、增长智慧、传承文明、提高素质。本次活动共征集女职工作品 9 项,从不同层面展现了学校女职工的精神风貌。其中三项作品获得省教科文卫体工会表彰。校工会以活动为依托,为学校 881 位女教职工发放慰问品,共计金额 8.81 万元。组织评选学校"巾帼建功标兵""女职工先进集体"。经各分工会评选推荐,校工会研究,授予张威等 18 位同志"巾帼建功标兵"荣誉称号,授予会计学院工会等 4 个集体"女职工先进集体"荣誉称号。激励全校女教职工以先进为榜样,勇于担当、奋发进取,创新实干,为学校改革发展再立新功。开展单身教职工联谊活动,校工会在新的形势下深入推进"互联网+"职工婚恋交友服务工作。

【乡村振兴志愿服务】2021 年度,工会志愿服务队前往新密市张家门村姚山希望小学开展乡村振兴志愿服务活动,为学生量身定制了校服,捐赠了品类齐全的体育器材、书包、笔记本等学习物资,并且为希望小学师生送去了精彩纷呈的文艺支教汇演。建立起"大手拉小手"沟通平台,畅通联系渠道,通过线下、线上等形式开展形式多样的讲座及交流,不断更新希望小学的教育理念。提供物资帮助,关照特殊群体。个别村民因为洪涝灾害或长期患病生活困难,学校领导带领志愿者进入到这些特殊群体的家中,详细了解他们的困难,给予了全方位的帮助。

【组织宣传工作】加强政治引领,全面推进党建工作。根据《中华人民共和国工会法》和《中国工会章程》及有关法律、法规的规定,结合学校党组织设置调整,为完善学校民主管理制度,切实维护教职工的合法权益,对学校二级基层工会进行调整,新成立学务处分工会、总务处分工会、创新创业教育学院分工会和交通管理学院工会小组。

校工会充分发挥学校报刊、网站作用,积极运用官网、微信、手机软件等新媒体、新手段,宣传各级工会组织的重要活动。以庆祝建党100周年为契机,开展"中国梦·劳动美——永远跟党走、奋进新征程"书法、绘画、摄影作品征集活动,引领广大教职工紧握时代脉搏、坚定文化自信。推荐教职工精品力作参加省总工会评选,获得银奖1人次,铜奖2人次。

【教职工福利工作】 为不断增强学校的凝聚力,强化教职工的归属感,体现学校大家庭的温暖,校工会联合总务处负责采购和发放本年度的教职工福利物资。9月10日教师节和中秋节之际,校工会为学校专任教职工、聘任工、外聘教师发放双节慰问品,共计发放2076人次,共计金额41.52万元。12月30日春节,校工会为全校2098名教职工发放春节慰问品,共计32.22万元。

为帮助教职工营造良好的家庭环境及和谐的工作氛围,开展了关爱教职工心理健康系列活动。邀请知名心理专家赵春丽老师开展"夫妻关系和谐决定亲子关系融洽"心理健康专题讲座,联合心理健康教育中心举办郑州升达经贸管理学院教职工亲子沟通沙龙系列活动。

校工会拓展服务范围,为不同会员群体搭建各类优惠活动平台,积极为教职工做好事、办实事、解难事。积极推进工会会员入网工程,2021年,校工会对全校210余名未办理工会会员卡的教职工进行信息收集、筛选和整理工作,并预约郑州银行办理工会会员卡。工会会员卡既承载工会组织的各项帮扶服务功能,也作为各级工会组织向职工会员提供帮扶的最为直接的有效形式,切实提高学校教职工福利。校工会宣传公共交通普惠政策,统计学校400余名教职工相关信息,鼓励教职工持卡"绿色出行"。

(撰稿人:王欣源　审稿人:张金安)

行政管理服务

教务处工作

【概况】教务处是学校组织实施全日制本、专科生培养工作的职能部门。其主要职责是研究制订普通本、专科人才培养方案，组织管理本专科日常教学运行，对学校的专业建设、课程建设、教材建设、实践教学等进行规划与管理，研究制订教学管理制度，开展教学研究和教学改革，负责在校生学籍管理，同时为教学工作的顺利开展提供服务。教务处是正处级机构，下设课务科、注册科、实践教学科、教学研究科、教材与考试管理科共5个科室。

【人员管理】截至2021年12月31日，教务处共有工作人员13名。其中正处级干部1名，科长5人，科员4人。教学副校长吴益民教授兼任教务处长，并主持教务处工作。5月，白君泽由教务处教学研究科调出；9月，龙芃君通过公开应聘进入教务处教学研究科（升人【2021】114号）；10月，杨静从信息化处调入教务处注册科，赵悦然任教务处处长助理兼教学研究科科长（升董【2021】6号）。

（撰稿人：赵悦然　审稿人：吴益民）

学务处工作(含学生工作部工作)

【概况】负责学生思想教育与引导、学生日常行为规范与管理、学生资助管理与服务、辅导员队伍建设等工作。根据郑州升达经贸管理学院《关于设立学生思想政治教育科的请示》（升学【2021】116号）批示，张颢调任学务处思想政治教育科科长。处内业务科室增加至5个，即生活辅导科、宿舍管理科、劳动卫生科、学生资助管理中心和思想政治教育科。

【人员管理】截至2021年12月,学务处共有工作人员12人,其中,中级职称人员3人,中级以下职称人员9人;正处级1人,科级干部5人。

(撰稿人:孙鹏　审稿人:张红阳)

心理健康教育中心工作

【概况】心理健康教育中心负责全体在校生的心理健康教育工作,为学生提供专业的心理教育、辅导与咨询服务。其工作职责主要包括统筹全校心理健康教育与咨询工作,为在校生提供免费的成长性咨询、发展性咨询及轻度障碍性咨询;指导、支持、协调各学院二级心理辅导站的心理健康教育工作情况;组织实施心理健康教育各类活动,组织心理健康教育专题讲座;开展心理健康普查;负责必修课《大学生心理健康教育》和心理类选修课的教学及管理工作等。

心理健康教育中心共有工作人员6人,主任张红阳主持单位全面工作。心理健康教育中心下设心理健康教育科,设科长1人。

(撰稿人:尚瑞莉　审稿人:张红阳)

总务处工作(含登封筹备处工作)

【概况】总务处是为学校教学、科研和师生工作学习提供后勤保障服务的校内组织机构,负责基础建设、安全保卫、饮食保障、物资采购、动力供应、校园绿化、车辆调遣、物资供应等工作。

【人员管理】总务处共155人,设处长1人,主持单位全面工作;总务长助理1人,协助总务长处理日常工作;下设事务科、伙食科、营缮科、保管科、保卫科共5个科室;设科长5人,副科长1人。2021年9月干事李宁馨入职伙食科,12月干事田雨晴入职总务处。

【制度建设】12月,制订了《郑州升达经贸管理学院固定资产管理办法》(升达〔2021〕139号)。

【新型冠状病毒感染防控工作】根据上级要求及校防疫工作领导小组

指示,总务处积极应对疫情,购置测温设备、口罩、消毒药品等防疫物资;严把入校关,做好测温、扫码、登记等相关工作,把疫情阻挡在校外;根据防疫要求,全处人员全部完成疫苗接种并及时进行核酸检测。

【荣誉】被新郑市公安局授予"2021年度高校维稳安保工作先进单位"荣誉称号,被安全健康网河南站授予"2021年度消防宣传先进单位"称号。

6月,司机鹿好杰在河南省高校教职工"中国梦·劳动美——永远跟党走"摄影、书法、绘画展中获得书法类银奖。

【"7.20"抗洪救灾】有序地开展学校防汛抢险救灾工作。4月,根据河南省教育厅有关文件精神,制订并印发了《郑州升达经贸管理学院防汛工作应急预案》。7月20日,郑州市遭遇特大暴雨袭击,学校多处受灾,防汛领导小组立即启动防汛应急预案,防汛抢险小组全面迅速投入抗洪救灾工作中,最终夺取了抗洪救灾的最终胜利,降低了学校损失。

【校园安全】3月25日,配合新郑市公安局龙湖派出所在明德讲坛举行警校恳谈会。

3月27日,结合学务处,组织500余名学生到龙湖广场参加新郑市公安局举办的"万人防诈骗签名会"。

10月20日,食品安全快速检测室投入使用。

12月3日,邀请省消防协会教员在龙湖报告厅举办消防培训,进行疏散演练。

【工程建设】6月底,完成新建图书馆装修工程设计招标工作,河南力拓实业发展有限公司以166万元中标;7月,建成并投入使用总面积25 260平方米的40号及41号学生宿舍楼,共投资4700余万元;10月,完成图书馆阳光长廊建设,共投资500万元;12月,完成总面积32 820平方米的37号宿舍楼主体建设,总投资7738余万元。

【登封校区建设】1月4日,清理登封校区一期道路覆土,修缮道路。

1月12日,签订绿化养护合同。

6月23日,一期工程修规和单体设计公开招标,机械工业第六设计有限公司以777万元中标。

6月28日,完成一期土地文物勘探发掘工作,至此一期土地手续遗留问题全部解决。

8月25日,签订一期修规和单体设计合同,推进一期修规申报工作。

12月22日,完成登封校区一期土地1100万元土地款入账,确保财务明晰。

(撰稿人:郭凤云　审稿人:张其武)

校长办公室工作(综合行政管理)

【概况】校长办公室是学校的综合服务和组织协调部门,主要负责综合服务、组织协调、督察督办、信访接待、活动策划、公文处理、文件起草等工作。校长办公室共14人,下设秘书科、行政科、综合档案馆、缮印室、收发室。设主任1名,主持校长办公室全面工作;科长3名,分管秘书科、行政科、综合档案馆的工作。

3月,组织参加市政研会2021—2022年度优秀成果评选,王鑫获郑州市思想政治工作研究会优秀研究成果三等奖;12月,王紫瑞被郑州市公安局授予"维稳安保工作先进个人"称号;12月,徐珩获"2021年度河南省档案学会工作先进个人"称号。

【疫情防控】学校高度重视新冠肺炎疫情防控工作,在疫情防控工作指挥部的领导下,认真学习领会省委省政府,省市教育专班疫情防控工作会议精神,安排部署学校疫情防控期间各项工作;各防控工作专班认真落实防控措施,按照属地工作部署及时报送学校疫情防控状态下开学、放假、考试等相关方案及自查整改报告,制定完善学校疫情防控的4个方案、4个办法、15项制度;严格落实返校人员管控和排查工作,及时关注郑州市教育局疫情防控工作群、新郑市驻地院校疫情防控工作群的相关信息,确保良好的教育教学秩序。

重点疫情防控情况:3月16日至3月22日,学校启动2021年春季学期分期分批、错时错峰返校工作,组织符合返校条件的学生返校。8月5日,按郑州市新冠肺炎疫情防控领导小组办公室关于对部分区域实行防控管理的通告,学校被划入防控区范围后实行"只进不出、足不出院、严禁聚集"管理措施,在防控的第 1、4、7 天分别组织开展一次全员核酸检测。10 月 10 日至 10 月 18 日,学校分期分批、错时错峰组织 2021 年秋季学期学生返校,落实"非必要不外出"的校园管理制度。

【公文办理】2021 年,校长办公室共办理公文 1025 件(含紧急公文 179 件),发文 128 件;办理签呈流转 1834 件;办理用印 659 人次,用印数量为 57 571 份;起草各类文稿 200 余篇;查收校长信箱信件 40 余封。

【会务】2021 年,校长办公室协调组织学校年度工作部署(视频)会 1 次、特色发展大讨论 1 次、"十四五"规划专题部署会 3 次、主管会 5 次、校长办公会 9 次、全省教育系统新冠肺炎疫情防控工作电视电话会议 3 次、疫情防控工作专题会 5 次、学校疫情防控指挥部工作会 9 次、2020 届毕业生就业工作表彰会暨 2021 届毕业生就业工作再动员会议等,全年校内会议合计 125 场次。

【办学情况年检】按照省教育厅的工作部署,校长办公室统筹推进学院 2020 年度办学情况年检准备工作,拟定工作方案,深入开展校内自查总结,收集、梳理相关支撑材料。6 月 11 日上午,以黄河科技学院党委书记贾正国为组长的河南省教育厅民办高校办学情况年检专家组莅校,开展 2020 年度办学情况检查。

【年鉴编撰】根据实际工作需要组建年鉴编委会,全面推进学校年鉴编撰工作。5 月,印发《郑州升达经贸管理学院关于印发〈郑州升达经贸管理学院年鉴(2020)〉编撰实施方案的通知》(升达〔2021〕47 号),正式启动《郑州升达经贸管理学院年鉴(2020)》编撰工作。6 月,邀请河南省教育规划与评估院史志编辑部赵发中主任、刘丹丹老师莅校,就年鉴撰写工作作专题报告。7 月,进行年鉴资料稿初审,拟定年鉴编辑工作方案。11 月,完成特载、专文、人才培养、学生工作等七个栏目的编辑工作,编辑字数约 36 万字。

【办学许可证更换】按照相关法律要求,校长办公室在教育主管部门的领导下,协调董事会办公室、总务处、财务处、发展规划处等部门,收集、整理相关资料,向教育厅报送了办学许可证申请换新的相关材料。

【建校 28 周年系列活动】11 月,在建校 28 周年之际,在建校纪念碑广场举行向创办人王广亚博士献花仪式,在图书馆中厅举行阅读推广活动启动暨《梅花香自苦寒来》新书首发仪式,举办创办人书画作品展暨建校二十八周年办学成果展,在国际会议厅举行河南省广亚教育基金会捐赠仪式、学校与腾讯公司校企合作仪式等活动。

【档案管理】年内共整理归档档案8679件,其中文书档案8052件,实物档案25件;此外还有声像档案26件,基建档案576册。提供档案查阅利用约162人次,办理机要文件60件。年内完成综合档案馆档案管理系统部署搭建工作;完成库存档案数字化加工工作,四大类档案加工数量共计656 874页,全部挂接入档案管理系统;完成信息化建设项目包含的9类设备的采购安装、调试工作。

(撰稿人:王鑫　审稿人:朱永恒)

融媒体中心工作

【概况】融媒体中心在校党委和行政统一领导下,积极开展全校新闻宣传与品牌推广工作,及时准确反映师生学习、工作、生活情况,突出学校教育教学特色、立德树人根本任务和办学治校经验,激发师生"爱国爱校、宁静好学、礼让整洁"的升达精神,讲好升达故事,树好升达形象。

【人员管理】融媒体中心有职员8人,下设校刊编辑部、新媒体科2个科室,设主任1人,科长2人;职员5人,其中校刊编辑部4人、新媒体科1人。主任朱永恒,主持部门全面工作。

【所获荣誉】3月,学校被中共河南省委高校工委、河南省教育厅评为"全省教育系统新媒体及融媒体工作突出贡献单位"。

7月,融媒体中心郭玉格、罗春磊被河南教育新闻中心、《河南教育(高等教育)》编辑部、河南教育宣传网评为"优秀通讯员";两篇新闻稿件分别获河南高校2020—2021年度优秀新闻作品二、三等奖。

11月,在河南教育新闻中心、《河南教育(高等教育)》编辑部、河南教育宣传网主办的河南高校2020—2021年度宣传工作评选中,学校被评为"宣传先进单位",荣获"贡献奖"。

12月，学校校报有13篇新闻作品被河南省高校校报研究会、河南省新闻工作者协会高校报委员会评为"好新闻奖"，其中一等奖2篇，二等奖2篇，三等奖9篇。学校校报被郑州市版权协会评为2021年度"十佳内资"，校报编辑罗春磊被评为2021年度"优秀编辑"。

学校在河南省教育厅官方微信公布的全省高校官方微博、官方微信排名中多次位列全省前二十名，其中官方微信最好名次为第六名。学校官方抖音号与快手号一直排在全省前十名，官方抖音号多次位列全省第一名。

【新闻图文报道】年内，完成学校2021年防疫部署工作会、学校2021年党的建设暨全面从严治党工作会议、2021年度工作视频会议、学校"特色发展"大讨论交流会、学校"十四五"规划编制工作推进会、2021届学生毕业典礼、学校第二次党代会、河南省民办教育协会党建工作委员会换届暨党建基地建设工作会议、学校28周年校庆活动等百余项会议和活动的新闻拍摄及采写工作。

【校报编印】年内，完成第432期至第443期共计12期校报的编校、印发、电子版制作等工作，文字编校量达40余万字。经校党委雷霆书记协调，向上级主管部门汇报后办理校报增印手续，每期印数从6300份增至8500份。

【网站建设与运营】学校官网后台审发新闻稿共计3138篇（含2020—2021学年第二学期及2021—2022学年第一学期），其中包括学校新闻257篇，学校公告305篇，院部动态2292篇，媒体"升达"65篇，党史学习教育202篇，以及其他稿件。

搭建学校第二次党代会专题网站，并在官网开设党史学习教育专栏，为全校师生推送"四史"及新冠肺炎疫情防控相关学习辅导读本、参考资料提纲、抗疫思政资料包等内容，及时宣传学校有关工作的安排和落实情况，营造良好的党史学习教育氛围。同时，持续做好学校"新冠肺炎疫情防控""'特色发展'教育思想大讨论"等专题网站的信息整合和内容更新。

配合党委宣传部做好校园网站舆情监督。制订发布《关于做好2021年度网站信息更新和维护工作的通知》，要求各院部在限期内对本单位负责运维的网站进行问题自查及整改；对二级学院2019年（含）以前的过期失效类、涉外部链接类、涉敏感信息类稿件进行排查清理，累计撤销、清理相关问题稿件755篇。

【校外媒体宣传】年内，与大河网、网易河南、河南商教传媒等媒体与企业开展深度合作。累计对外发稿547篇次，其中大河网报道学校新闻116篇次，投放媒体包括大河网、今日头条、凤凰新闻、搜狐新闻、百度教育信息速报等；网易新闻报道学校新闻167篇次；河南商教传媒公司转载报道学校新闻109次，全网投放文章525篇，投放媒体包括高校资讯网、中华高校网、中华网、新豫网、河南经济论坛、豫科网、河南高校行等；河南日报客户端报道学校新闻8次；河南高教报道1次；河南省教育厅"高校动态"专栏发布学校专稿6篇。

【书籍出版】按照校领导要求，对书稿进行内容整理、编辑和校对工作，共计19册，其中"报纸剪辑"系列丛书17册，《迎着朝阳再出发——董事长王淑芳讲话选编（2009年—2020年）》1册，《一枝一叶总关情——我心目中的董事长》1册，合计约122万字。

【新媒体工作】年内，学校官方微信公众号共推文330余篇，微博官方账号发文3000余条，QQ平台官方号发布动态1000余条，抖音官方账号发布短视频300余条，快手平台官方账号发布短视频200余条，B站官方账号发布视频800余条，总阅读量达数亿次。

学校快手官方账号获评为"最具影响力高校官方账号""全省教育系统快手短视频传播十强"称号；学校抖音平台官方号获评为"全省教育系统抖音短视频传播十强"称号。新媒体案例《紧扣"思政课创新"时代主题，以〈思政课老师自备移动讲台〉为例》取得良好传播效果，被纳入"河南省教育政务新媒体优秀案例"。

【重要会议】1月15日，召开2020—2021学年第二学期期末工作总结及寒假疫情防控工作会议。校长郭爱先参加会议并讲话，朱永恒主任对该学期重点工作进行总结回顾，并就寒假期间疫情防控工作进行针对性部署。

7月2日，召开2021—2022学年第一学期期末工作总结会议。朱永恒主任详细总结了本部门工作，校刊编辑部、新媒体科分别汇报了本学期工作成绩和具体做法。

8月12日,召开专题视频会议,传达全省教育系统疫情防控暨灾后重建工作视频会议精神,落实学校相关工作要求。会议由朱永恒主任主持,部门全体人员通过视频会议方式参会。

12月28日,召开2021—2022学年秋季期末总结会议,朱永恒主任及部门全体人员参加会议。朱永恒从政治学习、统筹规划、防疫防汛、抓好信访、校内外宣传、档案整理等六个方面对本学期工作进行总结,并针对工作中的问题和不足提出了四点要求。

(撰稿人:邵帅　审稿人:朱永恒)

教学质量监测与评估工作

【概况】教学质量监测与评估中心(以下简称"质监中心")是依据教育部"管、办、评"分离,加强人才培养质量保障体系建设的有关精神要求,于2015年5月设立的直属处级单位。教学质量监测与评估中心,负责学校教学质量监测与督导、教学质量评估、教学质量信息管理与上报等工作。

【人员管理】截至2021年12月,质监中心共17人(含校级教育教学督导12人)。

质监中心下设有3科室,分别为教学质量监测科、质量评估科和教学质量监测与评估中心办公室(科级)。

【教学质量监测方式及标准】出于疫情防控需要,2021年上下两学期期初均开展了数周的网络教学。质监中心按照学校要求,制定网络教学质量监测方案,多次召开线上或线下部门全体会议(校、院部督导及质监中心职员),统一思想认识,安排部署质监工作。又组织校、院部督导对网络教学进行质量监测,在学生返校后开展线下教学质量监测工作。

修订网络教学质量监测方式、标准:针对疫情防控的实际情况,质监中心对网络教学质量监测方式、标准进行了动态的修订,力求简化形式,突出网络教学的实效。

召开网络教学质量监测工作会议:统一网络教学监测思想和监测标准,质监中心于两学期开学前均通过钉钉平台召开视频工作会议,对网络教学质量监测工作细则予以逐项说明,并解答各位督导委员的疑问。

发布《关于网络教学质量监测的说明》:基于教学质量监测促进网络教学质量的目的,质监中心在开课前均向各教学单位发布《关于网络教学质量监测的说明》,旨在给教师开展网络教学提供参照。

开展网络教学质量监测:2021年的两个学期期初,校、院(部)两级督导对网络教学和授课平台开展了质量监测,并将监测情况通过《督导月报》(上半年)和《质监周报》(下半年)的方式及时发布,供相关部门和教师参考。同时,加强校、院(部)督导工作管理,采取了日常监测评价与周末提交总结相结合的工作方式。经调查反馈,相关监测工作对激励学校教师认真开展网络教学、提升网络教学质量起到了积极作用。

开展返校后课堂教学监测工作:质监中心制定了"理论课""非体育、艺术类实训课""体育、艺术类实训课"课堂教学电子评价表,并在部门全体会上逐条解释说明。要求校、院(部)两级督导通过问卷星的电子督课方式开展课堂教学质量督导,于期末向教务处提交督课成绩。

【教学质量监测及结果发布】学校聘请37名教学经验丰富、责任心强的教师担任校级专职督导或院(部)兼职督导,遴选多名学生担任教学信息员,形成了三个层次的教学质量监测队伍体系,负责开展校内日常教学质量监测,并及时在部门官方网站发布相关通报。

在教学质量监测督导工作中,各位督导委员坚持以帮助教师提高教学水平,提高人才培养质量为目的;坚持"督导并重,以导为主"的督导原则;坚持教学督导"三覆盖"的工作原则,即对全校教师全覆盖,时间段全覆盖,第一门课程全覆盖率;坚持书面总结汇报制度,每周末各位督导委员对本周课堂教学监测督导情况进行总结,内容包括基本情况、共性优点、共性问题、典型案例、建议等,并及时上报中心;为了提高监测结果的效用,将本学年上学期的督导月报在下学期改为督导周报,并在部门网站上定期发布;坚持质量监测工作中闭环运行机制,督导委员听课后及时与授课教师沟通反馈,若发现较大问题,及时向二级学院反馈并向质监中心报告;坚持督导反馈"肯定优点,指出不足,分析原因,商讨对策及建议"的导引工作方法;坚持五种督导听课模式相结合,即"普遍听(面向全体教师)""跟踪听(面向新入职教师)""回头听(面向教学效果不理想的教师)""重复听(面向青年教师)""重点听(面向特殊情况)",为保证督导质量,安排相近专业的两个或两个以上督导委员共同参与"回头听""重复听"。

【教学质量评估及结果发布】结合实际需要,有针对性地开展不同的教学质量专项评估,并对评估情况进行定期督改检查,重点强化教学质量监测与评估工作助力提升育人质量的核心目的,为校领导及各教学相关部门决策提供参考。内容包括合格评估整改工作完成情况评估、基层教学组织建设情况评估、课程评估(每个专业每学期评估两门专业主干课程)、课堂教学评估、教学部门资源数据库建设情况评估、学科建设情况评估、专业评估、专项评估等,并及时在部门官方网站发布相关评估报告和年度教学质量报告。

【相关平台信息采集与上报】2021年度,质监中心分别开展了河南省本科专业平台数据填报、国测平台数据填报和年度本科教学质量报告编写等工作,分别在不同时段按要求,保质保量完成了信息采集、统计分析、数据上报等工作。

(撰稿人:徐志宁　审稿人:罗秉鑫)

人事管理工作(含教师工作部工作)

【概况】人事处,负责学校人事工作和教师队伍建设工作。主要职责为:组织确定各级各类岗位,开发人力资源,制定用人计划,并进行学校用人调配工作;制定学校教师队伍建设的规划,负责高层次人才引进,专业技术职务评聘工作;负责教职工的工资福利、社会保险、学期考核工作;负责学校人事信息系统的管理、人事统计及人事信息资料的收集、整理工作;完成学校领导交办的其他工作。

王新平处长主持人事处全面工作。人事处下设人事科、师资科和劳资科3个科室,共有职员10人,其中处长1人,科长3人。

2021年11月18日,常镒恒入职人事处;2021年11月23日,姚立由人事处调入王广亚研究中心。

【工资社保管理】2021年,人事处按时完成了每月全校专兼职教职工工资考核、春节慰问金发放等工作。

按时完成全校教职工的五险一金的申请、缴费、对账等工作。具体包括五险一金的增人、减人、转移、销户等工作;学校教职工社保卡发放、生育保险报销、慢性病申报及年审、异地安置申报及报销等相关工作;完成3名退休教职工的退休审批和退休待遇申请工作;完成5名教职工的工伤保险备案、工伤认定、工伤待遇申请等工作;完成1名死亡教职工的社保待遇申请工作;根据河南省、郑州市、新郑市的相关主管单位要求,完成学校教职工的五险一金年审工作。

【学期考核】2020—2021学年第二学期,学校对教职工进行考核,经校考核会议评审,校领导研究,2021年7月8日学校以考核签呈的形式通过考核复审结果(升人字【2021】第104号),并按学校规定备案。该学期实际参加考核人数1803人,其中,考核结果为一等一级1082人、一等二级570人、二等97人、三等48人、四等6人。另外,评选优秀教职工92人,外聘教师获津贴者77人。

2021—2022学年第一学期,学校对教职工进行考核,经校考核会议评审,校领导研究,2021年1月6日学校以考核签呈的形式通过考核复审结果(升人字【2021】第003号),并按学校规定备案。该学期实际参加考核1923人,考核结果为一等一级者1 153人、一等二级608人、一等三级0人、二等109人、三等49人、四等4人。另外,评选优秀教职工100人,外聘教师获津贴者103人。

【制度建设】为了进一步加强学校的师资队伍建设,促进青年教师尽快适应教学岗位、提高教学水平,结合学校实际情况,制定《新入职教师培养与管理办法(试行)》;为积极推进学校人才强校战略的实施,充分发挥校外杰出学者、专家和社会知名人士对学校学科建设、专业建设、人才培养、科研工作以及师资队伍建设的指导和推动作用,结合学校实际情况,拟定《名誉院长聘任管理办法(试行)》;为激发二级学院教职工工作积极性,实现管理观念、管理体制和机制的转变,确保学校各项工作目标任务的顺利完成,提高学校的整体管理水平、办学质量,起草《二级学院目标管理考核办法(试行)》;为构建学校人力资源管理体系,科学合理地进行制度化高效管理,使人事工作有据可依,有章可循,按照学校各项教职工管理制度及标准,修订、完善人事处制度汇编。

【辅导员晋升】根据《郑州升达经贸管理学院辅导员岗位技术职务任职资格申报、评审条件(试行)》,于 2021 年 12 月 15 日启动了辅导员晋升申报工作。经评委会审议,校长办公会审定,在本次 28 名申报人中,最终认定五级辅导员 1 人、四级辅导员 3 人、三级辅导员 17 人、二级辅导员 7 人。

解决 2020 年度辅导员晋升遗留问题。2020 年度辅导员晋升评委会针对科研条件不满足职级要求的,准予其缓期一年补充科研业绩,一年以后,根据科研情况重新拟定职级。经人事处通知,26 名需要补充科研业绩的辅导员个人提交科研材料,科研处最后审核,结果有 21 人科研业绩满足当前职级要求,5 人科研业绩不符合当前职级要求。科研业绩与职级不符者,其中 2 人由六级辅导员调整为五级辅导员,1 人由五级辅导员调整为四级辅导员,1 人由五级辅导员调整为三级辅导员,1 人由四级辅导员调整为三级辅导员。

(撰稿人:张付慧 审稿人:王新平)

教师发展中心工作

【概况】教师发展中心是负责学校教师发展的职能部门,以"促进教师职业发展,提升人才培养质量"为宗旨,以提升教师学术能力和整体教学水平为目标,致力于构建完善的教师发展培训体系,搭建教师学习与交流平台,倡导教学研究与改革创新,提供专业的教学支持与服务。

教师发展中心共 3 人。主任王新平主持全面工作;副主任(科级)郭青梅分管教师发展工作;职员 1 人。

2021 年,教师发展中心入选河南省第二批省级教师教学发展示范中心。

【制度建设】7 月,制定并印发《郑州升达经贸管理学院校本培训师选聘及管理办法(试行)》(升达〔2021〕85 号)。

【教师培养培训与交流】根据《河南省教育厅办公室关于参加习近平法治思想大讲堂的通知》(教高函〔2021〕309号),组织教务处、文法学院教学负责人和法学专业全体教师观看2021年5月28日至7月6日逢周二、周五进行的网络直播。

根据河南省教育厅办公室转发教育部《关于做好2021年中西部高等学校青年骨干教师国内访问学者选派工作的通知》(教办高〔2021〕120号),推选熊华霞入选"2021年教育部中西部高等学校青年骨干教师国内访问学者"项目名单。

4月22日,举办虚拟仿真一流课程建设交流研讨会,各学科带头人、骨干教师等百余人参加。

5月14日至5月15日,组织13名教师参加高校教师教学创新能力提升高级研修班。

8月16日至9月3日,开展暑期全体教职员分层分类培训,以线上线下相结合的方式,举办新教师网络教学技能、现代大学治理体系、在课程思政中落实立德树人、教学成果奖的申报、转型发展与现代产业学院建设等专题讲座共9场。

11月20日至11月21日,组织32名骨干教师参加2021年河南省一流本科课程建设与应用线上培训。

11月24日至11月26日,组织全体教师参加高校教师课程思政教学能力培训。

贯彻执行青年教师导师制培养制度。组织进行第五批、第六批青年教师导师制培养终期考核工作,经青年教师培养督导小组对教师教学能力的综合评测,两批次被纳入导师培养计划的共计58名青年教师均圆满完成培训任务,达成培训目标,其中3人考核结果为优秀。又,8名青年教师被列入第七批青年教师导师制培养计划;4名青年教师列入第八批青年教师导师制培养计划。

年内,举办4场教学沙龙,主题包括绩效管理、教师资格证面试指导、教学创新大赛分享交流、线上教学经验分享等,参加教师近200人次。

培养各类博士44人,其中博士研究生委培3人,参加国(境)外大学博士培养项目41人。

教职员外出参加培训、学术交流项目总计103项,232人次。

通过郑州升达经贸管理学院教师在线学习中心,面向全校教职工进行网络授课。依据教务处和教师选课情况,遴选出68门网络课程。截至年底,共有注册教师1756名,报名课程4416门,打印证书762份,提交作业4475份。

组织学校700余名专业技术人员接受河南省专业技术人员继续教育公共服务平台公需科目和专业科目的网络培训。

(撰稿人:张红红　审稿人:王新平)

财务管理工作

【概况】财务处是学校一级财务管理职能部门,全面负责学校的日常财务管理和会计核算工作,实行"统一领导、集中管理"的财务管理体制。

财务处下设会计核算科、财务管理科、预算管理科、出纳科共4个科室,并对学校一卡通业务中心的资金结算及其账务实施监管。财务处处长张延霞全面主持部门工作。

财务处有职员10人。其中高级职称人员1人,中级职称人员7人;学历层次,硕士研究生学历2人,本科及大专学历8人。

8月,张景空调出财务处,张延霞任财务处处长。

【资金筹措与管理】年内,学费缴费率老生达99.69%,新生100%;充分发挥财政资金支持作用,协助办理各级各类财政拨款2222.16万元。

【预算精细管理】强化预算编制、执行和监督,落实责任、规范管理。及时、合规完成年度学校财务预算编制工作;积极配合二级学院、教务处、科研处等单位,加强对预算项目新立、撤销及日常使用的维护和管理。

【强化会计核算】遵守国家财经法规及学校财务制度,严格会计报销审核、复核流程,年内共审核原始票据12 009份,编制会计凭证5010张,参与工程发包、验收190余次,切实履行财务事前、事中、事后监督职能。

加强校本部基建项目如2栋教师公寓、3栋学生宿舍楼付款进度审批管理,优化防范资金风险,提高财务管理和服务能力。

【提升服务效能】重视财务政策的学习、专业水平的提升及继续教育培训工作,全年共参与校外不同层次财务知识与技能培训学习3人次,并定期开展全员业务研讨,不断探索财务工作新方法,提升财务服务质量与水平。

继续打造优质财务平台,扩大网上报账业务使用范围。年内已实现所有收费业务在线收缴,付款业务无现金支付。

开展税法政策宣传,统筹全校教职工个人所得税年终汇算清缴工作,使教职工了解国家政策,享受汇算清缴退税红利。

【助力各类检查评估】配合上级单位及学校相关部门开展的各级各类检查共13项,主要包括学科专业财政资金绩效评价、办学情况检查、省成本价格监审局办学成本监审、郑州市市场监管局高校食堂商业收费工作检查、科研经费投入、申硕经费投入、思政专项经费检查等。

【参与社会服务】5月12至14日、6月6至10日,应国务院教育督导局邀请,张延霞参加河北、黑龙江三所高校本科教学合格评估数据核查工作。

【重要活动】9月28日上午,河南省价格成本调查监审局局长夏晓明一行四人莅临学校,实地监审办学成本情况。执行董事王新奇、副校长吴益民在行政楼第一会议室接待检查组一行,董事会办公室、发展规划处、财务处等职能部门负责人与会。王新奇对检查组一行的到来表示欢迎,并向检查组介绍学校基本情况。夏晓明在讲话中介绍本次专项检查的背景、工作内容。财务处处长张延霞向检查组汇报了学校办学成本情况,并针对河南省民办高校收费标准改革提出建议。

9月28日,省价格成本调查监审局局长夏晓明(右四)一行莅校监审办学成本情况

(供稿人:王春丽　审稿人:张延霞)

发展规划处工作

【概况】发展规划处是推进学校教育事业改革和发展的主要机构,主要承担学校顶层设计、战略规划、政策研究和高教研究等相关工作。

发展规划处有工作人员3人,处长沈定军主持单位工作;发展规划处有副高级职称1人,中级职称2人。

10月22日,王鑫从发展规划处调至校长办公室(升校【2021】027号);11月1日孙慧洁离职;10月19日,杜晓东从王广亚研究中心调入(升董字【2021】05号);11月3日,赵阳从总务处调入(升发【2021】003号)。

【"十四五"规划研制工作】3月至5月,组织学习《中华人民共和国国民经济和社会发展第十四个五年规划和2035年远景目标纲要》《河南省国民经济和社会发展第十四个五年(2021—2025)规划和二〇三五年远景目标纲要》等文件精神。4月8日至4月9日,召开"特色发展大讨论"交流会,对前期"特色发展大讨论"成果进行总结,梳理学校"十三五"发展成果和经验,总结办学特色,明确学校已有特色和可以打造的学校特色,进一步明确未来发展思路。3月至4月,起草与修改学校"十四五"教育事业专项规划及院(部)规划。4月15日,邀请中国高等教育学会常务理事、河南省政府参事、河南省优秀专家、河南大学原校长娄源功教授作专题报告,助力学校"十四五"规划如期高质量完成。4月至5月,起草学校"十四五"教育事业发展总体规划。5月10日,召开"十四五"规划研制工作推进会,校领导、专项规划牵头单位主管、校部机关处室主管,各单位规划编制工作承办人员参加本次会议。10月,完成学校"十四五"教育事业发展总体规划初稿。10月至12月,开展学校"十四五"教育事业发展总体规划初稿意见征求工作,并根据意见和建议,修改学校"十四五"整体规划。

【申报示范性应用技术类型本科高校】3月18日,学校召开示范性应用技术类型本科高校建设方案任务分工会议,发展规划处撰写正式申报文件。4月14日,发展规划处参加河南省示范性应用技术类型本科高校的申报评审汇报和答辩。

【高教工作】3月22日,组织全体教职工召开《深化新时代教育评价改革总体方案》线上专题培训会,学习贯彻落实习近平总书记关于教育的重要论述和全国教育大会精神。成立学校教育综合改革工作领导小组,4月29日,向河南省教育厅反馈针对《2021年教育综合改革重点项目(征求意见稿)》的意见建议。编印《高教信息参考》11期。12月,2019年度河南省高等教育教学改革研究与实践项目"新时代'立德树人'融入高校就业创新创业教育教学的改革研究与实践"完成结项。

【建设现代学校制度,推进章程修改核准工作】10月至12月,根据《河南省教育厅办公室关于进一步做好高校章程核准工作的通知》《河南省教育厅关于做好高等学校章程修改及核准工作的通知》,开展学校章程修改工作,初步完成学校章程修改工作。

(撰稿人:李文娟　审稿人:沈定军)

科研处工作

【概况】科研处是负责科研管理和服务、学术交流和学报编印等工作的职能部门。科研处共4人,处长杨存博主持部门全面工作。下设学报编辑部,正科级1人。

【荣誉】12月,学校被河南省民办教育协会评为"先进科研单位"。

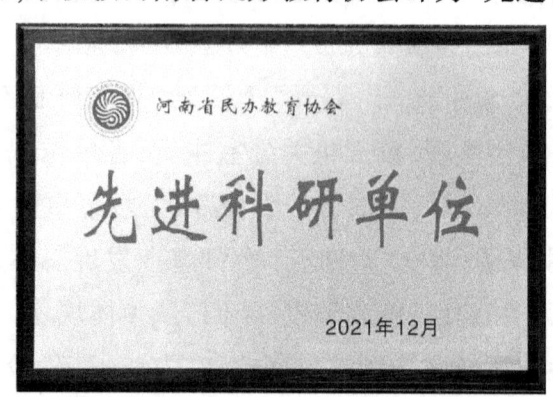

学校被河南省民办教育协会评为"先进科研单位"

6月,杨存博被中共郑州升达经贸管理学院委员会评为"优秀共产党员"。

【科研统计】2021年1月至3月,完成2020年度全国普通高等学校社科/科技统计年报数据的整理汇总工作,并于3月3日向河南省教育厅报送2020年度国家社科/科技成果年报,研究与试验发展经费共计1652.586万元。

【学术委员会】2021年12月16日,遵循委员职称学历符合、学科专业覆盖全面、委员年轻化等原则,组成第三届学术委员会。

主　任:郭爱先

副主任:张金安　张　欣　吴益民

秘书长:杨存博

委　员:(以姓氏笔画为序,共25人)

王　铮　王新平　白朋飞　刘成瑜　杜　霞　李向民
李　鑫　杨大凤　杨存博　吴柏林　吴益民　张　欣
张金安　张　梦　张新成　陈艳玲　赵　静　胡　瑞
段丰乐　栗元辉　郭爱先　梅　华　崔　婕　彭　丽
蔡国梁

(撰稿人:李永红　审稿人:杨存博)

学科建设办公室(申硕办)工作

【概况】学科建设办公室(申硕办)是负责学科建设、申硕规划、学位点申报等工作的职能部门。学科建设办公室(申硕办)共2人,办公室主任杨存博主持部门全面工作。下设申硕业务科,赵晓理为申硕业务科科长。

【确定申硕专业】2021年5月19日,组织专家进行专硕论证,确定会计、金融、翻译三个专业为申请专硕专业。

【申硕申请】2021年5月28日,根据河南省教育厅、河南省发展和改革委员会、河南省财政厅《关于开展新增博士硕士学位授予单位和学位授权点立项建设申报工作的通知》(教研〔2021〕135号)要求,向省教育厅正式提交河南省专硕重点立项建设单位申请及专硕专业的申请。

【14位教师获批河南大学校外硕导】2021年8月,杨存博、崔婕、刘翠、李新颖、何伟、王铮、冯巧玲、孙植华、陈艳玲、李慧珍、李小霞、金亚昆、李鑫、周湘贞等14位教师通过河南大学学术委员会审批,获得河南大学专业硕士生职业导师资格。

【申硕答辩】2021年9月17日,依照省教育厅教研函〔2021〕541号文件《关于做好新增博士硕士学位授予单位和学位授权点立项建设答辩等有关事宜的通知》,学校参加省教育厅组织的申硕答辩。

【获批省硕士学位重点立项培育单位】2021年11月17日,学校经过申报答辩、专家通讯评议和现场评审等环节,最终被教育厅授予河南省硕士学位授予重点立项培育单位(详见河南省教育厅、河南省发展和改革委员会、河南省财政厅《关于公布河南省博士硕士学位授予单位和学位授权点立项建设名单的通知》(教研【2021】420号)。

(撰稿人:李成允 审稿人:杨存博)

招生办公室工作

【概况】招生办公室主要负责全校本专科生的招生工作,下设招生科。工作人员4人,其中正处级1人,正科级1人,科员2人。刘景向任主任,主持招生办公室全面工作。

（撰稿人：王绍旭　审稿人：刘景向）

就业处工作

【概况】就业处是学校贯彻落实国家大学生就业方针政策，主要负责毕业生就业日常工作，行使学校在就业服务、指导、教育和管理职能的部门。日常负责编制符合学校发展与学生实际的就业工作方案，提供专业化的就业指导、培训及各项服务，收集发布毕业生就业信息、开拓并优化就业创业市场，开展大学生征兵宣传、动员、组织与服务，统计、审核、上报毕业生生源信息及就业信息，转接与邮寄毕业生学籍档案管理等工作。

处内设有就业指导部、就业市场部、大学生征兵工作站、就业管理部等4个业务部门，现有职员7人，其中处级1人，科员1人，干事5人。

【荣誉】6月，张雅博被中共郑州升达经贸管理学院委员会授予"优秀共产党员"称号。

9月，张雅博被郑州升达经贸管理学院评为"优秀职工"。

【就业工作整体规划】一是要认清挑战，把握机遇。既要全面认识当前新冠疫情、行业政策调整、"缓就业、慢就业"等不利因素，更要把握政府"稳就业、保就业"的利好政策带来的机遇；二是要强化保障，协同推进。要强化学校就业工作保障机制，深入贯彻落实就业"一把手"工程，以政策和结果为导向，保障就业工作经费落实；三是要多措并举，增强实效。要建立岗位多元供给体系，抓好精准就业帮扶，做好就业数据管理等工作，确保就业工作圆满完成。

【升达特色就业服务体系】围绕"氛围营造—就业指导—校园招聘—精准帮扶"，借助就业信息化建设成果，就业处形成了就业工作闭环，打造了就业指导、校园招聘、基层就业、大学生征兵、就业手续办理等五大就业工作品牌；依托"就业能力提升月""冯老师就业工作坊""校园招聘月"及"征兵宣传月"等形式，就业处开展"送指导、送岗位、送政策、送服务"的暖心就业工程，完成2021届毕业生就业工作目标。

【就业指导工作】本年度就业处依托"升达冯老师就业工作坊"重点开展团体就业辅导工作。结合疫情防控要求,线上建立了"升达冯老师就业工作坊答疑钉钉群",以视频直播答疑及线上分享形式为毕业生开展就业指导服务;共计举办直播答疑4场,优秀毕业生线上求职经验分享1场;"升达冯老师就业工作坊"答疑钉钉群辐射毕业生1360余人。线下开展"简历、面试训练营"及"高效求职训练营"等培训活动,累计培训226人;开展"一对一"个性化咨询,累计服务104人;开展"一对一"岗位内推,实现精准内推37人。

【校园招聘与就业基地】大型招聘与专场宣讲相结合、校级招聘与院级招聘相结合、线上与线下招聘相结合,印制并发放2022届毕业生就业推介书2000份,在就业网发布招聘信息320家,提供就业岗位13 981个,浏览108 924人次;开展线下校级宣讲会60场,院级双选会10场;线上召开主题招聘会5场,累计邀请近2000家企业参与,提供岗位逾100 000个,毕业生人均岗位超过7个;全校新建就业实习基地28家,就业实习基地总规模达538家。

【基层就业】引导毕业生到中西部、边远艰苦地区就业,全面落实"选调生""教师特设岗位计划""三支一扶""西部计划"等国家和地方基层就业项目。共有319名毕业生报名选调生,1350名毕业生报名特岗教师计划,301人被录用。

【精准就业帮扶】按照"精准分类、一生一策"原则为毕业生建立帮扶档案,通过个性化指导、专场招聘等手段有效解决困难群体就业需求;实行岗位精准内推,创建了2021届毕业生精准就业帮扶微信群,举办2021届精准就业帮扶网络双选会,筛选近百家优质企业参与校园招聘,提供938种职位,19 841个岗位;从就业岗位的数量、质量及精准化入手,精准帮扶118名毕业生就业,其中97名学生落实就业岗位,20名学生备考公务员、事业单位,1名学生考上研究生,产生14个典型帮扶案例。

【就业手续办理】依托智慧化就业信息平台矩阵,实现就业手续一键办理功能。共处理2021届毕业生就业信息7230人,邮寄应、往届毕业生档案8972份,其中6348人就业手续通过"工作啦"智慧化就业信息平台办理,线上办理率超87%。线下现场办理人次超1万人,日均处理120人次。

(撰稿人:王洋　审稿人:冯科)

校地合作处工作

【概况】校地合作处主要负责校地合作工作的总体设计、统筹协调、整体推进、督促落实等;加强学校与地方联系和交流,建立对外合作友好关系,广泛开展产教合作,促进产学研结合,服务地方经济社会发展;研究制定及修订校地合作有关政策管理办法,制定校地合作发展规划、工作计划并组织实施;负责校级校地合作项目的立项、建设、管理等工作,对项目进行跟踪、督察、协调、评估、考核等;指导各院(部)及相关职能部门组织开展校地合作与交流工作。

处长由就业处处长冯科兼任;设项目开发科,科长1人,全面负责落实产教融合、校企协同育人工作。

(撰稿人:王彦雨　审稿人:冯科)

校友工作

【概况】校友工作办公室负责学校的校友联络与服务工作,包括校友平台搭建、校友与母校之间的联络互动与合作交流、知名校友的宣传、与校友总会及各地校友会组织联络对接、校友活动的组织开展等工作。

校友工作办公室共2人,主任冯科主持全面工作;科长1人,负责具体工作的开展。

【推进完善组织建设】指导协调校友会组织建设,2021年筹备成立升达天津校友会和河北校友会组织。从毕业班中选聘、培训300余名校友工作联络员,壮大了校友联络工作队伍,其中部分校友联络员已充实到地方校友会的领导机构中,成为地方校友工作中的骨干。

【持续做好平台运营】持续运营好"升达校友"微信订阅号、"郑州升达经贸管理学院校友总会"微信服务号,SDR抖音号,做好各校友平台的日常内容维护与运营服务工作,及时发布学校重大新闻、校友会活动动态及校友动态;管理并维护校友联络员微信群、地方校友会负责人微信群;组织并支持各地校友会建立自己的地域校友会、行业校友会微信群,收集校友活动信息,增强互动沟通和联络交流。继续做好校友数据库的建设,做好校友尤其是知名校友信息的收集、整理、更新和宣传工作,发挥校友名片效应。2021年,共挖掘知名校友200余人,完善校友数据库2000余人。

【校领导看望校友代表】3月,王新奇执行董事一行在赴广州、上海公务考察期间看望了当地的校友代表,并邀请广州地区的校友王玮、郭强伟、刘永、王晨、谢斯莺,上海地区的校友皇甫晓涛、苏伟成、李俊青等与母校领导老师欢聚一堂。

4月,郭爱先校长一行在赴广州公务考察期间,走访秦飞校友创办的广州市光辰电子有限公司,并看望当地校友代表李磊、谷世乾、秦飞等。

12月,王新奇执行董事带队走访校友企业社宝科技河南分公司和上海海华永泰(郑州)律师事务所。

王新奇执行董事看望校友

校领导通过走访看望,向校友表达了母校的牵挂和问候,介绍了学校目前的发展状况;校友们为母校的校誉日隆点赞自豪,也表达了对母校、来访领导与老师的感谢,纷纷表示会一如既往地关注母校,为母校代言。

【开展特色校友活动】走访高允浩校友创办的北鱼互联网信息技术有限公司、马玉杰校友创办的春莲能源科技有限公司、巴彦华校友创办的如家商旅酒店(高铁东站店)、李响校友创办的河南紫牛文旅集团、李晓亮校友创办的舒特建筑等10余家企业。

4月,邀请组织张松建、邵明、杨国伟、郝祥等7位校友代表返校参加清明献花仪式活动,向创办人铜像敬献了花篮和鲜花,寄托对创办人的哀思。

6月,邀请校友代表邵明返校参加2021届毕业生毕业典礼活动,邵明在大会上发言,向学弟学妹们提出了希望,表达了祝福。

接待返回母校的邵明、周延翟、冯源、左龙飞、张丽静等校友,带领校友们参观创办人纪念馆、综合实训大楼和孝道长廊,王淑芳董事长亲切接见了校友代表,校友们向董事长汇报个人的工作、生活情况。

组织校友大讲堂活动。邀请郑州外资企业管理学校副校长邵明校友、河南康康食品有限公司董事长康叶茂校友、鑫源集团董事长卜佑文校友等回校开讲座近30场,他们围绕个人成长经历、创业或就业经历,与在校生分享职业规划经验、就业创业技巧等。

组织校友沙龙活动。分行业、分领域、分主题组织元旦郑州校友新年沙龙、房地产行业分会沙龙、金融专业校友沙龙、浙江校友会新年沙龙、团学干部校友沙龙等线上线下校友沙龙活动,共计15场。

11月,围绕学校校庆活动,校友办组织开展"回家的感觉真好"系列活动,举办"校友点亮地图"、为母校献礼、返校参加校庆等活动,邀请了康叶茂、周延翟、韩卫华、李鹏、王永等10位校友返校,共同为母校庆生。

协助郑州校友会、浙江校友会举办年会活动。4月24日,校友办协助郑州校友会秘书处开展校友会年会活动,年会吸引300余名郑州市及周边地市的升达校友参加,校领导郭爱先、张德伟,校友工作办公室主任冯科、商学院党总支书记宋维清、文法学院副院长赵严俊以及各学院校友工作专员代表学校参与了校友会年会活动。9月12日,浙江校友会举办校友年会活动,在浙江的50余人参加了年会活动。年会活动的组织,增进了当地校友之间的联络沟通,加深了母校与校友之间的感情联系。

接待安排2001届企管专业校友毕业20年值年返校和2011届企管专业校友、国贸专业校友毕业10年值年返校活动。共接待值年返校聚会6个班近300位校友;校友们交流了个人发展情况和对母校的感恩怀念之情。

【与校友企业的交流合作】4月20日,学校与校友企业河南紫牛文旅集团有限公司共同举办河南省大学生校外实践教育基地授牌仪式。该基地的建设是由建筑工程学院与校友企业具体开展、共同建设的,获批后,学校将和紫牛文旅集团合作开展校外实践教育基地运营工作。

【"校友之家"建设】经过和校友企业深入沟通,2021年,分别在郑州市内高铁东站附近和金水区分别设置"高铁东站校友之家"和"升达紫牛校友之家",由巴彦华校友创办的如家商旅酒店(高铁东站店)为校友们提供周转服务、紧急联络;由李响校友在金水区杨金路为刚离校的毕业生捐建宿舍一间,提供可免费周转三个月的住宿和相应的就业指导帮扶。

【毕业季校友会活动】6月,校友办策划组织开展"毕业了,校友会就是家"系列活动,为2021届毕业生送服务、送咨询、送岗位、送指导、送宿舍,培养毕业生校友意识,传递母校关爱,密切了与毕业生之间的联系。

【校友捐赠】7月,因受连日暴雨影响,学校受灾严重,部分楼宇进水,校友们闻讯后纷纷致电表示关心,并向母校捐款捐物,帮助母校渡过难关。据不完全统计,校友们向学校防汛救灾基金捐款捐物,价值达30余万元。11月1日,王永校友捐赠20万元在学校设置"埃文奖学金",该项奖学金是建校以来收到的单笔最大额度校友捐款。

王永校友向母校捐款设立"埃文奖学金"

(撰稿人:李莹　审稿人:冯科)

图书馆藏与管理工作

【概况】图书馆是全校文献资源信息中心,是为教学和科研服务的学术性机构,其工作是全校教学和科研工作的重要组成部分。

图书馆现有建筑面积15 350平方米,设有藏、借、阅功能合一的阅览室9个,自修室2个,电子阅览室2个,研究小间8间,小剧场3个,团体视听室1个,共建院部资料室15个,阅览座位3136个。自修室每周开放107个小时,各阅览室每周开放73小时。截至2021年底,馆藏各类文献资料近370万册,其中纸质图书270.4万册,电子图书99.27万种,中文报纸140种173份,中文纸质期刊1062种1100份;专业数据库27个,电子期刊637441册。新图书馆建筑面积3万余平方米,目前主体建筑已经完成施工,设计公司已进驻。

图书馆设有办公室、采编科、流通科、信息科等4个部室和卫生保洁组,共有员工31人。设馆长1人、办公室1人、流通科14人、采编科3人、信息科7人、技术工人1人、卫生保洁组4人,其中具有副高级职称人员1人、中级职称人员14人。

【党群工作】7月9日,机关党委图书馆支部委员会经选举产生,设支部书记、组织委员、宣传委员、统战委员、纪检委员各1名。图书馆党支部共有17名党员(16名正式党员、1名预备党员),注重以"三会一课"为重点,扎实开展"四史"及党史学习教育活动,坚持长期全面从严治党,加强党风廉政建设。召开支部2020年度组织生活会暨民主评议会。组织入党积极分子孙海垒、李钰燕参加业余党校学习;5月27日,支部大会讨论通过高兰兰成为预备党员。组织全馆教工参加"百年党史知识竞赛"线上答题活动;组织开展支部2021年"三会一课"和"主题党日活动"。做好"我为群众办实事"相关工作。宣传支部成员在疫情防控和灾后重建工作中的先进事迹。召开支部"七一"专题线上组织生活会。分别召开支部大会,选举参加学校第二次党代会的支部推荐候选人、机关党委党员代表、"两委"委员候选人初步人选等,推选党员代表郑晶、何会参加学校第二次党代会。整理支部本学年统战工作考核指标所需支撑材料、开展宗教政策法规宣传月活动及新生入学阶段"双防"宗教工作。开展2021年度支部意识形态工作自查和专项督查工作。核对、修改图书馆《新的社会阶层人士统计表》。开展铸牢中华民族共同体意识主题教育工作,学习研讨,自查总结。整理总结文明校园复检材料。在庆祝中国共产党成立100周年暨"七一"表彰工作中,获得"优秀党支部"称号。

图书馆隶属机关工会第九工会小组,共有会员31名。能认真开展工会工作,保障教职工合法权益。日常工作包括领取、发放"三八妇女节"慰问品及全馆教职工"双节"慰问品。组织全馆教工参加"河南国美电器百万补贴共抗疫情购物活动",为图书馆4名住院的同仁申请慰问金。

【资源建设】2021年新增中文图书27 219种、75 311册,其中自购23 452种、70 039册,接收捐赠364种、1869册,过刊3403种、3043册。中文纸质期刊共1062种、1100份;中文报纸140种、173份;电子图书共992 692册,比前一年增加3.71万册;电子期刊共637 441册,比前一年增加26 120册;自有数据库共27个(其中自建数据库2个)。详见表43至表50。

表43　馆藏文献

纸质文献	中文	2 677 166册
	外文	26 863册
数字资源	电子图书	992 692册
	电子期刊	637 441册
	自有数据库	27个(其中自建数据库2个)
	试用数据库	5个
	音视频光盘	6103种,6260册

表44　资源建设

纸质图书	图书查重、预订	中文图书	23 452种,70 039册
	验收图书	中文图书	26 855种,71 908册
	验收过刊	中文过刊	3403种,3403册

续表

纸质报刊	订购中外文报刊	中文期刊	1062 种,1100 份
		中文报纸	140 种,173 份
	验收期刊	中文期刊	1062 种,11 631 份
电子图书期刊	中外文电子图书	增加	3.71 万册
	中外文电子期刊	增加	26 120 册
捐赠图书	接收捐赠图书	捐赠	正式出版物和校内出版物共 364 种,1869 册

【阅读分析】由于受新冠肺炎疫情影响,2021 年开馆 218 天,读者进馆 261 216(门禁刷卡)人次,借还图书 1 057 981 册,日均 4854 余册;其中学生借阅图书 512 972 册,教职工借阅图书 1593 册。

表 45　流通阅览

流通借还图书	借书	514 565 册次
	还书	543 416 册次
合计		1057 981 册次
接待阅览读者	阅览室	261 216 人次

表 46　图书借阅排名前十的学生

排名	姓名	院系	借阅册数
1	王娜	文法学院	186
2	李婷婷	文法学院	178
3	王梦娇	文法学院	172
4	赵苗苗	商学院	170
5	刘梦茹	商学院	169
6	姜燕花	艺术学院	162
7	高畅畅	艺术学院	161
8	李东旭	会计学院	161
9	陈洋洋	会计学院	160
10	楚丛丛	金贸学院	160

表47 图书借阅排名前十的职工

排名	姓名	单位	借阅册数
1	陈莉	马克思主义学院	62
2	王兰	基础部	43
3	崔怡	艺术学院	41
4	孙海垒	图书馆	39
5	张海萍	思政部	39
6	许静	外语学院	37
7	乔海燕	图书馆	34
8	田茂德	金贸学院	28
9	曹萌萌	建工学院	26
10	单冰	金贸学院	25

表48 借阅排名前20的图书

排名	正题名	索取号	借阅次数
1	石语	I266/RQ276	108
2	古代小说作家漫话	I207.41/O4651	81
3	当代中国艺术家精品丛书	J222.7/X800:1	77
4	感性的形式	I207.41/T088	76
5	我的大学	I512.45/RG1224(2)	72
6	鲁迅文集	I210.1/L8246	72
7	魔术师约翰逊	H319.4/G2751	70
10	洞透人生与历史的迷雾	I207.42/G780	68
11	鲁迅经典作品读本	I210.2/C5601	66
12	会计信息系统习题集	F232-44/M368	66
13	当代名家工笔人物精品	J222.7/RY726	65
14	列国志系列小说	I207.41/Z908	65

续表

排名	正题名	索取号	借阅次数
15	闻一多经典	I246.7/L2837	63
16	英汉·汉英广播影视词汇手册	G22-62/Z891	62
17	大话英语聊天室	H31/Z750	62
18	会计技能业务操作规范 V6.1	F233-65/Z386	60
19	鉴古诗品药粥	I207.22/B158	59
20	会计电算化	F232/K90514	58

表49 信息服务

电子阅览区(开放时间:73 小时/周)	上网读者	116 747 人次
	上网时间	183 260.24 小时
	登记办理账号	2420 人次
视听服务区(开放时间:73 小时/周)	小剧场、团体视听	近 1500 人次
数字资源点击量		5 115 078 人次
线上读者培训		近 60 期
座位预约		485 424 人次,1 433 705 小时
官方网站		发布信息 53 条,访问量 746 263 人次
官方微博		粉丝总人数 37 428 人,发布推文 171 篇;推文阅读量 184 415 人次,菜单点击量 490 593 人次;答复读者咨询 9490 人次

【阅读推广】详见表50。

表50 阅读推广重点活动

序号	日期	推广活动	活动地点
1	2021 年 3 月 1 日至 6 月 30 日	"阅读红色经典·书评征集"活动	图书馆
2	2021 年 4 月 1 日至 6 月 30 日	"阅读达人"评选活动	图书馆

续表

序号	日期	推广活动	活动地点
3	2021年4月12日至6月15日	"青春心向党·诵赞新时代"第二届河南省高校大学生朗读大赛活动	线上
4	2021年4月19日至5月30日	"我爱红色经典"大型读书征文活动	图书馆
5	2021年4月22日	2021年大学生读书节开幕式	图书馆中厅
6	2021年4月22日至5月30日	庆祝中国共产党成立100周年大型党史图片展览活动	图书馆中厅
7	2021年4月22日至5月30日	"学党史、知党情、跟党走"党史知识竞赛	图书馆及部分院、部
8	2021年4月25日至5月30日	"庆建党百年、忆红色初心"党史诵读大赛	线上
9	2021年4月25日至4月28日	华图教育、文都教育爱心赠书活动	图书馆中厅
10	2021年5月10日至16日	红色经典电影展播活动	图书馆团体视听室
11	2021年5月12日至19日	数字资源宣传推广活动	图书馆
12	2021年5月13日	学术讲座	图书馆团体视听室
13	2021年6月4日	大学生读书节活动总结表彰暨闭幕式	国际会议厅
14	2021年11月1日	2021年阅读推广活动启动仪式	图书馆中厅
15	2021年11月1日	王淑芳董事长新书《梅花香自苦寒来》首发仪式	图书馆中厅

续表

序号	日期	推广活动	活动地点
16	2021年11月1日至12月2日	红色经典图书展示	图书馆二楼中厅
17	2021年11月	"讲好英语故事,弘扬爱国精神"英文朗诵比赛	线上
18	2021年11月	数字资源宣传推广活动	图书馆
19	2021年11月15日至11月18日	华图教育、文都教育考研考证公益送书活动	图书馆中厅
20	2021年11月24日至12月31日	庆祝建党100周年主题电影展播	图书馆团体视听室
21	2021年11月至12月	"阅读达人"评选活动	图书馆
22	2021年12月2日	搜书大赛	图书馆
23	2021年12月	图书馆"优秀服务标兵"评选活动	图书馆
24	2021年12月	2021年度"优秀读者"评选活动	图书馆
25	2021年12月	2021年度"好学达人"评选活动	图书馆
26	2021年12月31日	阅读推广活动总结表彰暨闭幕式	国际会议厅

【会议交流】3月17日上午,接待郑州电力职业技术学院图书馆张德昌馆长、徐玉梅副馆长一行。4月4日,晁国立馆长在北京购书期间,考察北京语言文化大学图书馆和首都经贸大学图书馆。5月16日,张凯和刘乾参加第三届河南教育装备博览会。5月21日至22日,晁国立馆长参加河南省高校图书馆2021年工作会议。5月26日至28日,晁国立馆长参加河南省图书馆学会第十次会员代表大会暨理事会换届会议。经严格的选举程序,学校图书馆成为省图书馆学会理事单位,晁国立馆长被推选为省图书馆学会第十届常务理事。学校是河南省唯一担任常务理事单位的民办高校。6月3日下午,信阳学院校长助理高雅、图书馆馆长李虎、信息化建设与管

理处副处长刘硕等一行来图书馆交流。6月7日至11日,何会、胡芳参加由中国图书馆学会主办的"阅读推广人"培训并取得结业证书。6月28日,王佳作为河南高校阅读推广委员会委员参加省高校阅读推广会议。10月20日,晁国立馆长、张鹏、何会与总务处申志萍、吴祯到商丘学院、商丘师范学院图书馆参观交流。11月11日,组织全体馆员参加中部六省联盟馆员线上培训。11月17日至18日,组织馆员收看"数字化转型中的图书馆变革与发展研讨会暨2021年度CAILIS年会"线上报告会。

【科学研究】2021年9月,2020年度河南省图书情报专项课题、学校两项课题均顺利结项。2021年申报11项专项课题,获批5项。通过图书情报课题研究,提升了图书馆的科学研究能力和管理服务水平。

【媒体宣传】2021年是具有重要里程碑意义的特殊年份,图书馆充分发挥"全民阅读示范基地"的引领作用,与校长办公室、学务处、校团委和二级学院通力协作,全年都在围绕"红色经典阅读"精心组织策划,开展了一系列内容充实的读书活动;这是学校"为党育人,为国育才",培根铸魂的文化工程,也是弘扬主旋律,传递正能量,坚定文化自信的重要举措。为了讲好升达故事,学校融媒体中心曾作专题采访,中华网、中新网、中华高校网、河南高校资讯网、新豫网、河南经济论坛、河南教育电视台教育中原等20余家网络媒体以《郑州升达经贸管理学院用红色文化激荡起一池春水》等标题进行报道,产生了广泛的社会影响。

【荣誉】5月21日,本馆快板剧《万卷诗书写芬芳》参加河南省高校"阅百年历程,传精神力量,展馆员风采"主题展演,获得河南省教育厅一等奖(豫高校图工委〔2021〕16号)。6月17日,组织参加"青春心向党·诵赞新时代"第二届河南省高校大学生朗读大赛活动,图书馆获得"最佳组织奖"(豫高校图工委〔2021〕17号)。"七一"前夕,图书馆党支部获得学校"优秀党支部"称号(升达党发〔2021〕19号)。在"7.20"特大暴雨灾害和8月郑州疫情期间,何会、王佳、何斌、王红斌等同志积极参与社区志愿服务工作,图书馆被河南省图书馆学会评为2021年"抗灾防疫工作先进单位",王红斌被评为"先进个人"。

参演河南省高校"阅百年历程,传精神力量,展馆员风采"主题晚会,晁国立馆长带队表演的快板剧《万卷诗书写芬芳》荣获一等奖

图书馆快板剧演职员风采

(撰稿人:王佳　审稿人:晁国立)

校园信息化建设工作

【概况】根据《郑州升达经贸管理学院第三届董事会第一次会议纪要》的通知(升董〔2021〕2号),原信息化办公室更名为信息化处。信息化处是负责学校信息化建设规划、实施、管理与服务的主要单位,承担校园网络开

发及应用建设与维护、信息资源建设、"一卡通"系统建设与管理等任务。

学校自2000年建设校园网以来,经过不断的建设、升级,已实现校内有线网络和无线网络的全覆盖;学校引入联通、电信、移动等多家通信运营商的网络宽带进入校园,学校公网出口带宽达32G,教育网出口带宽300M;云服务平台建设不断增强;信息安全工作实现常态化,人防加技防的信息安全管理工作逐渐成熟。安全、稳定、高效的校园网为学校的教学科研管理及师生生活提供了基础保障。

学校数据中心现有服务器116台、虚拟机156台,CPU1608核,总存储量670TB,内存12.6T;其中,年内增建虚拟机17台,下线虚拟机7台。

学校校园一卡通系统实现了融合支付、线上充值、自助补卡、网上缴费、基于面部识别技术的考勤、身份验证等功能。面向全校师生提供有办公自动化系统、教务管理系统、宿舍管理系统、图书管理系统、财务管理系统等60余项应用系统服务。建设基于统一身份认证、统一门户、数据中心的智慧校园基础平台,不断完善网上办事大厅功能,根据业务部门需求进行数据对接,建设移动校园平台。

【人员管理】信息化处下设信息化科、网络管理科两个科室,共17人,设处长1名,主持全面工作,科长2名。其中工程师7人,助理工程师3人,技术员1人。1月,现代教育技术中心杨静转岗至信息化科,10月调至教务处。4月,杨亮由信息化处信息化科调至实训管理处。6月,程珍入职网络管理科。7月,徐显景入职信息化科。

【统筹网络安全和信息化工作】4月27日,制定《郑州升达经贸管理学院2021年网络安全和信息化工作要点》(升达〔2021〕41号),明确学校2021年度网络安全和信息化工作的重点任务,全面推进学校与各二级学院的网络安全和信息化工作;5月31日,印发《关于进一步加强网络信息安全管理的通知》(升达〔2021〕52号),落实网络安全主体责任,推进学校和各单位网络信息安全工作常态化,保障学校网络信息安全;6月22日,制定《郑州升达经贸管理学院校园网二级域名管理办法》(升达〔2021〕64号),进一步加强校园网的管理;9月27日,制定《郑州升达经贸管理学院首席信息官(CIO)制度》(升达〔2021〕164号),设立《郑州升达经贸管理学院首席信息官》(升达〔2021〕165号),全面统筹学校信息化规划和发展;12月28日,制定《调整郑州升达经贸管理学院网络安全和信息化领导小组成员及工作职责》(升达〔2021〕166号),调整了网络安全和信息化工作领导小组成员及工作职责,进一步加强学校网络安全和信息化工作。

年内,处理各级网络安全通报事件8起;完成国庆节等重要节日及国家重大活动期间的网络安全保障工作;完成网络安全周的安全宣传活动等。

6月,与中国联合网络通信有限公司郑州市分公司签订5G智慧校园建设战略合作框架协议,为学校智慧校园提供有力的通信服务支持,打造校企合作典范。

8月,与中国移动通信集团河南有限公司郑州市分公司签订5G战略合作框架协议,持续助力智慧校园建设。

【保障数字离校/迎新工作】6月,学校数字离校系统正式上线运行,2021届毕业生(7911人)通过数字离校系统办理离校手续。通过数据对接同步的方式,让数据多跑路,师生少跑路,简化了毕业生离校手续,提升了毕业生的离校体验。9月,学校继续实行"数字迎新",新生通过网上自助报到完成信息采集、缴费及宿舍选取等入校手续。

【智慧校园基础平台】基于统一身份认证平台、统一数据交换平台,继续深化与校内各业务信息系统的应用对接。2021年新增业务系统对接16个,不同程度地实现与统一支付平台、健康测试系统、数字档案系统、科研管理系统、资产管理系统等单点登录或数据对接,截至年底,学校智慧校园基础平台共对接校内业务系统30个,统一身份认证平台全年登录次数达360余万人次,微门户访问量达4 863 356人次。

【网上办事大厅】信息化处继续秉持"数据多跑路,师生少跑路"原则,积极联系校内业务系统单位推动线下业务的流程再造,新增教职工慰问申请、教职工奖惩考核、学校邮箱申请、学生调宿申请、体育保健课申请和免予执行《国家学生体质健康标准》申请等网上办事大厅业务流程。截至年末,共有30余个业务可通过网上办事大厅申报办理。

【信息化建设项目管理】10月,组织召开2021年信息化建设项目推进会,通过项目负责单位汇报及与会人员的深入交流讨论,加强项目沟通协调、提供技术指导、督促各单位扎实推进项目落地；征集学校2022年信息化建设项目需求和经费预算申报，并于11月16日组织召开2022年信息化建设项目预算初审会，根据评审意见进行方案及预算的调整，扎实做好信息化建设专项预算的申报工作。2021年，银校合作信息化项目共计11项目，其中5项完成验收工作，科研、人事、教务3个业务系统上线运行。

【学工平台建设】4月，学工平台建设完成并上线运行，实现了学生管理、学工队伍管理、宿舍管理信息化，学生请假、查看操行成绩、申请解决违规违纪等均能在手机上解决。全年通过移动学工平台办理请假手续达668 752人次。

【智慧安防平台建设】智慧安防平台二期建设完成，实现了整个校园的安防监控全覆盖，形成较为完善的安防监控体系；利用该监控平台可实现实时监控、录像调取、人脸抓拍、人员识别、入侵报警、紧急报警等安防功能。

【移动校园平台的迁移部署】受国家政策影响，腾讯公司对微信公众号消息接口机制进行了调整，对"我i升达"服务号下微门户的消息推送产生较大的影响。经反复调研论证，决定以"企业微信"（APP）部署学校智慧校园移动端。10月，完成了平台组织架构、人员信息、网上办事大厅与企业微信的对接，原微门户提供的各类服务全部迁移至企业微信工作台中。12月，完成企业微信扩容、通讯录与学校统一身份认证及腾讯会议的对接，办事大厅、移动学工、教室查询等20余个应用服务同企业微信完成集成对接。教职工生加入"郑州升达经贸管理学院"企业微信，"统一身份认证"验证通过后可直接实名进入各自的部门或班级组织下。

【人脸识别通道系统建设】人脸识别通道系统二期建设，完成了学生宿舍1—14、30—32、36、40—41号楼、升达小学大门人脸识别通道系统的建设。人脸识别通道系统由人脸识别技术、红外侦测、视频监控、门禁控制、报警输出、视频输出相互协调，相互制约，实现出入口控制的人性化、智能化。师生通过刷脸验证进宿舍楼，陌生人、非楼内人员无法通过；系统每天可自动统计学生晚归、未归情况，通过微信发送给相关管理老师，使在校生日常安全管理工作变得更加智能、高效。

【访客预约系统上线】为满足疫情防控管理需要，开发访客预约系统并上线运行。

【"运动达人"小程序】10月,基于微信小程序开发"计步统计"小程序("运动达人"),可实现按个人、按学院/年级/班级排名。系统上线运行稳定,注册用户达2万余人。

【信息化培训】4月,邀请舒畅博士来校做信息化专题报告;9月,组织腾讯会议专项培训,做好技术服务支持与保障,便于各二级学院开展线上入学教育和班会活动。截至12月底,信息化处共进行校内外交流学习4次。

【荣誉及对外宣传】2月,学校被评为2020年度全省教育系统网络安全和信息化工作先进集体;副校长兼总务长张其武、信息化处处长李保华被评为2020年度全省教育系统网络安全和信息化工作先进个人(教科技〔2021〕57号)。

7月,论文《深入挖掘数据价值,实现小数据大用途》发表于《河南教育信息化》。

9月,2021年获得河南省教育信息化优秀成果奖7项,其中一等奖3项,二等奖4项。

12月,全国高校信息化管理应用评比活动中,学校获第三届智慧高校"凌云奖"——"智慧高校创新实践奖"。

【协同育人】10月16日,信息化处指导的学生助理团队——网络技术工作室在2021年"新华三杯"全国大学生数字技术大赛河南赛区中获得预赛二等奖1人、三等奖10人、优胜奖7人。见表51。

表51　2021届"新华三杯"全国大学生数字技术大赛获奖详情

序号	姓名	比赛名称	名次
1	刘永昶	2021年"新华三杯"全国大学生数字技术大赛	预赛二等奖
2	田鑫	2021年"新华三杯"全国大学生数字技术大赛	预赛三等奖
3	郑亚松	2021年"新华三杯"全国大学生数字技术大赛	预赛三等奖
4	朱致远	2021年"新华三杯"全国大学生数字技术大赛	预赛三等奖
5	许光宇	2021年"新华三杯"全国大学生数字技术大赛	预赛三等奖
6	王景昊	2021年"新华三杯"全国大学生数字技术大赛	预赛三等奖

续表

序号	姓名	比赛名称	名次
7	卫窑祎	2021年"新华三杯"全国大学生数字技术大赛	预赛三等奖
8	陈俊儒	2021年"新华三杯"全国大学生数字技术大赛	预赛三等奖
9	邢成鑫	2021年"新华三杯"全国大学生数字技术大赛	预赛三等奖
10	张博选	2021年"新华三杯"全国大学生数字技术大赛	预赛三等奖
11	王奥博	2021年"新华三杯"全国大学生数字技术大赛	预赛三等奖
12	杨金福	2021年"新华三杯"全国大学生数字技术大赛	优胜奖
13	孙家琪	2021年"新华三杯"全国大学生数字技术大赛	优胜奖
14	管斌	2021年"新华三杯"全国大学生数字技术大赛	优胜奖
15	田朝辉	2021年"新华三杯"全国大学生数字技术大赛	优胜奖
16	周聪颖	2021年"新华三杯"全国大学生数字技术大赛	优胜奖
17	何媛	2021年"新华三杯"全国大学生数字技术大赛	优胜奖
18	赵龙豪	2021年"新华三杯"全国大学生数字技术大赛	优胜奖

(撰稿人:李园园　审稿人:李保华)

医疗与卫生工作

【概况】郑州升达经贸管理学院健康中心于2021年4月30日更名为郑州升达经贸管理学院医务室。承担学校师生员工的健康体检、常见疾病诊治、校园疫病防控,公共区域消杀指导和管理、参保大学生医疗报销管理、健康教育、校内外重要活动、赛事医疗保障等工作。现有医务人员17人,主任医师1人、副主任医师3人,主治医师3人;主管护师2人,护师2人,护士3人,药剂师3人。设内科、外科、中医科、专家门诊、诊疗室、药房、治疗室、换药室、观察室、输液室、抢救室。医疗仪器配备有心电图、吸氧装置、吸引器、常备抢救药品、器械、红外线理疗仪。

【传染病防控工作】医务室护理组建立消杀工作群,负责学校所有公共场所、楼宇的消毒与杀菌工作,同时督导楼宇管理员开展相关工作。

年内,学校出现6例结核病确诊病人,遵照流行病学筛查要求,医务室

工作人员正在图书馆开展防疫消杀工作

对密切接触者208人进行PPD、胸片排查,结果均正常。针对4例水痘患者,按照规定,医务室及时通知居家隔离14天;对相关宿舍增加消毒频次,采取紫外线和消毒液双重消毒一周的措施,及时阻断传染源,控制传染病在校园的传播,确保师生的身体健康。

【新型冠状病毒疫情防控工作】年内,制定《郑州升达经贸管理学院新冠疫苗接种实施方案》《医疗保障组疫情防控工作方案》《医疗保障专班2021秋季开学工作方案》《郑州升达经贸管理学院消杀工作指引》,明确工作职责。5月14日完成新冠疫苗第一针剂接种约23 000人,6月10日完成新冠疫苗第二针剂接种约22 000人,两次共接种约45 000人;在校生接种率达到92.8%,教职工接种率为73.5%。对未接种的师生,及时公示龙湖镇接种门诊疫苗接种信息,为有接种意向的师生提供指引,做到应接尽接,应接早接。12月24日,安排在校师生进行新冠疫苗加强针的接种,安全顺利完成接种1.9万剂次。

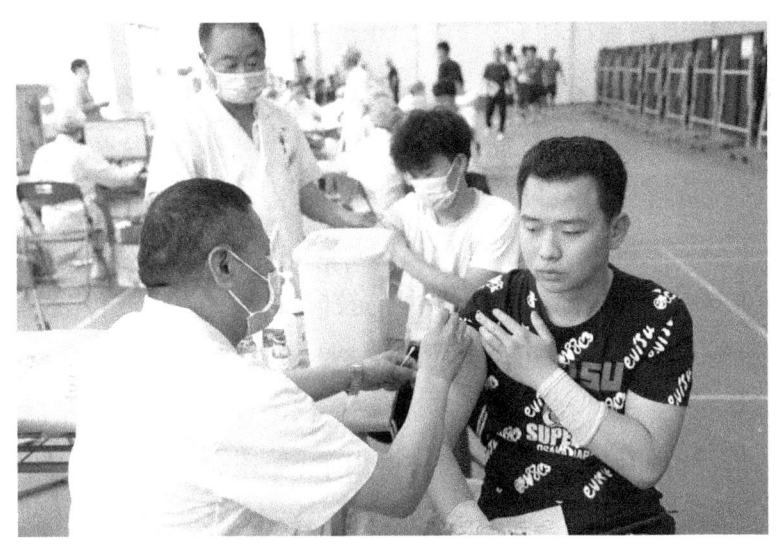

有序开展新冠疫苗第二针的接种工作

参照教育系统疫情防控专班《校园新冠肺炎疫情防控要则》要求,在开学前对校内宿舍、教室、食堂等公共场所进行全面消杀、通风。对第一招待所隔离区进行终末清洁消毒。学生返校时须扫码测温,出示48小时核酸检测阴性报告。医护人员到各大门防疫值守。严格执行发热病人的分诊转诊、隔离处置流程,一旦有隔离人员入住,立即启动医护人员24小时值班制,对隔离区入住人员规范管理,确保隔离人员的医疗安全。遵照学校秋季开学方案,师生返校后及时进行全员核酸检测,10月9日至18日共检测在校师生及三保人员3.48万人。

【健康体检与管理工作】10月14日对专升本学生,10月18日至19日对本、专科学生开展入校体检,共检10 616人(包括复学的学生)。针对结核菌素试验强阳性者进行胸片排查计256人,胸部CT排查14人,肝功能异常复查209人,高血压复查61人,心率异常复查164人。体检表归入学生档案,本次体检未发现有新发或活动性肺结核。对高血压、肝功能异常、心率异常者给予对症治疗,建立慢性病管理档案。

【参保学生门诊统筹资金的报销服务】年内,学生参保门诊资金约350万元,门诊医保刷卡支付金额约302万。护理组为参保住院学生提供住院报销资料的咨询、收集、审核、整理服务,共上报参保学生住院报销资料121

份,为住院学生报销提供便利。

【健康教育工作】3月24日是世界第26个世界防治结核病日,按照省厅要求开展校园结核病防治宣传教育活动,与学务处联合在医务室门前广场发放结核病防治资料、口罩,开展现场义诊咨询;参与学生约300人。12月1日是第34个"世界艾滋病日",在新郑市疾控中心艾防办的大力支持下,医务室与学务处、校团委联合举办的校园艾滋病防治宣传活动在医务室门前广场开展。本次活动有三个环节,一是发放防艾宣传教育资料及小礼品,二是有奖问答,三是在红丝带签名墙签名留念。活动过程中医务人员进行现场讲解,学生们通过现场答题获得雨伞、毛巾、环保布包、口罩、指甲刀等礼品。活动参与师生约500人,发放宣传资料约800份,发放各种礼品约1000份,收到实名答卷150份。

12月1日,"世界艾滋病日"主题宣传活动现场

【荣誉奖项】年内,获得"2021年疫情防控及抗洪救灾先进集体"荣誉称号。

(撰稿人:孙琰　审稿人:岳桂英)

国际交流处工作

【概况】国际交流处暨港澳台事务办公室,是学校执行国家有关涉外方针政策,协调涉外及涉港澳台事务工作,统筹协调学校国际化办学的职能部门。负责制定学校对外交流发展规划,组织中外教育合作、文化交流及外事活动;负责学校与国(境)外高校、教育机构建立友好合作关系;推进与国(境)外友好院校合作项目实施与管理;组织开展教师出国(境)访问交流、短期培训,学生长短期出国(境)交流学习;负责中外合作办学项目的申报与管理,外籍专家的招聘与管理等工作。

国际交流处现有3人,其中处级1人,干事2人。处长顿雁峰全面主持部门工作。2021年9月,李成允调任工会办公室主任。

【信息沟通】与河南省外国专家局、河南省外事侨务办公室、郑州市公安局出入境管理处、河南省教育厅、河南省台办、郑州市外办、郑州市台办、龙湖镇派出所等政府部门建立长效信息沟通机制,负责涉外政策与通知的上传下达,及时向各部门报备外籍人员的工作、生活信息。

【公众号运营】2021年,更新国际交流处微信公众号推文12篇,宣传师生出国出境交流项目,同时更新相关游学项目。

【网站建设】更新完善国际交流处网站新闻及公告20篇,更新学校英文网站相关内容。

【制度建设】年内,修订并印发《郑州升达经贸管理学院中外合作办学项目相关管理办法的通知》。

【外事会议】3月26日,副校长兼工会主席张金安、国际交流处处长顿雁峰参加在深圳北理莫斯科大学举行的中外合作办学人才培养工作研讨会。6月2日,与马来西亚和中国教育文化交流协会进行视频会议,主要就与马来西亚国立师范大学、马来西亚玛拉工艺大学博士培养项目开展沟通。10月20日,执行董事王新奇、发展规划处处长沈定军、国际交流处处长顿雁峰前往北京参加由中国教育国际交流协会承办的"第22届中国国际教育年会"和"中国国际教育年会"。10月26日,参加河南省教育国际交流协会第七届理事会换届大会暨第一次全体会员大会。10月27日,国际交流处处长顿雁峰前往平顶山参加由河南省教育厅办举办的河南省高等教育外事工作业务培训会。

(撰稿人:崔东丽　审稿人:顿雁峰)

实训管理处工作

【概况】3月,根据郑州升达经贸管理学院董事会《关于印发〈郑州升达经贸管理学院第三届董事会第一次会议会议纪要〉的通知》(升董〔2021〕2号),明确实训管理处作为全校教学实验实训场所规划建设、教学仪器设备管理运维的管理服务部门。原经管实验中心、原现教中心教学服务科、原各学院实验室负责的教学实训场所和仪器设备,以及职员、管理员、实验员(圆通科学工作院除外)调整至实训管理处统一进行管理。

实训管理处编制47人。设处长1人,由程敏姿担任;副处长2人,技术副处长由原现教中心主任李保华兼任,管理副处长由原经管实验中心副主任冯善德担任;下设3个科室,分别为实验管理科、实验技术科和教学服务科。

【管理制度建设】年内,制订《实验实训耗材管理办法》《教学场所计算机软件环境管理规定》《数字媒体服务管理办法》《教学实验场所排课及使用管理办法》《虚拟仿真实验教学项目管理办法》,修订《实验室建设与管理办法》《实验室安全管理办法》《大型贵重精密仪器设备管理办法》《实验室工作和仪器设备档案管理办法》等一系列管理制度。各管理办法已以校红头文件形式发布并开始实行,实验室的建设、管理和运行更趋规范和高效。

【实验室建设活动】5月份完成实验室建设项目论证,暑假期间完成大部分实验室项目建设活动,洪涝灾害后迅速完成了实验室受损后的修复和重建工作。

【实验室安全检查】结合教育部和教育厅关于实验室安全年度检查和专项检查的要求,在完成相关文件填报基础上,实训管理处于5月及11月分别完成两次期中实验室安全检查暨实验室建设与管理工作专项调研活动,先后走访全校12个二级学院,调研实验室环境建设情况、设备运行情况和安全管理情况,及时解决发现的问题,为进一步提高实验室管理水平打下良好基础。

【虚拟仿真实验教学项目】5月,开展虚拟仿真实验教学项目(以下简称"虚仿项目")立项评审和申报工作。经过立项答辩、专家组评审、立项公示等流程,最终评选出校级虚仿项目5项。

【实验数据填报】截至10月底,完成教育部、省教育厅和财政厅要求的各项数据填报工作。并对各级报表的数据来源、数据的准确性进行分析,最终确定了引入资产管理系统以优化仪器设备资产数据的解决方案。

【教学仪器设备检查】年内,成立教学仪器巡查小组,明确分工、细化责任、层层落实、稳步推进,通过台账与设备实际位置的对照,设备使用情况的核对,完成2021年度教学仪器设备清查工作,为加强教学资源的统筹规划、合理分配提供保证。

【实验室安全培训】年内,学校在结合学科专业实验室特点的15个应急预案的指导下,按计划完成2次实验室安全员和专职管理人员的消防知识、法规培训和灭火演练应急能力培训。全年培训需进入实验室工作的专职教职工700多名,使之成为实验室安全工作的主要队伍;准入制度下,针对学生开展实验室安全教育,人数已达9000余人。

【教学服务支持】年内,为全国会计专业高级资格考试、计算机二级等多项考务工作,为河南省高校社科界庆祝建党100周年研讨会、与塞浦路斯那波勒斯大学召开中外合作办学项目交流视频会议提供技术支持;为各院部8个课程申报和12场教学比赛提供录制和场地服务;为学校开学第一课、春季教职工大会、毕业典礼、招生季院长直播间等12项工作提供录制和直播服务;在两次疫苗接种工作中,提供设备和服务,共搬运并拆装电脑150台次、打印机62台次,保证学校预防接种工作的顺利完成,开创了预防接种的"升达效率"。

(撰稿人:周行　审稿人:程敏姿)

教学单位工作

创新创业教育学院

【概况】创新创业教育学院负责学校创新创业教育工作。有专任教职工18人,其中专任教师11人,具有正高级职称人员1人,副高级职称人员4人(年内获聘1人),年内开设本科生通识课程4门。

院长王铮主持学院全面工作;创新创业教育学院设有2个科室,分别为综合办公室和实践管理科,设科长2人。

【党建与思想政治工作】创新创业教育学院直属党支部共有教工党员15人(正式党员13人),其中女性党员10人,少数民族党员0人;具有硕士研究生以上学历的党员12人;具有高级职称的党员3人。年内,开展党委理论学习中心组学习10次。

【科研项目】河南省教育厅省级教改项目1项,河南省精品在线开放课程1项,河南省课程思政样板课1项,河南省教育厅"十四五"教育科学规划2项,河南省教育厅人文社科项目1项,河南省社科联项目1项,郑州市社科联项目1项,河南省民办教育协会6项。校级专项项目2项,校级重点项目1项,校级科研项目8项。成功申请计算机软件著作权7项。发表EI期刊论文1篇,核心期刊论文1篇,普通CN期刊11篇。获得省级成果奖二等奖1项,校级成果奖三等奖1项。

【课程建设】11月,学院《大学生职业发展》课程成功申报河南省精品在线开放课程。11月26日,学院《大学生创业基础》课程获批河南省课程思政样板课。

2021年度河南省本科高等学校精品在线开放课程拟立项建设名单

| 343 | 郑州升达经贸管理学院 | 大学生职业发展 | 王铮 | 张宁、刘桂芳、曹华莹、周雪梅、朱阳昱、朱琦、胡素桂、刘雪松、侯亚婷、彭凯、欧阳娟 | 管理学 |

"大学生职业发展"课程获批省级精品在线开放课程拟立项建设名单

"大学生创业基础"获批2021年本科高校课程思政样板课程

【精英人才培养】学校第二期创业精英班共招生100人，计划分3个阶段完成教学工作，共计36课时，2022年上半年完成。

学校第二期岗位精英班共招生100人，计划分3个阶段完成教学工作，共计36课时，2022年上半年完成。

6月24日举办郑州升达经贸管理学院第一期岗位精英班和双创学院第二期创业精英班结业仪式，共有68名同学顺利结业。

学校第二期岗位精英班开班仪式于11月13日在商管楼117教室举行。

第二期岗位精英班开班仪式

【河南省大学生校外实践育人基地】4月29日,精英班师生来到中原创客小镇参加创新创业实践活动。小镇特约导师为精英班师生进行了创新创业课程辅导,师生们参观了小镇产业展厅、青年人才之家、中部增材智造创新中心、双创服务中心,部分精英班学生在实训现场开展了模拟面试的活动。

精英班师生赴河南省大学生校外实践基地参加双创实践活动

7月2日,组织学校各二级学院的双创导师代表共49人,前往大学生校外实践育人基地——中原创客小镇参加创新创业导师分享会。主办方邀请了黄河科技学院大学科技园管委会办公室主任蒋华勤教授作为主讲嘉宾,围绕创新创业大赛类别、商业计划书的制作、路演PPT的制作以及如何有效提升路演技巧等内容,进行了深入的讲解。

学校双创导师团队赴河南省大学生校外实践基地参加创新创业导师分享会

【实践活动】9月至10月,举办第四届郑州升达经贸管理学院创新创业大赛,各学院共计参赛项目1366项,参赛6019余人次。

4月至7月,组织师生参加第七届中国"互联网+"创新创业大赛,各学院参赛项目共计3082个,参赛13 456人次。学校共获得河南省三等奖5项。

"挑战杯"河南省大学生创业计划竞赛,学校选送32个项目,有20个项目获奖,其中银奖4项,铜奖16项。

申报河南省大学生创新创业训练计划项目,学校立项20项。

鼓励师生参加校外学科、技能竞赛,共计发放奖金127 720元,其中用于奖励学生73 800元,奖励指导教师53 920元。奖励特级团体1项;一级个人1项;二级个人26项;二级团体28项;三级个人31项;三级团体10项。

针对2017级本科生创新创业实践学分的认定,经学生申报、二级学院初审、校团委与创新创业教育学院抽查审核,2017级本科生4539人均达到4学分。

5月28日,在商管楼115会议室组织召开2020—2021学年第二学期双创工作会议,创新创业教育学院王铮院长、各学院分管双创工作的主管领导、双创专员及创新创业教育学院相关工作人员参加了会议。结合学校校外赛事的组织报名情况,学校设立学科竞赛专项经费85万元,鼓励学生参加"互联网+"大赛、"挑战杯"大学生课外学术科技作品竞赛、"创青春"全国大学生创业大赛等。2021年度,学生共获得省部级以上学科竞赛奖励达438项,其中国家级33项,省部级405项;文艺、体育竞赛奖51项,包括国家级5项,省部级46项。

【圆通科学工作院】学校累计已有一万多名学生接受圆通制工作标准训练,考研率、就业率均大有提升;在教育部科学工作能力提升计划"百千万工程"项目的教学实践中,学校已有7名教师被授予"全国高校文科应用型改革名师"称号。

1月16日,西安交通大学河南校友会教育分会会长方润生教授、副会长兼秘书长张志宏教授、副会长李纲教授、常务副秘书长李昀副教授等一行9人赴郑州升达经贸管理学院,参观考察教育部科学工作能力实训示范基地升达圆通科学工作院,并参加升达圆通科学工作院建设交流会。

西安交通大学河南校友会教育分会会长方润生参加圆通科学工作院交流会

4月2日,郑州财经学院创新创业教育学院院长王水萍一行莅临圆通科学工作院交流工作。

郑州财经学院创新创业教育学院院长王水萍莅校交流

4月15日,郑州财经学院产教融合协同创新中心主任方润生、创新创业教育学院院长王水萍、互联网金融学院党总支书记杨贵仓一行十余人参观教育部科学工作能力提升计划("百千万"工程),即圆通科学工作院实训示范基地,考察圆通制财经训练中心,了解岗位工作标准的教学方法,双方就岗位工作标准融入教学等关键问题进行交流。

7月12日,青岛恒星科技学院商学院院长徐倩,青岛恒星科技学院商学院副院长徐芹,山东大学经济学院教授、青岛恒星科技学院圆通科学工作院院长李铁岗,商学院的6名教研室主任及骨干教师,圆通科技股份有限公司总经理白雯丽、副总经理付慧杰、设计总监石鹏飞、山东办事处项目经理于雪松一行莅临学校教育部科学工作能力实训示范基地,参加教育部"百千万工程"项目建设工作交流会。

青岛恒星科技学院骨干教师莅校参加教育部"百千万工程"项目建设工作交流会

【校企合作】2月25日和3月4日,圆通科技股份有限公司两次为学校学生提供岗位工作标准的免费线上培训课程,举办"2021郑州升达经贸管理学院学生寒假工作能力大练兵——'创新凝聚力量,创业成就梦想'网上实训活动"。

3月26日,圆通科技股份有限公司教学评价部部长李艳一行莅校调研指导工作。

5月14日,圆通科学工作院副院长周雪梅、教师曹华莹、行政人员侯亚婷、李飞飞一行四人赴河南鼎德律师事务所,交流律师工作标准合作研发事宜。双方合作拟以鼎德律师事务所为实践模型,校企双方共创共研律师事务所各岗位工作标准。

圆通科学工作院赴鼎德律师事务所交流合作研发事宜

【产教融合】3月31日,学校入选教育部学校规划建设发展中心"产教融合实训基地优秀案例"名单。

(撰稿人:胡素桂 审稿人:王铮)

金融贸易学院

【概况】学院拥有金融学、经济学、国际经济与贸易、金融工程4个本科专业,均归属经济学学科门类。其中,金融学专业为河南省重点学科、河南省一流专业、河南省民办高校品牌专业、河南省专业综合改革试点项目、河南省专业建设资助项目、河南省硕士学位重点立项培育专业点;国际经济与贸易专业为河南省一流专业、河南省特色专业、河南省民办高校品牌专业、河南省专业综合改革试点项目;经济学为河南省重点学科。

学院全体教职工共110人(专职101人,兼职9人),其中具有正高级职称人员5人(年内获聘1人),副高级职称人员34人(年内获聘1人)。学院专任教师81人,其中具有博士学位者1人,占学院专任教师总数的1.2%。

学院本专科学生共3577人,其中专科生603人、本科生2974人。年内招收专科生144人、本科生670人;毕业本科生802人、专科生261人。2021届本科毕业生一次就业率为91.27%。

2021年共发表C类期刊论文64篇,编著教材5部;年内获得市厅级奖12项;年度科研项目51项,获批市厅级项目43项。

年内,学院教师参与国内访学、培训48人次。

年内开设专业课程149门,其中本科生专业课程95门。任课教师93人,其中为本科生授课教授人数5人。年内获批省级一流课程4门。

学生获得省部级以上学科竞赛奖项97项,其中国家级奖项36项、省部级奖项61项。通过注册会计师考试1人。学院学生出国交流1人次。

学院学生获第八届全国证券投资模拟实训大赛一等奖3人;获第十四届全国大学生英语竞赛三等奖4人,获"第十五届"挑战杯"河南省大学生课外学术科技作品竞赛三等奖1人;获第十五届"挑战杯"河南省大学生课外学术科技作品竞赛二等奖1人；获第十五届"挑战杯"全国大学生课外学术科技作品竞赛二等奖4人、第十五届"挑战杯"河南省大学生课外学术科技作品竞赛三等奖1人；获"第四届"方宇杯"未来商业探索与创新创业实践竞赛三等奖5人；获全国大学生财经素养大赛三等奖1人；获"外研社杯"（河南赛区）全国大学生英语竞赛74个奖项共8个获奖证书；获全国高校经济决策虚仿实验大赛三等奖10人；获"应急科普华夏行"大学生自然灾害专题竞赛三等奖1人；获第十届POCIB全国外贸从业能力大赛特等奖10人，一等奖12人，二等奖5人，三等奖9人；获第十一届全国大学生电子商务"创新、创意及创业"挑战赛三等奖8人；获第十一届全国大学生电子商务"创新、创意及创业"挑战赛河南赛区省级选拔赛三等奖1人；获第四届全国高校经济决策虚仿实验大赛"二等奖7人；获"首届"外教社·词达人杯"全国大学生英语词汇能力大赛二等奖1人。详见表52。

表52　金融贸易学院基本情况

项目	数量	项目	数量
教职工总数(人)	110		
教授数(人)	5	在校本科生数(人)	2974
副教授数(人)	34	学生出国(境)交流人数(人)	1
具有博士学位教职工数(人)	1		
省级重点学科数(个)	2	应届本科毕业生一次就业率(%)	91.27
		应届本科毕业生考研录取率(%)	3.01
科研经费总数(万元)	8	本科生获省部级及以上学科竞赛奖(人次)	97
其中:资助经费(万元)	8	英语四级通过率(%)	50.25
		英语六级通过率(%)	7.46

【领导分工】学院领导3人。院长何伟主持学院学科建设、专业发展等工作，党委书记钟江鸽主持学院党建与思想政治工作，副院长杨毅分管教学工作。

【党建与思想政治工作】2021年4月，经上级批准，金融贸易学院党总支改设为金融贸易学院党委。2021年7月，金融贸易学院党委调整党支部构成,由8个变更为12个,变更后,教工党支部3个,本科生党支部8个,专科生党支部1个。党员285人(正式党员98人),其中教工党员79人,本科生党员187人;教工中,女性党员58人,少数民族党员2人,具有硕士研究生以上学历的党员71人,具有高级职称的党员20人。年内发展党员154人,其中,本科生党员132人。

年内,党委理论学习中心组组织开展学习10次。钟江鸽获评"省级优秀党务工作者";学院党委获校级"先进基层党组织"荣誉称号;学院经济学教研室党支部"获先进党支部"荣誉称号,获评"优秀共产党员"5人(雷丹、王静、李光举、李珺、王琨翔),"优秀党务工作者"2人(王一柳、郗艳花)。金贸学院师生组队(团队指导老师:李雷,团队成员:高蕾婷、张乐、张越、刘烨、韩金璐、王河山、仝晓琳、张慧心、张诗雪)参加由中国民办教育协会主办的全国民办高校党史学习教育知识竞赛,获三等奖;"郑道"反邪教宣讲团金贸分队获评由中国青年报社主办、"中青在线"承办的2021年"请党放心,强国有我"——全国大学生"千校千项"网络展示活动"团队风采"荣誉称号;在河南省"礼赞建党百年,矢志为党育人"师德教育主题活动中获一等奖1项(孙媛:《像爱自己的孩子一样,去爱每一个学生》)、二等奖1项(徐娜娜:《平凡而伟大》)。

2018级国际经济与贸易本科1班荆春鹏同学获评河南省教育系统"两创两争"活动文明学生。

【平台建设】 2021年6月24日,学院和中粮期货有限公司正式签约,授牌中粮期货黄河投资者教育基地,此次合作是期货行业在投资者保护和教育工作方面的一次升级,更是校、企开展"产、学、研"全面战略合作的重要平台。9月14日,该基地获中国证监会河南省监管局第四批"河南省证券期货投资者教育基地"牌匾及证书。

(撰稿人:张阳 审稿人:杨毅)

会计学院

【概况】 学院拥有会计学、财务管理、审计学、税收学4个本科专业,涵盖管理学、经济学等2大学科门类。会计学专业为"河南省特色专业""河南省民办高等学校品牌专业""河南省高等学校专业综合改革试点专业""河南省省级重点学科""河南省一流本科专业建设点""河南省民办普通高等学校资助专业";财务管理专业先后被评为"河南省民办高等学校品牌专业""河南省民办普通高等学校资助专业""河南省一流本科专业建设点";"基础会计"课程为河南省线上一流课程。

12月2日,学校第二次党代会选举大会选举产生了中国共产党郑州升达经贸管理学院第二届委员会和中国共产党郑州升达经贸管理学院第二届纪律检查委员会。会计学院院长张欣当选学校党委副书记、纪委书记。

【师资队伍】学院教职工147人(专职133人,兼职14人),其中具有正高级职称人员6人(年内获聘1人),副高级职称人员27人(年内获聘2人)。学院专任教师102人,其中具有博士学位者1人,占学院专任教师总数的1%。

【学生工作】学院学生5154人,其中专科生729人,本科生4425人。2021年招收专科生308人,本科生1285人;毕业本科生1065人,专科生0人。研究生考取人数37人,录取率3.48%。2021届本科毕业生一次就业率为86.28%。

【科研成果】2021年学院获批课题30项,其中市厅级及以上22项。获市厅级一等奖2项,二等奖1项。发表北大中文核心期刊论文10篇。出版著作4部,其中学术专著1部、教材3部。年内举办学术讲座4场。

【教学工作】2021年开设专业课程95门,其中本科生专业课程79门。任课教师102人,其中为本科生授课教授人数6人。

学院教师郭苏敬获全省教育系统技能竞赛一等奖,并被授予"河南省教学标兵"称号;郭苏敬、马会娟获得河南省第二十五届教育教学信息化竞赛三等奖。

学生获得省级以上奖项37项,其中,国家级奖项16项、省级奖项21项。

学生获河南省第六届大学生艺术展演活动二等奖12人、三等奖10人;全国大学生英语竞赛河南省赛区优秀奖2人;第一届"衡信杯"(本科组)全国个税计算职业技能大赛华中赛区二等奖6人;河南省大学生"华光"体育活动第三届五人制足球赛第一名1人;第一届河南省YonBIP商业创新大赛(财务大数据赛项)一等奖5人、二等奖1人;河南省高校文学社团联合会国庆征文比赛一等奖1人;"外研社·国才杯"全国英语写作大赛省级决赛(河南赛区)二等奖1人;河南省优质网络思政微课(微视频)大赛二等奖1人。

学生陈李燃、刘梦瑶、徐林迪、白金格、安路迎获得全国大学生英语竞赛三等奖;学生胡若飞、孙妍彩、刘康星获第一届"衡信杯"(本科组)全国个税计算职业技能大赛华中赛区总决赛一等奖;学生刘振宇、崔英丽获得首届全国大学生"乡村振兴"知识竞赛一等奖;学生刘颖双、王行言、周莹莹、黄明珠、张梦寒获得第十七届全国大学生数智化企业经营沙盘大赛特等奖,学生徐留顺获得一等奖;学生朱梦琦、辛国艳、宋世朋获得2021年"福思特杯"全国大学生审计精英挑战赛本科组二等奖;学生秦广达获得2020年度"中国大学生自强之星"称号。

【产教融合】校长郭爱先一行在用友集团北京产业园区与用友新道科技股份有限公司签署共建智能会计产业学院合作协议。为进一步深化产教融合,探索校企协同育人模式,开展注册会计师精英人才培养;会计学院与和信会计师事务所(特殊普通合伙)河南分所共同举办"注册会计师暑期实战训练营",30余名学生入营参训。和信会计师事务所(特殊普通合伙)河南分所校外专业实践基地获批2021年河南省本科高校大学生校外实践教育基地;跃客科技公司执行董事付伟、总经理王芳芳等走进校园举办报告会、交流会共2场。

【领导关怀】2021年4月20日,校党委书记雷霆、党办主任秦旻、宣传部部长职正路到学院调研党建工作。6月30日,副校长、校工会主席张金安,宣传部部长职正路到学院慰问困难党员徐珍;12月29日,校党委副书记、纪委书记张欣,校纪委副书记袁征到学院慰问困难党员张瑞娅。见表53。

表 53　会计学院基本情况

项目	数量	项目	数量
教职工总数(人)	147		
教授数(人)	6	学校认定高等级刊物论文数(篇)	10
副教授数(人)	27	出版学术专著(部)	1
具有博士学位教职工数(人)	1		
省级重点学科数(个)	1		
省级特色专业(个)	1		
省级一流专业(个)	2	在校本科生数(人)	4425
省级品牌专业(个)	2		
省级资助专业(个)	2		
省级一流课程(个)	1		
科研经费总数(万元)	14.1	应届本科毕业生一次就业率(%)	86.28
其中:下拨经费	14.1	应届本科毕业生考研录取率(%)	3.48
举办高水平学术会议数(次)	4	本科生获省部级及以上学科竞赛奖(人次)	11
		英语四级通过率(%)	46.43
		英语六级通过率(%)	7.8

【领导分工】学院领导4人。院长张欣主持学院行政全面工作；院党委书记张蕾主持学院党委全面工作；副院长毕鹏翱分管教学、专业建设等工作；副院长张新成(院党委委员)分管科研、学科建设和产教融合等工作。

【党建与思想政治工作】2021年6月，经校党委批准，撤销会计学院党总支，成立会计学院党委。设党委委员7名，党支部24个，其中，教工党支部7个，学生党支部17个；党员391人(正式党员179人)，其中，教工党员89人，学生党员302人；教工中女性党员76人，少数民族党员4人，具有硕士研究生以上学历的党员76人，具有高级职称的党员17人。年内发展党员205人，其中学生党员204人。

年内，开展党委理论学习中心组学习12次。学院党委获"校级先进基层党组织"荣誉称号,获评"校级先进党支部"1个,获评"优秀共产党员"6人、"优秀党务工作者"2人。

院团委获评"河南省五四红旗团委",审计学专业2018级2班团支部获评河南省百优"活力团支部"。开展的学术活动详见表54。

表54 会计学院学术报告开展情况

时间	报告名称	报告人
2021年6月9日	商业向善、国家廉政与会计职业道德	叶陈刚

(撰稿人:路飞龙　房晨曦　审稿人:张景空　张蕾)

管理学院

【概况】学院拥有工商管理、人力资源管理、旅游管理、酒店管理等4个本科专业,涵盖工商管理、旅游管理等2大学科门类,拥有管理科学研究所、社会治理协同创新研究中心等2个校级研究所(社会治理协同创新研究中心是河南省高校智库单位、郑州市哲学社会科学研究基地)。企业管理专业为河南省重点学科,工商管理专业为河南省综合改革试点专业、河南省品牌专业。

学院教职工117人(专职73人,兼职44人),其中具有正高级职称人员7人,副高级职称人员47人。学院专任教师45人,其中具有博士学位者4人,占学院专任教师总数的8.89%。

学院学生3177人,其中专科生527人,本科生2650人。年内招收专科生135人,本科生790人;毕业本科生679人,专科生121人。2021届本科毕业生一次就业率为90.87%。

【教学工作】年内开设专业课程148门,其中本科生专业课程99门;任课教师87人,其中为本科生授课教授人数8人。年内,《旅游景区管理》课程被认定为省级本科高等学校精品在线开放课程,《工商管理专业课程思政教学团队》获批河南省课程思政教学团队建设项目。

学院教师获得校级奖项8人,其中优秀教师4人,最受学生欢迎的老师2人,优秀教案讲稿2人(篇)。

董芳芳副教授获2021年河南省教育系统教学技能竞赛二等奖(证书编号[2021]JXJS0281)。

【科学研究】2021年获批省部级项目2项,其中河南省哲学社会科学研究项目1项,河南省科技厅科技发展计划项目1项。年内发表高水平论文6篇,出版著作8部,其中专著6部,教材2部。见表55、表56。

表55 管理学院基本情况

项目	数量	项目	数量
教职工总数(人)	117		
教授数(人)	7	学校认定高等级刊物论文数(篇)	6
副教授数(人)	47	出版学术专著(部)	8
具有博士学位教职工数(人)	4		
		在校本科生数(人)	2650
省级重点学科数(个)	1	应届本科毕业生一次就业率(%)	90.87
		应届本科毕业生考研录取率(%)	2.5
科研经费总数(单位:万元)	32.1	本科生获省部级及以上学科竞赛奖(人次)	36
其中:			
纵向课题经费	17.1	英语四级通过率(%)	20.85
横向课题合同经费	15	英语六级通过率(%)	2.06

表56 管理学院开展学术报告与讲座情况

时间	报告名称	报告人
6月11日	中国共产党组织建设的百年历程专题报告	郑发展
6月16日	中国普洱茶六大茶山专题讲座	马哲峰
11月4日	大学生学业规划:立德树人与能力素质建设	纪德尚
11月9日	企业社会责任的发展历程与趋势	朱永明
12月2日	万种茶香寻普洱	李华

【学科竞赛】学院学生获得省部级以上学科竞赛奖项36项,其中国家级奖项19项,省部级奖项17项。

学院学生获得第九届全国高校模拟集体协商(谈判)优秀谈判员一等奖1人,第九届全国高校模拟集体协商(谈判)大赛资方二等奖2人,全国大学生英语竞赛二等奖、三等奖各1人,2021"心上的中国"全国大学生心理知识竞赛二等奖1人,全国大学生人工智能知识竞赛二等奖1人,全国大学生"乡村振兴"知识竞赛二等奖1人,2021"智慧中国"杯大学生"全国两会"知识竞赛一等奖1人,"茗星"茶艺师第七届全国评选大赛最佳创意奖、最具风采奖、优秀奖各1人,"茗星"茶艺师第八届全国评选大赛一等奖1人。

学院学生获得河南省"非凡智旅"研学策划大赛优秀奖1人,河南省电子竞技类项目竞赛二等奖1人,河南省大学生征文大赛一等奖1人,河南省第六届大学生艺术展演三等奖1人,"茗星"茶艺师第八届河南省决赛季军1人,河南省大学生"青春心向·诵赞新时代"主题朗诵大赛优秀奖1人,河南省第六届大学生艺术展演三等奖1人,第十五届"挑战杯"河南省大学生课外学术科技作品获二等奖1人,河南省青少年作家协会"筑梦"主题征文三等奖1人,河南省大学生朗读大赛优秀奖2人。

【领导分工】学院领导3人。院长纪德尚主持学院行政全面工作,党委书记张小雁主持学院党委全面工作,副院长唐云分管教学工作。

【党建与思想政治工作】学院党委共有党支部14个,其中教工党支部3个,本科生党支部11个。党员281人(正式党员160人),其中教工党员61人,本科生党员220人。教工中,女性党员34人,少数民族党员1人;具有硕士研究生以上学历的党员51人,具有高级职称的党员18人。年内发展党员120人,其中本科生党员111人。

年内开展党委理论学习中心组学习5次。获评校级先进党支部1个,优秀共产党员3人,优秀党务工作者1人。

年内获评"河南省文明班级"1个,"河南省文明宿舍"2个,"河南省文明学生"1人,"河南省优秀学生干部"3人,"河南省三好学生"9人,河南省优秀毕业生16人。

(撰稿人:李鋆　审稿人:朱影影)

商学院

【概况】学院拥有5个本科专业,其中市场营销、电子商务、跨境电子商务、物流管理等4个本科专业属于管理学大学科门类,广告学本科专业属于文学大学科门类。学院拥有市场营销学1个河南省一流本科专业。

10月,郭峰任学院党委书记,郤艳花任学院行政秘书(升董字〔2021〕6号)。

【师资队伍】学院教职工119人(含专任教师47人,外聘教师44人,辅导员23人,行政管理人员5人),其中具有正高级职称人员6人(年内获聘1人),副高级职称人员46人(年内获聘7人)。学院专任教师47人,其中在读博士5人,占学院专任教师总数的10.6%。

【教学工作】年内开设专业课程205门,其中本科生专业课程130门。任课教师91人,其中为本科生授课教授人数6人。学院获"正大杯"第十一届全国大学生市场调查与分析大赛河南省赛区二等奖、三等奖,第十一届全国大学生电子商务"创新、创意及创业"挑战赛河南省赛区选拔赛二等奖,2021年"学创杯"全国大学生创业综合模拟大赛省赛本科组一等奖,全国供应链模拟采购大赛二等奖,2021年中国国际"互联网+"大学生创新创业大赛省赛三等奖。市场营销专业获批2021年河南省民办高校学科专业建设资助项目,市场营销教研室获批2021年度河南省本科高等学校优秀基层教学组织,"市场营销学"被认定为2021年河南省一流本科线上线下混合式课程。

学生获得省部级以上学科竞赛奖项148人次,其中,国家级奖项98人次,省市级奖项50人次。

【学生工作】截至2021年12月31日,学院在读生4103人,本科生2891人,占总人数70%;专科生1212人,占总人数30%;专科生中,中外合作办学学生269人,占专科生人数22%。2021年,新生报到1486人,较去年增加191人,新生报到率98%。学院学生考证374项,其中含国际物流从业证(高级)专业证书178项。学生参与各类竞赛237人次,含学科类竞赛166人次。

【科学研究】学院获批课题46项,其中市厅级19项,校级27项;获得市厅级科研奖励1项,二等奖2项,校级科研奖励2项。发表论文32篇,其中核心论文4篇;出版专著及教材1部。签订横向课题合同2项,合同经费7万元。举办学术会议4场,开展国内访学交流5人次。

【实验实训】学院购置供应链运营综合实训软件,完成广告设计实验室环境改建,完成并对跨境电商运营模拟软件和资讯楼303机房的改建申报。"面向零售终端的配送中心智慧仓储分拣作业虚拟仿真实验"为校级虚拟仿真项目,同时申报省级虚拟仿真项目"重大灾情背景下危险品智能仓储管理虚拟仿真实验"。2021年开设实验课111门,2584学时。

以上详见表57、表58。

表57 商学院基本情况

项目	数量	项目	数量
教职工总数(人)	119		
教授数(人)	6	学校认定高等级刊物论文数(篇)	4
副教授数(人)	42	出版学术专著(部)	1
具有博士学位教职工数(人)	7		
在校本科生数(人)	2891	应届本科毕业生一次就业率(%)	93.2
		应届本科毕业生考研录取率(%)	1.17
科研经费总数(单位:万元)	11.6	本科生获省部级及以上学科竞赛奖(人次)	50
其中:下拨经费	0	英语四级通过率(%)	3.6
资助经费	4.6	英语六级通过率(%)	0.5
横向课题合同经费	7	(当年四六级通过人数/当年报名人数)	85
		举办高水平学术会议数(次)	4

表58 商学院学术报告开展情况

时间	报告名称	报告人
2021年4月15日	中国跨境电商发展现状与未来展望	尚文芳

续表

时间	报告名称	报告人
2021年5月13日	经济转型与高技术产业创新发展	桂黄宝
2021年5月27日	互联网与物流体系结合下的营销模式创新	吴德洪
2021年6月3日	市场营销大数据转型	牛全保

【中外合作办学】2021年9月,"郑州升达经贸管理学院与爱尔兰唐道克理工学院合作办学项目"(下称"项目")第二批学生入校,其中电子商务(中外)专科计划招生100人,实际招生103人;市场营销(中外)专科计划招生80人,实际招生78人。目前,该项目已招收2届学生,总计在校生266人。该项目学制3年,采取"3+0"的合作方式,学生学业期满,达到毕业条件,由郑州升达经贸管理学院颁发本校的专科毕业证书。项目内学生根据本人意愿,专科毕业后达到对方入学条件要求,可申请到外方高校攻读硕士学位。

该项目合作双方共同制定教学计划,共同承担相应的教学任务。根据人才培养方案,项目计划开设专业基础课和专业核心课程共计20门,其中引进外方课程门数占比45%,外方教师承担的专业核心课程门数占比40%。2021年共计召开4次相关教学会议,分别于4月29日、12月8日联合郑州升达经贸管理学院相关部门召开总结会议,解决项目开展期间的问题,对教学工作做出必要的调整。于6月16日、12月13日联合爱尔兰唐道克理工学院国际部主任召开课程协调会,沟通协商授课方面的各项细节。

该项目引入外方先进的教学方法,由外籍教师承担专业基础课和核心课的教学,通过案例教学、课堂讨论、课堂答辩、演示教学等手段使学生接触和了解境外教育的互动和启发式教学方法。2021年,该项目总计开设4门外方课程,分别是"市场调研""工作场所沟通技巧""数字营销、公关与沟通""消费者行为学",采用全英文授课。

商学院学生进行团队作业展示

"数字营销、公关与沟通""市场调研"外方教师John在授课

【创新创业】第四届大学生创新创业大赛初赛,商学院共203个团队(924人次)报名,推荐14个团队参加复赛。2021年度在校学生创业者9人,创业成立公司11个。学院邀请4名企业高管人员,针对市场营销、电子商务、物流管理和广告学专业共920名学生,以线上形式开展4场创新创业沙龙讲座。学院分批次走访2家校友企业和2家电商学院,开展学习和调研,为学院进一步创新创业工作打基础。

【产教融合】2021年1月20日,学院实地参观走访跨境电商企业河南路通国际经贸有限公司,与该公司就跨境电商人才岗位能力、人才培养、校企合作等方面进行深入交流和探讨。5月,学院组织2019级物流管理本、专科学生,结合"仓储与库存控制课程实习"与"社会服务与实践"课程内容,实地参观菜鸟网络物流园。6月,组织2018级物本1班、2班和2020级物升本1班、2班学生,分两批分别到京东"亚洲一号"和"阿里菜鸟"供应链进行为期4周的岗位实习,主要围绕仓储、分拣、包装等工作开展。10月,学院与郑州太古可口可乐有限公司成功签署校企合作协议,双方在学生专业认知、课程共建、毕业实习、学生就业优先选择、资源互换等方面开展合作。

【产业学院】2021年12月10日,郑州升达经贸管理学院与京东科技信息技术有限公司举行校企共建——升达·京东云乡村振兴电商产业学院签约仪式。"升达·京东云乡村振兴电商产业学院"是郑州升达经贸管理学院完善协同育人和实践教学机制,推进产教融合、"政产学研用"合作机制创新工作迈出的重要且坚实的一步,承载着学校探索"产教融合,校企合作"路径的重任,是建设应用型本科高校的重要一环。双方合计投入约800万元,共同打造立足于地方,服务于地方的新型产业学院。

升达·京东云乡村振兴电商产业学院签约仪式

【领导分工】学院领导2人,党委书记郭峰负责学院党建、就业、辅导员队伍建设等工作;副院长白朋飞负责学院全面工作,主抓教学、科研、师资、产教融合、创新创业、产业学院等工作。

【党建与思想政治工作】学院于2021年6月成立党委,共有党支部16个,其中教工党支部4个,学生党支部12个。党员299人(正式党员143人),其中教工党员56人(正式党员55人),学生党员243人。教工中女性党员41人,具有硕士研究生以上学历党员53人,具有高级职称党员7人。年内发展党员148人,其中少数民族学生1人,教工1人。年内按期转正82人。组织关系转出83人,其中教工6人,毕业生77人;转入49人,其中教工7人,新生41人,退伍学生1人。

年内,开展党委理论学习中心组学习12次。获评校级先进党支部1个,优秀共产党员4人,优秀党务工作者1人,河南省优秀共产党员1人。

年内,发表论文11篇,课题12项。在河南省教育系统庆祝建党100周年活动之"百部红色经典电影剪辑比赛"中获得优秀指导教师奖,"百年华诞心向党,远离邪教享安康"网络反邪教知识竞赛中获得二等奖3项、三等奖1项,"学党史·强信念·铸师魂——我心中的思政老师"主题征文活动获得优秀组织奖。

(撰稿人:马巧丽　审稿人:白朋飞)

信息工程学院

【概况】学院(部)拥有计算机科学与技术、软件工程、电子信息工程、数据科学与大数据技术、智能科学与技术、物联网工程6个本科专业;计算机科学与技术专升本、电子信息工程专升本2个专升本专业;工业机器人技术1个专科专业。学院(部)拥有1个河南省重点学科计算机应用技术,1个省级品牌专业计算机科学与技术。学院(部)拥有1个省级实验教学示范中心信息工程实验教学中心,1个市级示范性实训基地信息工程实训中心,以及1个郑州市地方高校技术技能名师工作室(智能科学与技术名师工作室)。

学院(部)教职工129人(专职82人,兼职47人),其中具有正高级职称人员16人(年内获聘1人),副高级职称人员76人(年内获聘1人)。

学院(部)学生3638人,其中专科生150人,本科生3488人。年内招收专科生99人,本科生1283人;毕业生768人,其中本科生592人,专升本176人。2021届本科毕业生一次就业率为91.40%。

【科学研究】2021年主持省级科技攻关项目结项1项;河南省高校重点课题结项1项;校级重点项目结项1项;横向课题立项2项,合同经费18万元;"十四五"规划课程立项1项;河南省高校重点课题立项1项;校级教改项目立项 2 项,校级科研项目立项 6 项。发表论文 20 篇,其中 SCI 全文检索 2 篇,核心期刊 5 篇,CN 期刊 13 篇。作为非主编参编教材 2 部,获软件著作权 14 项、发明专利 2 项、实用新型专利 1 项。

【学科竞赛】 年内开设专业课程 140 门,其中本科生专业课程 134 门。任课教师 121 人,其中为本科生授课教授人数 14 人。学生获得省部级以上学科竞赛奖项 73 项,其中国家级奖项 13 项,省部级奖项 60 项。

2021 年,学院学生获国家级第二十届全国大学生机器人大赛机甲大师北部赛区二等奖 1 人;获第六届中国高校计算机—团体程序设计天梯赛国家级个人三等奖 1 人、河南赛区团队三等奖 1 项;获全国大学生环保知识竞赛优秀奖 1 人;获全国大学生党史竞答大赛优秀奖 2 人;获全国高校大学生"一带一路"倡议宣传活动优秀奖 1 人;获第 12 届"蓝桥杯"全国软件和信息技术专业人才大赛个人赛全国总决赛大学 B 组 C/C++ 国家级三等奖 2 人;获第 12 届"蓝桥杯"全国软件和信息技术专业人才大赛全国总决赛单片机设计与开发组国家级三等奖 1 人;获国家级第 12 届"蓝桥杯"全国软件和信息技术专业人才大赛全国总决赛嵌入式设计与开发组优秀奖 1 人;获全国大学生科学素质竞赛初赛三等奖 1 人。

学院学生获"新华三杯"全国大学生数字技术大赛河南赛区优胜奖 7 人、预赛三等奖 2 人;获第 45 届 ICPC 国际大学生程序设计竞赛亚洲区域昆明区优胜奖 1 人、三等奖 2 人,亚洲区域荣誉奖 1 人;获省级第 12 届"蓝桥杯"全国软件和信息技术专业人才大赛二等奖 2 人;获省级第 12 届"蓝桥杯"全国软件和信息技术专业人才大赛三等奖 10 人;获省级"蓝桥杯"全国软件和信息技术专业人才大赛嵌入式设计与开发大学组个人一等奖 1 人;获省级"蓝桥杯"单片机设计大赛三等奖 1 人;获省级蓝桥杯大赛个人赛大学 B 组 C/C++ 一等奖 1 人;获省级第六届中国高校计算机大赛-团体程序设计天梯赛奖团队三等奖 10 人、成功参赛奖 1 人;获河南省第 13 届大学生编程大赛三等奖 1 人;获省级中国大学生程序设计竞赛—河南省大学生程序设计竞赛三等奖 3 人、优胜奖 1 人;获得第 15 届"西门子杯"中国智能制造挑战赛二等奖 6 人;获省级 2021 年"高教社杯"全国大学生数学建模竞赛三等奖 1 人;获得省级全国大学生数学竞赛三等奖 3 人;获省级河南省高校文联诗歌配音大赛二等奖1人;获省级第14届河南省定向锦标赛中距离赛一等奖1人;获省级贵州省高校生态文明建设宣传服务优秀奖1人;获得河南省大学生"青春向党,诵赞新时代"主题朗诵大赛优秀奖1人;获得省级全国大学生财经素养大赛一等奖1人;获得省级2021年大学生公共卫生科普竞赛一等奖1人;获得2021年大学生火灾应对技能竞赛二等奖1人;获得河南省"健身气功·八段锦"展演比赛三等奖1人,二等奖1人、个人三等奖1人;获省级郑州东部高校乒乓球交流赛三等奖1人。以上见表59至表61。

表59 信息工程学院基本情况

项目	数量	项目	数量
教职工总数(人)	129	学校认定高等级刊物论文数(篇)	4
教授数(人)	16	出版学术专著(部)	2
副教授数(人)	76		
省级重点学科数(个)	1	在校本科生数(人)	2795
		在校专科生数(人)	150
		在校专升本生数(人)	693
科研经费总数(万元)	26.3		
其中:下拨经费	0	应届本科毕业生一次就业率(%)	91.4
资助经费	5.7	应届本科毕业生考研录取率(%)	6.52
横向课题合同经费	20.6		
举办高水平学术会议数(次)	4	本科生获省部级及以上学科竞赛奖(人次)	91
		英语四级通过率(%)	30.25
		英语六级通过率(%)	3.78

表60 信息工程学院学术报告开展情况

时间	报告名称	报告人
2021年5月26日	逆全球化冲击下的中国软件行业发展思考	车战斌
2021年6月7日	多能源微网的能量管理和优化调度	朱善迎
2021年12月9日	大数据时代领域知识图谱构建及其应用	宋玉
2021年12月10日	如何学好专业课	乔保军

学院教师获郑州升达经贸管理学院优秀教师奖 7 人,优秀辅导员奖 2 人,优秀职员奖 1 人,优秀讲稿奖 2 人(份),最受学生欢迎教师奖 2 人。

【实验室建设】学院有实验室 21 间,包括移动智能终端开发实验室、电气总线与过程控制实验室、计算机网络实验室、电力电子与电机控制实验室、智能机器人实验室、人工智能实验室、大数据云计算实验室、网络空间安全实验室、物联网实验室等,能够开展计算机科学与技术、软件工程、物联网工程、智科、电子信息工程、大数据等专业 420 余项实验,1 间图书资料室,藏书 3565 册,总占地 2768 平方米,图书资料价值 4.6 万元。

【领导分工】学院领导 2 人,院长白鑫主持学院行政全面工作,党委书记张现水主持学院党委全面工作。

【党建与思想政治工作】学院党委共有党支部 9 个,其中教工党支部 3 个,本科生党支部 5 个。党员 197 人(正式党员 88 人),其中教工党员 38 人,本科生党员 128 人。教工中女性党员 24 人,少数民族党员 2 人,具有硕士研究生以上学历的党员 33 人,具有高级职称的党员 11 人。年内发展党员 105 人,其中本科生党员 105 人。年内开展党委理论学习中心组学习 11 次。获评校级先进党支部 1 个,优秀共产党员 3 人,优秀党务工作者 1 人。

年内,开展党委理论学习中心组学习 11 次。获评校级"先进党支部"1 个,"优秀共产党员"3 人,"优秀党务工作者"1 人。

(撰稿人:张小峰 审稿人:白鑫)

外国语学院

【概况】外国语学院拥有英语、翻译、商务英语、日语 4 个本科专业,下设英语、商务英语、翻译和日语德语 4 个教研室。学院英语专业被评为河南省民办院校品牌专业和郑州市地方高校重点专业。

学院(部)教职工 81 人(专职 63 人,兼职 18 人),其中具有正高级职称人员 6 人,副高级职称人员 16 人。学院专任教师 63 人,其中具有博士学位者 2 人,占学院专任教师总数的 3.1%,在职在读博士 7 人。

行政秘书惠凯赟于 6 月 30 日转为专任教师,10 月,丁玥接任行政秘书

(升董字〔2021〕6号)。云得煜(教授)、王明伟、郎振丹三位教师于3月1日入职,苏小强8月31日入职。

学院(部)学生2358人,其中专科生335人,本科生2023人。年内招收专科生103人,本科生558人。毕业生501人,其中本科生384人,专科生117人。2021届本科毕业生一次就业率为79.22%。

年内开设专业课程946门,其中本科生专业课程814门。任课教师64人,其中为本科生授课教授人数6人。见表61。

表61 外国语学院基本情况

项目	数量	项目	数量
教职工总数	81		
教授数	6	出版学术专著(部)	3
副教授数	16		
具有博士学位教职工数	2		
校特聘教授(人)	1		
河南省骨干教师(人)	2	在校本科生数(人)	2023
河南省教育厅学术技术带头人(人)	1	在读博士研究生数(人)	7
省级品牌专业(个)	1	应届本科毕业生一次就业率(%)	79.22
		应届本科毕业生考研录取率(%)	3.78
科研经费总数(万元) 其中:河南省科技厅软科学项目(1项) 横向课题合同经费(万元)	2 2	本科生获省部级及以上学科竞赛奖(人)	25
		大学英语四级通过率(%)	39.5
		大学英语六级通过率(%) (注:英语专业自2021年不再参加四六级考试,以上为日语专业参加英语四六级数据)	2.5
		教师国内访学人数	1

【领导分工】学院领导3人,院长张梦主持学院教学教务工作;党委书记石皓召主持学院党团学生工作;副院长崔瑾英分管教学、科研、双创工作。

【党建与思想政治工作】学院党委共有党支部11个,其中教工党支部3个,本科生党支部7个,专升本党支部1个。党员196人(正式党员94人),其中教工党员37人,本科生党员156人。教工中女性党员26人,少数民族党员2人,具有硕士研究生以上学历的党员29人,具有高级职称的党员11人。年内发展本科生党员98人。

2021年度,开展党委理论学习中心组学习6次,"学百年党史、庆百年华诞"系列活动31次。获评校级优秀共产党员3人,优秀党务工作者1人。2021年,外国语学院在党务活动中评出10名优秀党员。暑期疫情期间,40名党团员作为志愿者走向抗疫一线;"7·20"特大暴雨灾害期间,16名党团员作为志愿者走向抗洪一线。

【省级及以上奖励】2021年10月,教师李笑寒获得第十二届全国高校外语教学大赛(河南赛区)英语专业组比赛二等奖。

2021年12月,教师张彬获得第三届河南省本科高校教师课堂教学创新大赛一等奖。

2021年1月,在第二届"讲好河南故事"外语大赛中,2018级日语专业学生李翔获一等奖,王攀情获三等奖。

2021年3月,2017级翻译专业学生王雪纯获第四届"求是杯"国际诗歌与翻译大赛优秀奖。

2021年5月,2018级英语三班学生张天娇获全国大学生英语竞赛(河南省赛)B类一等奖。

2021年10月,2018级商务英语专业两个团队在第五届"亿学杯"全国商务英语实践技能大赛(河南赛区)分别获得一等奖和二等奖,学生郭若婷获得"河南赛区最佳选手奖"。

2021年12月,商务英语专业学生郭若婷、杨慧敏、穆丹、高原、王春霖在第五届"亿学杯"商务英语实践技能大赛全国决赛中获三等奖。

2021年12月,2019级日语专业学生柴嘉亿在第三届"讲好河南故事"外语大赛中获一等奖,另有英语专业及翻译专业5位学生分别获得二等奖、三等奖。

【科学研究】2021年,外国语学院获批课题14项,其中市厅级6项,校级8项。获省级教学奖励3项,其中一等奖1项,二等奖1项,三等奖1项,市厅级科研奖励三等奖1项。发表论文43篇,签订横向课题合同1项,合同经费2万元。出版专著及教材3部,其中省级专著3部。举办学术报告8场,开展国内访学交流1人次。

【成功举办2022届毕业生双选会】2021年10月28日下午,外国语学院在就业处招聘大厅举办了2022届毕业生双选会。共有50余家企业报名参会,为学生提供了涉及教育、外贸、销售等多个领域的工作岗位2000余个,外国语学院2022届全体毕业生参加了此次双选会。通过与用人单位的交流,同学们更加明确了自己的职业规划和未来的发展道路。

【深入开展校企合作】2021年度,外国语学院先后同河南征途出国留学服务有限公司、河南玖达汽车销售有限公司、湖北词源教育投资管理有限公司三家企业签署校企合作协议,合作领域分别覆盖了英语、翻译、商务英语等专业。同时组织不同年级和专业学生在于玖达汽车、"译国译民"(线上)等校企合作单位开展实习实训。

【举办学院教师教学技能大赛】4月16日下午,外国语学院在双创大讲堂举办学院教师教学技能大赛。外国语学院院长张梦、党总支书记石皓召、副院长崔瑾英、教学秘书祁胜利和行政秘书惠凯赟出席本次比赛。日语教研室教师张彬获特等奖,翻译教研室教师李笑寒、英语教研室教师周凯旋获得一等奖。

【举办"讲好红色故事"英文朗诵比赛】11月10日至11月20日,外国语学院联合图书馆面向学校全体学生组织了一场以"讲好红色故事"为主题的线上英文朗诵比赛。外国语学院2019级翻译专业学生杨冉、2020级翻译专业学生黄姿怡获得一等奖。

【举办学院第12届英语单词拼写大赛】外国语学院于2021年12月2日在双创大讲堂举办了第12届英语单词拼写大赛。大赛由外教Rebekah、贺哥、张保培老师担任评委,2018级本2班学生张兰兰获一等奖,2018级商英本3班李冰雪、2018级英本4班李怡帆分获第二、三名。

【举办第三届商英杯商务英语实践大赛】 外国语学院于2021年12月23日上午在双创大讲堂举行了第三届商务英语实践大赛。张梦院长、石皓召书记等亲临现场鼓励参赛选手并预祝大赛圆满成功,学院200余名学生一同到场观看了比赛。2019级商务英语本科2班代表队获得一等奖。学术活动开展情况详见表62。

表62 外国语学院学术报告开展情况

时间	报告名称	报告人
2021年4月8日	翻译行业前景分析	翟小娟
2021年4月16日	国际商务活动中的中外行为差异、文化渊源及应对策略	曹德春
2021年4月22日	基于标准的中小学英语教学设计	张勇
2021年5月13日	我见到和我翻译的村上春树	林少华
2021年5月13日	典籍英译:回顾与展望	王宏
2021年5月13日	新时代英语专业学生学习心理分析	贾冠杰
2021年12月2日	如何当好一个中小学英语教师	陶继红
2021年12月9日	How to Learn Linguistics Well	张克定

(撰稿人:王明伟 审稿人:张梦)

文法学院

【概况】 学院(部)拥有汉语言文学、法学、新闻学、学前教育、网络与新媒体4个本科专业,涵盖文学、法学、教育学等三大学科门类。学院(部)拥有1个省级民办高校品牌专业建设点(法学),1个校级重点学科建设点(古代文学),2门省级一流课,1门省级在线开放精品课程。

学院(部)教职工116人(专职56人,兼职60人)其中具有正高级职称人员7人,副高级职称人员17人。学院专任教师56人,其中具有博士学位者2人,占学院专任教师总数的3.6%。

学院(部)学生2781人,其中专科生217人,本科生2564人。年内招收专科生217人,本科生2564人;毕业专科生585人,本科生585人。2021届本科毕业生一次就业率为89.74%。

2021年发表高水平论文2篇,其中C类期刊论文1篇,SSCI和A&HCI收录论文1篇;B类期刊发表论文2篇。出版著作4部,其中专著2部,编著、教材2部。

年内开设专业课程164门,其中本科生专业课程160门。任课教师100人,其中为本科生授课教授11人。见表63、表64。

表63 文法学院基本情况

项目	数量	项目	数量
教职工总数(人)	116	SSCI入选论文数(篇)	1
教授数(人)	7	学校认定高等级刊物论文数(篇)	1
副教授数(人)	17	出版学术专著(部)	2
具有博士学位教职工数(人)	2		
校特聘教授(人)	1	在校本科生数(人)	2781
		在读硕士研究生数(人)	27
省级重点学科数(个)	1	应届本科毕业生一次就业率(%)	89.74
		应届本科毕业生考研录取率(%)	5.33
		应届毕业研究生一次就业率(%)	98
科研经费总数(万元)	17.8		
其中:下拨经费	10	英语四级通过率(%)	45.56
资助经费	7.8	英语六级通过率(%)	8.6
横向课题合同经费	5		

表64 文法学院学术报告开展情况

时间	报告名称	报告人
2021年12月6日	认罪认罚从宽制度实施中若干争议问题	韩旭
2021年5月18日	礼赞百年,知史爱国	汤家玉

【领导分工】学院领导3人。院长段丰乐主持学院全面工作,重点负责师资队伍、产教融合、创新创业、语言文字等工作;党委书记刘晓川主持学院就业、党建、辅导员队伍建设工作;副院长赵严俊分管教学改革、课程建设、

质量监控、质量标准建设工作。

【党建与思想政治工作】学院党委(党总支)共有党支部9个,其中教工党支部4个,本科生党支部5个。党员165人(正式党员83人),其中教工党员35人,本科生党员130人。教工中女性党员16人,具有硕士研究生以上学历的党员35人,具有高级职称的党员7人。年内发展党员73人,其中本科生党员71人。

年内,开展党委理论学习中心组学习6次。获评"先进党支部"1个,"优秀共产党员"1人,"优秀党务工作者"1人。

获河南省高校辅导员素质能力大赛一等奖一项,优秀奖一项。

(撰稿人:程震 审稿人:段丰乐)

艺术学院

【概况】艺术学院拥有音乐表演、舞蹈表演、视觉传达设计、环境设计、服装与服饰设计、数字媒体艺术共6个本科专业。音乐表演和环境设计专业被评为省级品牌专业,建设有郑州市重点实验室——"艺术实验教学中心"、郑州地方高校示范性实训中心——"艺术设计实训中心"等。

2021年10月,学院院长李惠莉离职,副院长赵维平退休(升董字〔2021〕5号);聘吴柏林担任学院院长,池浩东、夏瑞芳为副院长,贠雯为教学秘书(升董字〔2021〕6号)。

学院教职工211人(专职127人,兼职84人),其中具有正高级职称人员12人,副高级职称人员71人(年内获聘1人)。学院专任教师104人,其中具有博士学位者2人,占学院专任教师总数的0.02%。

【学生工作】截至2021年12月31日,学院(部)学生3027人,其中专科生830人,本科生(含专升本)2197人。年内招收专科生206人,本科生(含专升本)754人。2021届毕业生887人,其中专科生毕业生176人,本科毕业生(含专升本)711人。2021届本科毕业生一次就业率为92.12%。研究生报考人数为115人,报考率为16.17%;考上研究生14人,录取率为12.17%。2021年全年共有52人获得国家励志奖学金,819人次获得国家助学金。

2021年度有科研项目26项。获批省部级项目6项,其中河南省哲学社会科学研究项目项目3项,河南省教育厅重点项目2项,河南省科技厅软科学研究1项。年内发表论文91篇,含高水平论文4篇(EI论文1篇,学校认定的A类期刊论文3篇),B类期刊论文87篇。出版著作1部。授权发明专利1项,签订横向课题合同3项,合同经费3万元。年内,学院举办学术会议3场。

年内开设专业课程476门,其中本科生专业课程313门。任课教师188人,其中为本科生授课教授12人。学生获得省部级以上学科竞赛奖项5项,其中国家级奖项2项,省部级奖项3项。学院学生获第四届"金诺杯"丝路青少年国际文体艺术节金奖2人;第七届"吟飞"国际电子管风琴比赛三等奖1人;"桃李杯"第十七届全国青少年艺术展演河南赛区民族唱法项目青年组金奖2人;2021"星光中国"第十一届中国优秀特长生艺术节河南选拔赛金奖1人;第二届全国大学生职业发展大赛一等奖6人、三等奖1人。见表65、表66。

表65 艺术学院基本情况

项目	数量	项目	数量
教职工总数(人)	211		
教授数(人)	12	在校本科生数(人)	2197
副教授数(人)	71	在读博士研究生数(人)	7
具有博士学位教职工数(人)	2		
科研经费总数(万元) 其中:下拨经费	26	应届本科毕业生一次就业率(%)	91.14
资助经费		应届本科毕业生考研录取率(%)	1.58
横向课题合同经费(万)	3		
EI入选论文数(篇)	1	本科生获省部级及以上学科竞赛奖(人次)	13
学校认定高等级刊物论文数(篇)	3	英语四级通过率(%)	3.57
		英语六级通过率(%)	3.25
出版学术专著(部)	1	举办高水平学术会议数(次)	3

表66　艺术学院学术报告开展情况

时间	报告名称	报告人
2021年4月8日	中原传统人居保护与乡村振兴实践案例分享	刘磊
2021年6月10日	新文科背景下设计学科卓越人才培养探索与实践	孙建华
2021年12月20日	传统村落景观色彩原真性保护	张倩

【领导分工】学院领导4人,院长吴柏林主持学院全面工作;党委书记韦杨建负责学院就业、党建、辅导员队伍建设等工作;副院长池浩东分管音乐表演、舞蹈表演、空中乘务方向教学、科研、师资、产教融合、创新创业等工作;副院长夏瑞芳分管艺术设计方向教学、科研、师资、产教融合、创新创业等工作。

【党建与思想政治工作】艺术学院党委共有党支部13个,其中教工党支部5个,本科生党支部8个。党员226人(正式党员119人),其中教工党员65人,本科生党员128人。教工中女性党员35人,少数民族党员6人;具有硕士研究生以上学历的党员0人,具有高级职称的党员16人。年内发展党员101人,其中本科生党员79人。

年内,开展党委理论学习中心组学习6次。获评校级"先进党委(党总支)"称号2次,"先进党支部"1个,"优秀共产党员"3人,"优秀党务工作者"1人;获评"全省高校省级省样板党支部"1个。

（撰稿人：李赵法　审稿人：夏瑞芳）

建筑工程学院

【概况】建筑工程学院拥有土木工程、工程造价、工程管理、建筑学4个本科专业,建筑工程技术、工程造价、城市轨道交通工程技术、建筑设计4个专科专业,涵盖土木工程、管理科学与工程、建筑学等三大学科门类。

学院教职工111人(专职82人,兼职29人),其中具有正高级职称人员4人,副高级职称人员42人(年内获聘2人)。学院专任教师57人,其中具有博士学位者2人,占学院专任教师总数的3.5%。年内,候亚格、郑昊博、马若尘入职。

学院学生3639人,其中专科生984人,本科生2655人。年内招收专科生365人,本科生440人;毕业本科生854人,本科生436人。2021届本科毕业生一次就业率为77.87%。

年度科研项目共20项,含地厅级项目15项,校级项目5项。获批河南省科技厅科技攻关项目1项,地厅级项目8项,校级项目10项。发表高水平论文4篇,其中含EI论文1篇,C类期刊论文3篇。出版著作3部,其中编著教材1部,软件著作2部。

年内开设专业课程209门,其中本科生专业课程151门。任课教师90人,其中为本科生授课教授4人。

学院获批河南省民办高校学科专业建设资助项目2项,河南省新工科大学生校外实践基地1项。学院教师获河南省教育系统2021年度教学技能竞赛获大赛(工科组)一等奖1人,河南省优秀学位论文——本科毕业设计优秀指导教师2人,河南省高等职业教育技能大赛三等奖4人。

学院学生获河南省高等职业教育技能大赛三等奖4人,第七届郑州地方高校职业技能竞赛二等奖2人、三等奖2人,全国大学生先进成图技术与产品信息建模创新大赛三等奖1项,全国数字建筑创新应用大赛二等奖2项、三等奖1项,河南省大学生先进成图技术与产品信息建模创新大赛一等奖1项、二等奖1项、三等奖2项,第二届"现代中欧杯"全国大学生房地产开发经营模拟大赛一等奖2项、二等奖1项,全国高等院校学生"斯维尔杯"BIM-CIM软件建模大赛二等奖1项、三等奖1项,全国数字建筑百万人才职业技能挑战赛二等奖1项,三等奖1项。见表67。

表67 建筑工程学院基本情况

项目	数量	项目	数量
教职工总数(人)	111	EI入选论文数(篇)	1
教授数(人)	4	学校认定高等级刊物论文数(篇)	4
副教授数(人)	42		
具有博士学位教职工数(人)	2	出版学术专著(部)	3

续表

项目	数量	项目	数量
应届本科毕业生一次就业率(%)	77.87	在校本科生数(人)	2655
应届本科毕业生考研录取率(%)	2.8		
科研经费总数(万元)	2.2	本科生获省部级及以上学科竞赛奖(人次)	4
其中:资助经费	2.2	英语四级通过率(%)	30.04
		英语六级通过率(%)	4.01

【领导分工】学院领导3人,院长杨开云主持学院行政与教学工作;党委书记韩炎涛主持学院党委工作;副院长兼副书记高燕分管教学、纪检工作。

【党建与思想政治工作】学院党委共有党支部11个,其中教工党支部3个,本科生党支部8个。党员250人(正式党员141人),其中教工党员53人,本科生党员173人。教工中女性党员37人,少数民族党员2人;具有硕士研究生以上学历的党员41人,具有高级职称的党员11人。年内发展党员113人,其中本科生党员71人。

年内,开展党委理论学习中心组学习11次。获评校级先进党支部1个,优秀共产党员4人,优秀党务工作者1人。

在河南省教育系统"两创两争"活动中,获得先进班集体2个,文明宿舍1个,文明学生4人。

(撰稿人:耿旭阳 审稿人:杨开云)

体育学院

【概况】体育学院拥有社会体育指导与管理、舞蹈表演(国际标准舞)2个本科专业、国际标准舞1个专科专业,涵盖教育学、艺术学2大学科门类。

学院教职工71人(专职43人,校外兼职教师28人)。其中具有正高级职称人员12人,副高级职称人员31人。学院专任教师36人,其中在读博士6人,占学院专任教师总数的16.6%。校特聘教授1人。

教学秘书张振中于6月30日转为专任教师,10月,陈阳光接任教学秘书(升董字〔2021〕6号)。

学院学生556人,其中专科生92人,本科生464人。年内招收专科生60人,本科生117人;毕业本科生116人。2021届本科毕业生一次就业率为94.17%。

2021年获批科研立项9项,其中厅级课题4项,校级课题5项。科研课题结项3项,其中国家教育部人文社科研究项目1项,厅级课题2项;横向课题2项。年内发表论文29篇,其中SCI论文5篇,一般期刊24篇。获得发明专利1项,实用新型专利1项,软件著作权4项。参与出版著作1部。第十二届全国体育科学大会论文获奖3项,其中口头交流一等奖1项,墙报交流二等奖2项。年内,学院举办学术报告8场。

2021年度开设专业课程132门,其中本科生专业课程108门。任课教师30人,其中为本科生授课教授3人。见表68、表69。

表68 体育学院基本情况

项目	数量	项目	数量
教职工总数(人)	71	EI入选论文数(篇)	5
教授数(人)	12	出版学术专著(部)	1
副教授数(人)	31		
全国科研先进工作者(人)	0	在校本科生数(人)	556
校特聘教授(1人)	1	应届本科毕业生一次就业率(%)	94.17
		应届本科毕业生考研录取率(%)	6.7
		本科生获省部级及以上学科竞赛奖(人次)	0
科研经费总数(万元)	2.18	英语四级通过率(%)	0.042
其中:资助经费	1.78	英语六级通过率(%)	0.00

表69 体育学院学术报告开展情况

讲座日期	讲座名称	主讲人
2021年4月12日	深耕运动文化,促进体教融合	彭庆文

续表

讲座日期	讲座名称	主讲人
2021年5月10日	新时代社会体育指导与管理专业的时代使命	高泳
2021年5月20日	统计学及SPSS软件在科研中的应用	桂立辉
2021年5月27日	考研与就业	傅兰英
2021年6月25日	拉丁舞赛场表现力探究	范文博
2021年11月5日	重塑体育人,共筑中国梦	许亚丽
2021年11月19日	新时代体育专业人才出路及运动康复新解	王崙
2021年11月26日	动作发展视域下运动技能学习与控制	孟国正

【领导分工】学院领导2人。院长张王利,主持学院教学、行政全面工作;党总支书记杨明志,主持学院党建和学工管理工作。

【党建与思想政治工作】学院党总支共有党支部4个,其中教工党支部3个,本科生党支部1个。党员22人(正式党员)),其中教工党员17人,本科生党员4人。教工中女性党员7人,少数民族党员1人。具有硕士研究生以上学历的党员8人,具有高级职称的党员4人。年内发展党员25人,其中,本科生党员23人。

年内,开展党委理论学习中心组学习6次。获评校级"先进党支部"1个(体育学院教工党支部),"优秀共产党员"1人(康晓晨)。

【获奖情况】体育学院舞蹈表演(国际标准舞)专业学生2021年度获得河南省第六届学生体育舞蹈锦标赛总决赛6个第一名、4个第二名、3个第三名、4个第四名、2个第五名和3个第六名的优异成绩。

体育学院社会体育指导与管理专业学生获得河南省大学生"华光"体育活动第三届五人制足球比赛和2021年中国大学生3×3篮球联赛河南省冠军赛女子组冠军;获得2021年河南省高等院校健身气功锦标赛二、三等奖;获得第十四届河南省定向越野锦标赛6个第一名,第二、三、七和第八名各1个;学生王亚楠在第十四届"升达杯"学生篮球比赛暨中国大学生3×3篮球联赛校园选拔赛(升达站)获得"篮球宝贝"称号。见表70。

表70 体育学院获奖情况

参赛时间	比赛名称	赛事等级	获奖情况
2021年6月	2021年中国大学生3×3篮球联赛河南省冠军赛	省级	冠军女子组
2021年5月	2021年河南省大学生"华光"体育活动第三届五人制足球比赛	省级	冠军女子组
2021年5月	第十四届河南省定向越野锦标赛	省级	第一名6个 第二名1个 第三名1个 第七名1个 第八名1个
2021年12月	2021年河南省高等院校健身气功锦标赛	省级	二等奖 三等奖
2021年12月	河南省第六届学生体育舞蹈锦标赛总决赛	省级	第一名6个 第二名6个 第三名3个 第四名4个 第五名2个 第六名3个

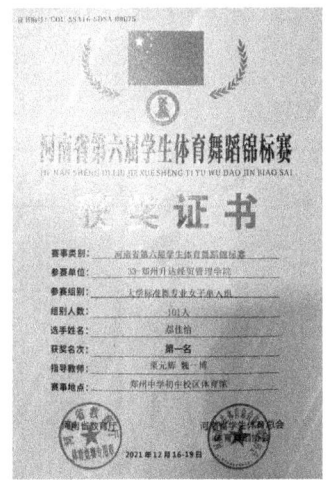

体育学院舞蹈表演专业相关赛事
获奖证书

社会体育指导与管理专业相关赛事
获奖证书

(撰稿人:陈阳光 审稿人:张王利)

交通管理学院

【概况】学院拥有汽车服务工程1个本科专业和空中乘务1个专科专业。2021年10月20日,校长郭爱先教授在第二会议室召开专题会议,决定将空中乘务专业整建制划归艺术学院,至此,交通管理学院只有一个汽车服务工程本科专业。

【师资队伍】学院教职工26人(专职10人,兼职16人),其中空中乘务专业为学校与河南爱丁堡教育科技有限公司合作办学,公司选派教师均列为学校兼职教师。2021年10月20日,空中乘务专业整建制划归艺术学院后,学院教职工人数为14人(专职9人,兼职5人),其中,具有正高级职称人员1人,副高级职称人员4人(年内获聘4人)。刘兵、刘华莉、熊红红于2021年9月6日入职。杜炎熙于2021年11月5日离职,杨田田于2021年12月30日离职。

【学生工作】学院共有2019级、2020级、2021级三届学生,在校生285人,全部为本科生,尚无毕业生。年内招收本科生93人。

【科学研究】2021年度科研项目7项。年内,签订校企合作项目1个,举办学术报告1场。见表71。

表71 交通管理学院基本情况

项目	数量	项目	数量
教职工总数(人)	26	在校本科生数(人)	285
教授数(人)	1		
副教授数(人)	6		
具有博士学位教职工数(人)	0		
科研经费总数(万元)	1.05	本科生获省部级及以上学科竞赛奖(人次)	16
		英语四级通过率(%)(当年四六级通过人数/当年报名人数)	18

【教学工作】年内开设专业课程51门,其中本科生专业课程24门。任

课教师26人,其中为本科生授课教授1人。学生获得学科竞赛奖项8项,其中省部级奖项7项。

学院学生获得2021年全国大学生数学建模大赛河南赛区省级一等奖3人,省级三等奖4人;获得2021年河南省"互联网+"大学生创新创业大赛暨第七届中国国际"互联网+"大学生创新创业大赛河南赛区选拔赛三等奖1人;获得2021年全国大学生英语竞赛(NECCS)C类三等奖1人。获得2020年度河南省三好学生1人;获得2020年度河南省普通高校优秀学生干部1人;获得2021智慧中国大学生"全国两会"知识竞赛中一等奖1人。

【实验实训】2021年4月20日,学院与河南道可汽车销售有限公司签订了校企合作协议,为汽车服务工程专业学生提供实训与实习平台。10月20日空中乘务专业划归艺术学院后,空中乘务专业实验室也相应划归艺术学院管理。11月10日,位于41号学生宿舍楼下一层的液压与气压实训室建成,至此,学院实验室拥有发动机拆装实验室、制图室和液压气压实训室,其中的发动机拆装实验室仅限于发动机实体机,尚未设置试验台等。学校实训处统筹考虑实验室利用率,将学院建设的计算机辅助设计实验室从学校东校区实训大楼六楼搬迁至实训大楼二楼,并划归建筑工程学院管理。

【领导分工】7月,经学校第三届董事会第二次会议研究通过,陶金仓不再任交通管理学院副院长(升董〔2021〕5号),由学院教学秘书兼行政秘书王凯作为学院临时负责人,负责学院全面工作。陶金仓副教授担任汽车服务工程教研室主任,张耀武高级工程师担任学院实验实训中心主任。

【党建与思想政治工作】2021年6月18日,交通管理学院直属党支部成立,陶金仓担任直属党支部书记。学院党员14人(正式党员5人),其中教工党员5人,本科生党员9人。教工中女性党员1人,具有硕士研究生以上学历的党员2人,具有高级职称的党员2人。年内发展党员9人,全部为本科生党员。

2021年12月9日,共青团郑州升达经贸管理学院交通管理学院委员会正式成立,王凯担任团委书记,辅导员杨田田和2019级学生于婉榕担任团委副书记。交通管理学院学生会同日成立,2019级学生陈宇洋担任首届学生会主席。

(撰稿人:王凯　审稿人:刘华莉)

马克思主义学院

【概况】马克思主义学院是直属学校党政领导的教学二级机构,下设马克思主义基本原理教研室、毛泽东思想和中国特色社会主义理论体系概论教研室、中国近现代史纲要教研室、思想道德与法治教研室、形势与政策教研室共5个教研室。主要承担全校思想政治理论课"马克思主义基本原理""毛泽东思想和中国特色社会主义理论体系概论""中国近现代史纲要""思想道德与法治""形势与政策"等课程的教学任务。学院下设三个研究机构:意识形态治理研究中心、新的社会阶层人士统战工作理论研究与人才培养中心、公民素质教育研究所。

马克思主义学院设有院长1人,2021年12月,王宪政被任命为马克思主义学院院长(升董字〔2021〕8号);党总支书记1人,教学秘书1人,教研室主任5人,兼职教学干事1人,兼职科研秘书1人,兼职教学督导员2人。

学院有教职工120人,专任教师93人,兼职教师27人,其中具有正高级职称人员8人,副高级职称人员30人。学院专任教师93人中,具有博士学位者共计8人,占学院专任教师总数的8.6%。

2021年科研项目共计26项,其中省部级科研项目2项,厅级科研项目12项。年内发表高水平论文12篇;出版著作3部,其中专著1部,编著教材2部。见表72。

表72　马克思主义学院基本情况

项目	数量	项目	数量
教职工总数(人)	93		
教授数(人)	8	学校认定高等级刊物论文数(篇)	12
副教授数(人)	30	出版学术专著(部)	1
具有博士学位教职工数(人)	8		

【领导分工】学院领导2人,院长王宪政主持学院工作;直属党支部书记窦峰负责学院党务等工作。

【党建与思想政治工作】学院党总支共有党支部5个,党员共计89人,正式党员89人,组织关系在校内的正式党员71人。全体教工党员中有女性党员55人,少数民族党员3人,具有硕士研究生以上学历的党员65人,具有高级职称的党员38人。

年内,开展党总支理论学习中心组学习4次;获评校级优秀共产党员1人,校级优秀党务工作者1人。

(撰稿人:孟慧敏　审稿人:王宪政)

基础部

【概况】基础部承担学校非英语专业本、专科学生的大学英语和大学数学的教学工作,设有综合英语第一教研室、综合英语第二教研室、英语听说教研室以及大学数学教研室等4个教研室和大学英语教学与理论研究所、应用数学研究所等共2个研究所。

基础部教职工159人(专职100人,兼职59人)。学院专任教师98人,其中具有博士学位者6人,占学院专任教师总数的6.1%。具有正高级职称人员23人,副高级职称人员99人(年内获聘1人)。硕士研究生导师6人,河南省学术技术带头人1人,河南省教育厅学术技术带头人3人。

年内完成两届学生近2万人、279个教学班的教学任务。开设公共英语课程5门,开设"综合英语"(普通本科)(Ⅰ、Ⅱ、Ⅲ、Ⅳ)、"综合英语"(艺体本科)(Ⅰ、Ⅱ、Ⅲ、Ⅳ)、"综合英语"(1、2、3、4)"英语读写"(1、2、3、4)、"英语听说"(Ⅰ、Ⅱ、Ⅲ、Ⅳ)等课程。开设公共数学课程11门,开设"高等数学""微积分""线性代数""运筹学""概率论与数理统计""高等数学专科""大学数学精讲""离散数学""应用数学基础""数学建模""数学文化"等课程。见表73。

表73 基础部基本情况

项目	数量	项目	数量
教职工总数(人)	159		
教授数(人)	23		
副教授数(人)	99	SCI入选论文数(篇)	3
具有博士学位教职工数(人)	6	学校认定高等级刊物论文数(篇)	3
硕士研究生导师(人)	6		
河南省科学技术带头人(人)	1	出版学术专著(部)	4
教育厅科学技术带头人(人)	3		
科研经费总数(万元)	0.6		

【获得荣誉】2021年5月,基础部"微积分(上/下)""大学英语Ⅳ"和"综合英语"(非英语专业)3门课程获得省级一流本科课程认定。其中基础部张志锒老师负责的"微积分(上/下)"为省级线上一流课程,权宇老师负责的"大学英语Ⅳ"为省级线下一流课程,吴娟娟老师负责的"综合英语"(非英语专业)为省级混合一流课程。

6月,黄永佳老师获第十二届"外教社"杯全国高校外语教学大赛(河南赛区)视听说组"一等奖"。

10月,权宇获2021年度河南省教育科学研究优秀成果"二等奖"。

11月,张培丽主讲的微党课"'冰雕连'——不朽的雄魂"在河南省"100年党史100问"微党课活动中获得一等奖。

12月,王莉莉、贺光辉、张庆凯、孙媛、权宇、吴娟娟、程敏姿、郑钊、张慧丽、徐亚杰分别获得2021年度郑州地方高校教育教学成果奖一等奖。

12月,权宇、贺光辉、宋玮、赵阳、刘雪松获第十二届全国高校外语教学大赛河南赛区微课组二等奖。

【学生活动】基础部教师带领学生团队获得"外研社杯"全国大学生写作、阅读、演讲比赛二等奖1人、三等奖7人,全国大学生英语竞赛一等奖5人、二等奖24人、三等奖45人,全国大学生数学竞赛"省级一等奖"4人、"省级二等奖"22人、"省级三等奖"27人,全国大学生数学建模竞赛省级一等奖6组、省级二等奖8组、省级三等奖15组。参加"2021年首届'外教社·词达人杯'全国高校大学生英语词汇能力大赛"200余名学生晋级河南省复赛,14名学子顺利晋级全国决赛。见表74。

表74 教师指导学生获奖情况

时间	竞赛名称	荣誉
2021年12月	全国大学生数学竞赛	"省级一等奖"4人,"省级二等奖"22人,"省级三等奖"27人
2021年11月	"外研社杯"全国大学生写作、阅读、演讲比赛	二等奖1人,三等奖7人
2021年10月	全国大学生英语竞赛	一等奖5人,二等奖24人,三等奖45人
2021年10月	全国大学生数学建模竞赛	省级一等奖6组,省级二等奖8组
2021年5月至6月	2021年首届"外教社·词达人杯"全国高校大学生英语词汇能力大赛	200余名学生晋级河南省复赛,14名学子顺利晋级全国决赛

【科研】2021年获批河南省科技厅科技发展项目1项,项目名称为"河南省国际科技合作瓶颈分析与对策研究";河南省教育厅高等学校重点科研项目2个,河南省社科联立项1项,郑州市社科联立项1项。省社科联项目共结项8项。2020年度河南省教育厅河南省高校人文社会科学研究一般项目结项2项。2020年度郑州市社会科学联合会结项1项。2021年发表论文44篇,其中核心论文3篇,SCI论文3篇,一般论文38篇。签订横向课题合同1项,合同经费0.6万元。出版著作4部,其中专著3部,编著1部。

【领导分工】基础部领导3人,主任王莉莉,主持学院全部工作;党总支书记张志银主持党务工作;副主任焦争鸣分管教学工作。

【党建与思想政治工作】基础部党总支共有教工党支部4个,教工党员46人(正式党员44人,预备党员2人)。教工中女性党员40人,少数民族党员1人,具有硕士研究生以上学历的党员35人,具有高级职称的党员24人。年内发展教师预备党员2人。

2021年3月18日,基础部直属党支部开展了"党员政治生日纪念卡"主题活动。

3月25日,基础部直属党支部召开组织生活会和民主评议党员大会。

5月13日,基础部直属党支部召开"学党史·网上重走长征路"主题活动启动仪式。

5月20日,根据基础部直属党支部"学党史·网上重走长征路"专题活动安排,邀请马克思主义学院党史学习教育宣讲团成员李广伟进行党史宣讲——《伟大转折:遵义会议》。

6月24日,基础部党总支召开预备党员接收表决大会。

6月24日,基础部党总支开展新党员入党宣誓和老党员重温入党誓词活动。

7月2日,基础部党总支组织全体教师在艺术学院音乐厅举办庆祝中国共产党成立100周年"学百年党史,庆百年华诞"红歌大合唱比赛。

8月,基础部各教研室召开了基层党支部设置调整工作会议。

11月,基础部党总支全体教师参观了由全国政协办公厅和省政协主办的《旗帜飘扬——党旗国旗军旗诞生珍贵史料展》(VR展厅)。

12月16日,基础部党总支召开"铸牢中华民族共同体意识"主题教育学习会,组织各教研室教师集中学习《深化新时代学校民族团结进步教育指导纲要》。

12月29日,基础部党总支召开2021年度党史学习教育专题民主生活会。

年内,共开展党委理论学习中心组学习9次,获评校级"优秀共产党员"2人。见表75、表76。

表75 基础部党员获奖情况

时间	姓名	荣誉
2021年7月	权宇	郑州升达经贸管理学院"优秀共产党员"
2021年7月	王森源	郑州升达经贸管理学院"优秀共产党员"

表76　基础部学术报告开展情况

时间	报告名称	报告人
2021年4月22日	语言与国家	党兰玲
2021年5月27日	以数学建模竞赛推动学生科技创新能力培养	刘凯

【特色活动】2021年3月20至21日,基础部全体英语老师在线参加第五届全国高等学校外语教育改革与发展高端论坛。

3月26日,基础部王莉莉教授参加由教育部高等学校大学外语教学指导委员会、上海交通大学、上海外国语大学主办的第十届全国大学英语院长高级论坛。

4月22日,华北水利水电大学外语学院院长、硕士生导师党兰玲教授莅校做题为《语言与国家》的学术报告。

4月30日,基础部组织6000余名学生参加2021年首届"外教社·词达人杯"全国高校大学生英语词汇能力大赛。

5月7日至8日,基础部大学英语第一教研室主任权宇副教授和第二教研室主任贺光辉副教授参加了由上海外国语大学中国外语教材与教法研究中心、上海外语教育出版社联合举办的首届全国高校大学英语教研室主任高级论坛。

5月13日,基础部组织2019级和2020级近1万名学生参加了全国大学英语四级摸底考试,本次考试共安排了180余个考场。

5月15日至16日,基础部张庆凯副教授、权宇副教授带领学生团队参加了由全国高等学校大学外语教学指导委员会及全国高等学校大学外语教学研究会联合组织的2021年全国大学生英语竞赛决赛(河南赛区)。

5月27日,基础部携手数学爱好者协会,在双创大讲堂组织了"以数学建模竞赛推动学生科技创新能力培养"的数学建模辅导培训报告会。河南工程学院理学院刘凯博士莅校进行关于全国大学生数学建模竞赛的经验分享。

5月27日,基础部召开了大学英语四级辅导经验交流会。黄贝贝、张庆凯和徐喜梅等三位教师发言。

6月15日,基础部数学教研室组织了2021数学建模辅导培训安排部署会。

6月17日,数学爱好者协会举办2018、2019级交接仪式暨就职演讲活动。

10月27日,基础部副主任焦争鸣、党总支书记张志银副教授、数学教研室主任时文俊教授、骨干教师何俊副教授一行前往信阳学院,就数学专业建设进行考察学习。

11月11日,基础部大学英语写作和阅读大赛在综合楼220、221、321、322教室进行,全院非英语专业共500余名学生参加了此次比赛。

11月11日,2021级大学英语四级水平测试顺利举行。本次考试旨在让学生们熟悉考试流程,感受考试氛围,规范考试行为,由基础部大学英语教研室统一命题,2021级全体本科生分班级自行进行组织。

11月13日,基础部组织来自信息工程学院、会计学院、商学院、金贸学院、建筑工程学院、管理学院、交通学院的140名学生参加第十三届全国大学生数学竞赛初赛。

11月18日,基础部举办了大学英语四级考试推进会,校长郭爱先、教务处课务科科长袁向阳应邀出席会议。

11月27日至28日,在焦作迎宾馆3号楼,河南省数学会第十次会员代表大会顺利召开。基础部党总支书记张志银、数学教研室主任时文俊出席参加了会议。党总支书记张志银成功当选河南省数学会第十届理事会理事。

12月9日,基础部工会组织举办了基础部第六届冬季文体趣味运动会。

(撰稿人:权宇 审稿人:王莉莉)

人 物

特聘教授名单

刘道兴　王东虓　辛世俊　冯永臣

表彰与奖励

（省部级以上）

教职工表彰与奖励

河南省优秀党务工作者：钟江鸽

河南省教学标兵：郭苏敬

河南省文明教师：王铮、晏玲玲

河南省文明网民：申成

河南省教育系统网络安全和信息化工作先进个人：张其武、李保华

学生表彰与奖励

全国五四红旗团支部：国旗班团支部

河南省文明社团：青年马克思主义社团

河南省文明学生：耿胜楠（2018级计算机科学与技术本科2班）、荆春鹏（2018级国际经济与贸易本科1班）、陶薇（2018级商务英语本科3班）、崔夏溥（2019级会计学本科2班）、梁淑慧（2019级旅游管理本科2班）、黄响（2018级工程造价本科1班）

河南省文明宿舍：19号楼522宿舍（项灿灿、凌敏、马艺源、赵玲光、孟慧慧、王巧利）；26号楼520宿舍（安荣康、陈红宇、唐占江、王帅、陈冠锜、张明浩）；21号楼314宿舍（黄兆琦、赵青林、苗金来、宋雨霏、刘晓涵）

河南省文明班级：2019级工程造价本科2班、2019级学前教育本科1班

2021年河南省三好学生名单(85人)

摆建芳	曹慧珂	晁宇航	陈 燃	陈顺治	代海博	代俊杰
丁超凡	冯珂嘉	傅家鸣	高 滢	耿胜楠	郭 玥	韩博文
韩海燕	何 媛	黄佳茜	解庆婷	李 乐	李 林	李 烁
李方影	李梦媛	李亚洁	李怡菲	李战辉	梁淑慧	蔺海龙
凌 敏	刘 斐	刘东岳	刘慧敏	刘培周	刘璞瑞	刘钰娇
刘珍珍	芦巧素	路翔云	马栋梁	马瑞颖	马艳菲	秦梦瑶
舒 心	宋金彪	孙梦香	仝晓琳	王 迪	王 轲	王 琰
王澳凯	王冰洁	王春霖	王琨翔	王乐萌	王志远	吴俊娇
伍一凡	肖 尧	谢林麟	谢婉莹	熊世婵	徐 霜	徐梓源
薛文雅	杨豪豪	杨晓敏	尹晶晶	翟士伟	张 欢	张 帅
张金淼	张璐瑶	张梦瑶	张娜娜	张小文	张秀畅	张雪凝
张亚芹	赵伟崴	周 雷	周冰冰	周雅荣	朱鹏丽	朱叶萍
吴丽静雯						

2021年河南省优秀学生干部(30人)

成菁华	范梦蝶	方露露	耿海釜	关圆圆	郭亨祥	胡 燕
黄 响	李锦国	李生辉	李阳阳	刘梦瑶	鲁嘉欣	吕忠鹏
马 壮	乔子涵	石中玉	索嘉璐	汤俊豪	王姝懿	王鑫月
王亚男	王怡雯	王永芳	杨盼盼	杨永辉	于 瑞	占欣亭
张彩虹	张亚薇					

2021届省级优秀毕业生名单(159人)

安源洁	白梅君	曾照港	常利君	常梦蝶	陈安琪	陈奋勇
陈 红	陈静静	陈瑞霞	陈赛丽	陈诗意	陈晓霞	陈亚玲

陈艺莹 谌　余 程梦真 程　萍 程新雅 程紫茵 楚金虎
楚文朝 单岁岁 丁　康 董许诺 董雅明 范琳轲 方美贤
冯梦茹 冯馨雨 高　晗 高双霞 郭静平 郭君颖 郭倩茹
郭甜甜 郭晓航 郭珍岐 侯慧杰 侯宁芳 胡潮清 胡　雪
杨黄涵一 黄　汇 黄钰凤 黄　柱 江　姗 姜晨星 兰明月
雷慧琳 雷淑娟 李朝阳 李　浩 李佳新 李嘉文 李楠楠
李诗莹 李晓林 李昕悦 李　欣 李亚鹏 李　洋 李　莹
李优梅 李羽灵 李圆圆 李志强 李子依 廖雅馨 刘　畅
刘浩浩 刘　曼 刘梦洁 刘腾博 刘惟怡 律叶叶 马驰原
马帅飞 马肖洒 马雅莉 毛若楠 毛雅慧 庞利霞 平姗姗
齐丹丹 屈珂昕 桑文华 邵　敏 石孟欣 石　妍 时惠津
史晓宁 宋璐璐 孙玲玉 孙孟蕾 孙梦倩 王　聪 王丹妮
王丹瑶 王会敏 王　洁 王金凤 王琳平 王　曼 王梦凡
王盼盼 王世昌 王姝冰 王　帅 王帅婷 王　素 王亚青
王　玉 芳王钰 王蒙蒙 韦亚柯 闻　奕 吴月茹 武可可
夏云雪 邢亚博 徐妙琦 徐双双 徐文豪 许慧妍 薛森倩
闫珊珊 杨　洁 杨　娟 杨浦阳 杨清鹏 杨文岳 杨于萱
尹秋杰 于梦梦 于谦贠 天　婵 翟梦娜 翟雪苑 张晨茜
张惠清 张　露 张苗苗 张明瑞 张舒琦 张文静 张　潇
郑梦娟 郑盼盼 周芮屹 周若冰 朱慧悦 朱家辉 朱剑飞
朱　伟 祝树青 魏宏茹 张　瑞(201903920240)①
张　瑞(201907900234)

---

① 名字带学号为重名,下同。

2021 届毕业生名单

本科毕业生

金融贸易学院(802人)

白慧敏	白丽梦	白　天	白小军	暴世敏	毕宜慧	蔡玲玲
蔡明阁	蔡淑姣	仓园旭	曹　博	曹　歌	曹晓庆	曹　艳
岑　政	柴　骞	柴俊晓	柴李娅	柴文常	闫　闫	常慧通
常乐园	车鑫鹏	陈贝贝	陈　红	陈洪威	陈佳慧	陈嘉淇
陈锦慧	陈乐欣	陈路遥	陈鹏飞	陈书钦	陈晓婷	陈欣颖
陈雪颖	陈　亚	陈　焱	陈　阳	陈莹莹	陈　宇	陈玉真
陈云云	陈卓然	程　创	程　涵	程浩乾	程　辉	程威远
程　馨	程亚男	楚丽萍	褚桂真	崔誉馨	代婉婉	代毓灵
党雪瀛	丁梦月	丁　瑞	丁嵩珊	丁　雪	丁艳娣	丁雨婷
丁志豪	董倩茹	董　让	窦旭阳	杜雪琦	段蓓蕾	段睿欣
段　鑫	段宇航	樊辉辉	樊江龙	樊莹莹	范澳伟	范道俊
范珂玮	范思佳	范文洁	范一博	方明盈	方业宽	房圆圆
封博文	冯博文	冯福萌	冯贺萍	冯　琳	冯鹏宇	冯炫博
冯艳增	扶海燕	付君君	付焱琪	高　寒	高好好	高轲枫
高龙飞	高怡雪	高云美	邰露露	葛纯萍	葛铭利	耿馨禹
龚　傲	关文瑞	郭　灿	郭晨光	郭成贺	郭好煜	郭罗青
郭曼曼	郭倩茹	郭盛鑫	郭帅林	郭肖艺	郭雪莹	郭亚豪

郭亚曼	郭宇亮	郭子蔓	虢玉洁	海梦想	韩晗	韩旗
韩婷婷	韩文杰	韩新茹	韩逸冰	蒿宣宣	郝佳秀	何鹏超
何艳荣	和畅	贺静静	贺艳青	侯冰杰	侯晨洁	侯晓菲
胡兵	胡方舟	胡高寒	胡金波	胡敬雯	胡梦雅	胡苑苏
滑笑蕊	皇甫正辰	黄程伟	黄涵一	黄盼盼	黄旭帆	吉晨昊
吉晨阳	贾惠琳	贾晓芳	贾晓娜	贾燕博	贾宇华	姜兆玲
蒋长江	焦德馨	焦露瑶	焦童	晋翠翠	井坤	康淑茵
康天义	康婷	康雅潇	康业灿	孔斌	孔超	孔维斌
雷风热	李奥	李宝顺	李超伟	李晨阳	李春晓	李奉芮
李海嘉	李涵	李化宇	李会会	李会杰	李惠芳	李慧洁
李佳咛	李佳一	李建忠	李金颖	李静	李俊豪	李科伟
李克阳	李昆阳	李岚奇	李蕾	李利鑫	李曼	李梅
李孟会	李梦珂	李梦梦	李梦瑶	李苗苗	李苗强	李明芳
李明雨	李鹏磊	李奇	李倩	李蕊鑫	李睿	李润萌
李珊珊	李诗莹	李松雨	李天祥	李威震	李伟业	李霞
李香丽	李向雨	李晓凤	李新	李星	李秀	李秀琳
李雅楠	李雅婷	李亚丹	李亚磊	李亚鹏	李亚贞	李燕秋
李杨	李洋	李洋洋	李耀恒	李羿潆	李银灯	李颖
李永	李宇梦	李宇鑫	李园园	李月文	李珍珍	李志起
李智心	李中珂	李卓莹	连贝贝	梁璇	梁艳超	梁珍
林文祥	凌荟茹	刘澳	刘百泉	刘冰	刘博	刘博文
刘峰	刘庚源	刘桂婷	刘浩阳	刘嘉琛	刘嘉怡	刘津钊
刘晋	刘婧靓	刘俊科	刘珂	刘利	刘凌宇	刘露闪
刘曼	刘萌洋	刘盼盼	刘佩文	刘萍萍	刘姗姗	刘胜
刘世宇	刘世增	刘淑蕾	刘帅雅	刘腾霄	刘添	刘威威
刘为为	刘先有	刘欣宇	刘鑫	刘炫	刘艳淑	刘艳艳
刘焱升	刘阳阳	刘洋贝	刘瑶瑶	刘冶	刘一帆	刘一峰
刘艺豪	刘莹	刘颖	刘永生	刘玉博	刘元红	刘媛
刘云云	刘振宙	卢国通	卢宏彪	卢金龙	鲁晨阳	鲁志娟

鹿晨晨	栾晓宇	罗蒙	吕柯欣	吕冉婷	吕玉莹	吕云飞
马贺玲	马辉	马俊琦	马可可	马淼淼	马乾铭	马荣雪
马书会	马帅飞	马崧凯	马田田	马肖洒	马亚楠	马越杰
毛浩然	毛若楠	毛欣欣	梅二山	孟柯	孟欣	苗家田
苗郡格	苗泽旭	苗壮	莫雪飞	穆心如	穆志鑫	宁俊
牛琪雯	牛鑫	潘虹州	潘婷	潘洋洋	庞光普	庞晓
裴缦莹	裴雨庆	彭海涛	彭梅	彭苏曼	彭长明	平金铭
戚少华	亓嘉正	齐锦鹏	祁闯	祁亚新	钱慧	钱真
乔璐	乔瑞雪	乔石	乔腾飞	秦红伟	秦瑶	秦怡航
秦怡静	秦紫慧	全希希	冉铭梦	任广瑞	任航	任昊举
任军妍	任沛洁	任夏蕾	荣希月	茹超	尚小娟	邵琳婷
邵重霖	申浩迪	申青艳	盛晗	师东岭	施婷婷	石佳欣
石晓琳	石妍	石艳欢	石玉泉	时惠津	时君	史佳欣
史梦珂	史明飞	史琦琪	史文莱	史文笑	史晓培	史昕懿
舒灿	司震坤	宋邦国	宋超凡	宋会贤	宋慧柯	宋嘉琪
宋仁港	宋涛	宋婉婷	宋新艳	宋馨雅	苏祎	苏煜欢
随棠棠	孙灿	孙泓栩	孙佳宁	孙嘉怡	孙凯文	孙丽娜
孙林宁	孙孟蕾	孙梦	孙梦圆	孙少文	孙文佳	孙文蕾
孙小涵	孙艺丹	孙宇航	孙煜航	孙媛	孙志琪	谭欢
唐静静	唐耀申	滕昊	田飞飞	田林莎	田乾坤	田莹洁
田悦	万青琦	汪雅歌	汪正行	王安琪	王安然	王伯林
王朝君	王琛钰	王晨晨	王程煜	王春洋	王大山	王凤洁
王富豪	王海燕	王涵锐	王宏	王慧停	王嘉琪	王婧怡
王军钢	王凯	王柯	王克强	王坤	王力港	王丽
王利苛	王龙龙	王露翰	王盟迪	王孟	王梦凡	王培全
王鹏举	王平平	王蕊	王瑞彬	王若飞	王若茜	王帅
王帅婷	王思敏	王松	王天佑	王婷	王团辉	王婉茹
王玮	王文虎	王贤惠	王祥	王潇	王小琪	王晓蕾
王晓阳	王笑浛	王欣也	王新瑶	王馨	王秀飞	王璇

王雅敏	王雅雯	王亚慧	王亚杰	王亚宁	王亚琪	王　琰
王一博	王英明	王永志	王瑜乐	王　宇	王玉梁	王玉鑫
王月月	王在美	王　珍	王真真	王震宇	王　壮	王子文
王子祯	蔚文华	魏成欣	魏赫飞	魏佳鑫	魏淑花	魏天一
魏薪洋	温明媚	闻煜晴	吴　斌	吴丹丹	吴　迪	吴海瑞
吴江涛	吴丽秀	吴领辉	吴清明	吴姗姗	吴亚锟	吴　焱
吴永琦	吴月茹	武亚蕊	夏　冰	夏晨宇	夏光军	夏梦珂
夏祖章	肖冰泉	肖　克	谢冰清	谢晓晓	谢艺娟	邢梦杰
邢瑞博	邢珍贵	熊金玉	徐俊伟	徐　琳	徐倩倩	徐　洒
徐　彤	许勤勤	许　晴	许　蕊	许帅通	许园园	薛佳佳
薛子龙	闫冰雅	闫　姣	闫　楠	闫新唱	闫　鑫	闫子良
严晶晶	杨奥博	杨春贺	杨浩远	杨慧美	杨慧文	杨佳慧
杨晶晶	杨静星	杨　蕾	杨　林	杨茂晗	杨　萌	杨梦雨
杨梦月	杨　娜	杨　升	杨思远	杨文龙	杨祥丽	杨旭豪
杨雅茹	杨洋阳	杨伊洁	杨依山	杨　莹	杨钰璐	杨长庚
杨志远	姚梦浩	姚向阳	姚晓洋	姚欣彤	叶培英	易梦瑶
殷金燕	殷孟芝	尹倩倩	尹伟纳	游书云	游淑婷	于梦杰
于盼盼	于喜梅	余冠霖	余海洋	余　红	余双平	余英杰
禹　玮	袁芳芳	袁家慧	袁靖焱	袁丽娜	袁林杰	袁瑞瑞
袁莎莎	袁　鑫	袁　艺	岳林冲	翟明乾	张　斌	张　博
张晨红	张大赛	张典雅	张东方	张恩彪	张　峰	张高源
张广帅	张国姣	张豪杰	张浩天	张鹤鹏	张换丽	张惠洁
张嘉静	张　娇	张　洁	张金云	张晶慧	张静静	张俊鹏
张理想	张梁飞	张　亮	张　林	张林林	张　琳	张灵玉
张留磊	张　梦	张梦娟	张梦梦	张　泞	张盼盼	张培培
张朋远	张仟仟	张　瑞	张睿智	张书林	张淑瑞	张帅磊
张丝雨	张　思	张甜甜	张铁锋	张亭亭	张为来	张　伟
张伟锋	张　魏	张文丹	张文欢	张文佳	张文文	张萧洁
张小雪	张小雅	张旭晴	张雪茹	张雅慧	张亚龙	张妍钰

张艳芳 张艳青 张　洋 张怡佳 张　轶 张益策 张永明
张雨欣 张媛杰 张媛媛 张　玥 张兆倩 张　哲 张正菊
张　卓 赵国进 赵海江 赵慧儒 赵孟斐 赵倩佶 赵世杰
赵小月 赵雪棋 赵雅馨 赵　扬 赵艺明 赵益竹 赵　颖
赵永康 赵云芳 赵增光 赵紫微 郑光辉 郑　静 郑黎明
郑巧玉 郑新爱 郑　鑫 种圆圆 周德京 周　丰 周莉霞
周梦媛 周　琦 周赛群 周书鑫 周田田 周婉婷 周　微
周晓曼 周心怡 周雪婷 周怡岚 周云萍 朱春晖 朱凌霄
朱苗苗 朱瑞芳 朱　伟 朱艳飞 朱艳伟 朱莹莹 朱塬钿
朱重阳 祝树青 邹懋祥 程　前(201601030243)
程　前(201701030338)　刘　畅(201701010349)
刘　畅(201701030108)　马赛赛(201701030615)
马赛赛(201701110146)　张　悦(201701030632)
张　悦(201901910108)

会计学院(1064人)

艾　娣 艾明意 安迪娜 安雪瑞 安彦彦 安珍珍 白翰非
白皓天 白梅君 白乃宁 白启欣 白　昱 白照丽 班书婷
薄鑫尧 毕国璇 毕乔丹 卜冰雪 卜雪姣 蔡博文 蔡　娇
操爱玲 曹凤杰 曹加录 曹　腊 曹苗苗 曹　爽 曹笑盈
曹瀛丹 曹媛炜 曹媛媛 曹　源 曾陈雨 曾　严 芣方圆
常成旭 常一帆 常永涛 畅均均 陈安琪 陈安然 陈柏谕
陈蓓蓓 陈　宾 陈　岑 陈　晨 陈二龙 陈广明 陈　辉
陈佳怡 陈敬益 陈静静 陈丽媛 陈俐瑾 陈林林 陈琳琳
陈　铭 陈　楠 陈盼盼 陈冉冉 陈书楷 陈　松 陈田田
陈　婷 陈　伟 陈晓培 陈晓霞 陈鑫阳 陈星月 陈亚琪
陈　洋 陈怡舒 陈优南 陈　妤 陈雨阳 陈　哲 陈志铜
陈志扬 陈姿帆 程涵影 程　洁 程　龙 程梦潇 程梦云

程　萍	程　爽	程夏存	程香慧	程晓敏	程晓雨	程奕然
程紫茵	池柴敏	池小雨	迟雪文	储亚文	从　晨	崔丹丹
崔继允	崔林霞	崔梦隆	崔绍钰	崔世扬	崔雅娜	崔紫滢
代荣荣	党高洁	党红晓	党域铭	邓光伟	邓　岩	底双慧
刁鹏凯	丁　恒	丁会敏	丁玲玲	丁　攀	丁士钊	丁夏红
丁小宁	丁雪文	丁洋洋	丁毅杰	丁迎蕾	丁雨竹	董晨阳
董思雨	董雯雯	董香伶	董悠悠	董雨秋	董　昱	窦佳薇
杜翠翠	杜佳薇	杜敬敬	杜诗梦	杜天威	杜欣然	杜雅文
杜　铮	杜庄妍	段冬梅	段振可	凡雪燕	凡真真	樊梦涵
樊　帅	范梦云	范鑫懿	范焱焱	方梦玲	方雅博	冯澳锋
冯彬峰	冯佳欣	冯建波	冯璐莎	冯孟良	冯鹏燕	冯诗涵
冯文涛	冯文韬	冯显特	浮跃跃	符　健	付红浩	付胜楠
付正鹏	高冰雪	高　涵	高　洁	高京京	高俊涛	高　亮
高满溢	高梦杰	高　倩	高文艳	高琰琰	高　怡	高艺溶
葛艳芳	葛智飞	耿柯妍	耿少静	耿壮壮	谷秋杰	关单文
关欢欢	关晶文	关童心	郭晨曼	郭春华	郭东晓	郭奉炎
郭寒月	郭稼轩	郭娟娟	郭俊辉	郭　莉	郭林明	郭梦欣
郭梦颖	郭　庆	郭书羿	郭潇然	郭晓娇	郭　阳	郭　一
郭昱虎	郭沅鑫	郭云飞	郭　允	憨瑞东	韩福霞	韩　梦
韩胜达	韩喜玲	韩小晴	韩雅丹	韩雨林	郝彬燕	郝聆汝
郝倩倩	郝　莹	何炳君	何博洋	何明杰	贺　聪	贺亚萍
贺懿晴	侯慧慧	侯凯献	侯梦林	侯婉彬	侯伟健	候贝贝
胡冰媛	胡朝祎	胡承超	胡恩光	胡凤琪	胡孟杰	胡萍萍
胡　越	胡志毅	华　鑫	皇甫文杰	黄冰玉	黄丹嘉	黄佳佳
黄洁明	黄梦茹	黄明珍	黄　宁	黄　庆	黄　瑞	黄娅涵
霍玉严	霍真真	姬瑞远	吉梦可	冀慧芳	贾寒晴	贾慧欣
贾　洁	贾丽莎	贾路阳	贾梦妍	贾明静	贾小玉	贾晓燕
贾玉霄	江　猛	姜大川	姜慧洋	姜嘉慧	姜晓萱	蒋维扬
蒋鑫鑫	蒋　雪	焦洁清	焦　阳	解盼飞	金　莉	金瑞晨

金文洁	靳晨雨	靳曼曼	靳艳艳	经文霞	井梦雨	景克难
孔维爽	孔伟来	寇建华	兰国庭	兰　婧	雷洺净	雷秋雨
雷晓琳	雷艺璇	李安楠	李安琪	李博扬	李超凡	李定基
李　飞	李　菲	李光林	李昊天	李昊阳	李　鹤	李鹤红
李红枫	李　华	李华丽	李　晖	李佳佳	李佳新	李佳鑫
李佳玥	李嘉莹	李金铭	李　进	李静静	李　凯	李凯丽
李　可	李克凡	李乐媛	李灵灵	李孟姣	李孟君	李梦姣
李梦娜	李梦溦	李梦欣	李梦雪	李梦莹	李明坤	李娜娜
李佩佩	李鹏博	李启航	李倩倩	李巧巧	李勤冰	李琼芳
李秋梦	李若红	李　屾	李晟源	李世军	李世林	李淑镭
李　爽	李水荷	李思莹	李思雨	李素亚	李　婷	李文慧
李　稳	李　晓	李晓杰	李晓倩	李晓雪	李　欣	李欣雨
李星星	李许辉	李雪纯	李雪凡	李雪瑶	李亚婷	李一晨
李义华	李　艺	李樱楠	李盈盈	李　莹	李宇琼	李　雨
李雨时	李玉杰	李玉琦	李　玥	李振界	李志轩	李智杰
李子涵	连华伟	连俊楠	练美菊	梁　迪	梁嘉文	梁金平
梁沥丹	梁梦醒	梁乾美	梁诗苑	梁雅欣	梁妍妍	梁钰佳
廖颢琳	林梦雪	林闪闪	林新国	林祖邦	凌慧娇	刘春雨
刘霏雨	刘海艳	刘　航	刘浩伟	刘鸿恩	刘华歌	刘　慧
刘慧芳	刘佳华	刘嘉辉	刘江梅	刘金昌	刘　晶	刘　婧
刘靖雯	刘静茹	刘　柯	刘立莹	刘梁义	刘　留	刘路珂
刘美男	刘敏杰	刘明贤	刘茜茜	刘　冉	刘瑞敏	刘杉杉
刘彤彤	刘　伟	刘文芳	刘文静	刘晓颖	刘晓宇	刘宣鹏
刘雪婷	刘雅琦	刘雅茹	刘亚欣	刘彦宏	刘艳芳	刘曜通
刘毅秀	刘永涛	刘　玉	刘玉山	刘媛媛	刘　悦	刘　真
刘志钊	刘中原	刘子荣	卢春莹	卢慧池	卢　宁	卢　辛
卢娅楠	鲁　慧	鲁　静	鲁　路	陆钰鑫	鹿康雯	逯年丰
路碧颖	路　佳	路梦帆	罗开瑞	罗婷婷	吕臣君	吕　岚
吕文鑫	吕心雨	吕秀玲	马傲丽	马冰林	马超东	马　航

马靖康	马 娟	马孟涵	马婉青	马艺伟	马志强	毛昊宇
毛雅慧	孟富林	孟 格	孟海燕	孟盼盼	孟清芳	孟庆哲
孟婷婷	孟亚茹	孟钰滢	苗富润	苗 洁	苗 晴	牟月瞳
聂丹丹	聂娇娇	聂文文	牛姣阳	牛媛媛	牛珍珍	欧阳典娜
潘珂昕	潘卫铎	潘雪静	潘宇宸	潘玉娇	庞慧琳	庞利霞
庞 宇	裴 剑	裴梦亭	裴 薇	裴紫阳	彭会引	彭家琦
彭锦璐	彭晶晶	彭 平	彭 鑫	濮 素	齐丹丹	齐 凡
齐紫薇	祁 琳	强 项	强雅文	乔唱唱	乔慧璞	乔慧珍
乔书于	乔怡萌	乔 羽	秦浩鹏	秦健翔	秦梦云	秦庆元
秦小平	秦宇凤	秦雨梦	秦志华	屈丽娜	权勤淙	任华雨
任 珂	任琳娜	任陆帆	任 梅	任 蕊	戎雅鑫	桑文华
沙健梅	山玉婷	申嘉慧	申开路	申坤玉	申林馨	申彤钰
沈蓬鑫	盛世妍	师睿斌	施巧明	施月华	石秉秉	石鸿月
石 岩	史凯隆	史顺花	史鑫玺	舒香平	帅荣荣	司浩洋
司 敏	司倩倩	司云慧	宋澳华	宋磊磊	宋 蕾	宋璐璐
宋孟醒	宋娜	宋婉悦	宋晓萱	宋新宇	宋曌玉	宋淮英
苏海露	苏 菁	苏启航	苏文艳	苏重庆	孙丹丹	孙东明
孙菲菲	孙 晗	孙浩然	孙玲玉	孙梦娜	孙梦瑶	孙明惠
孙盼盼	孙朋莉	孙姗姗	孙淑娴	孙文倩	孙颖光	孙雨君
孙园园	孙云飞	孙振宁	谈爱琪	谭 超	谭冀卓	谭梦如
谭宇静	汤雅静	唐家明	唐京婷	唐天雪	唐延霞	陶 珂
陶帅宇	陶孝亚	陶怡然	陶 玉	滕 飞	滕 越	田书任
田淞博	田文娟	田欣鑫	田亚美	田雨润	田云玲	田紫燕
万梦圆	万文芳	汪景诗	王 贝	王 彬	王春华	王丹丹
王 迪	王迪迪	王东琦	王 帆	王浩宇	王颢融	王合莹
王慧玲	王佳萌	王佳敏	王建雨	王江红	王晶晶	王静博
王静格	王静怡	王军丽	王凯凯	王 坤	王林芳	王林坤
王琳平	王 路	王璐珂	王璐瑶	王曼琳	王梅红	王蒙蒙
王梦佳	王梦健	王梦君	王梦梦	王梦茹	王梦伟	王梦西

王梦雨	王 冕	王妙妙	王 敏	王铭焱	王 楠	王 盼
王鹏洋	王 茜	王 倩	王倩倩	王倩文	王秋月	王瑞丽
王赛赛	王世威	王淑慧	王 素	王婷婷	王文佳	王文静
王文玉	王肖宇	王晓党	王笑言	王新璐	王新语	王 鑫
王鑫鑫	王 幸	王 萱	王亚洁	王亚兰	王艳杰	王一博
王意茹	王 英	王莹莹	王 颖	王玉金	王玉莹	王月妍
王长振	王梓鑫	王宗法	韦梦杰	蔚 骁	魏 杭	魏经能
魏菁源	魏 森	魏甜甜	魏 薇	魏玺宸	魏晓玥	魏秀珍
魏亚南	温佳璐	温凯玥	温晓暄	文成健	文 涵	巫晓梦
吴 灿	吴 涵	吴佳岐	吴 景	吴丽艳	吴佩娟	吴启明
吴亚楠	吴 晏	吴瑜滢	吴郁萌	吴子怡	武留芳	武秋燕
武雯婕	席鸿远	夏春倩	夏 捷	夏亚阁	相又源	项立勋
肖慧珂	肖梦茹	肖 荣	肖 晓	肖玉艳	谢馥晨	谢颜玉
谢英楠	辛婷婷	邢培元	邢瑞艳	邢天河	邢正园	熊 毫
徐 闯	徐凡星	徐方圆	徐凤阳	徐慧婷	徐灵芝	徐 猛
徐梦茹	徐妙琦	徐铭澳	徐双双	徐同同	徐稳稳	徐希汉
徐 馨	徐 燕	徐一铭	徐月华	许 静	许 锐	许钰晗
薛晨阳	薛梦鸽	薛 鹏	薛 阳	延少宁	闫 辰	闫静怡
闫龙庆	闫淑君	闫思敏	闫永凯	严海婧	严子祺	杨彬彬
杨韩露	杨浩杰	杨 欢	杨 杰	杨 洁	杨 娟	杨凯璐
杨坤凯	杨禄禄	杨梦姣	杨 培	杨 茜	杨秋月	杨婷婷
杨晓斐	杨新印	杨鑫森	杨鑫亚	杨雪玲	杨 阳	杨 悦
姚富林	姚 慧	姚雪辛	姚智恺	叶华彬	叶 睿	叶 童
叶卫丽	叶志莹	易文娟	尹振宇	于梦杰	于梦梦	于 晴
于 瑞	余 会	余淑雅	余停停	禹业政	元程可	袁晋丽
袁蒙蒙	袁梦琦	原明欣	苑海东	岳春汝	岳宁宁	臧海静
翟晨旭	翟瑞婷	翟雪苑	翟永锋	詹钰艳	张冰心	张 博
张畅畅	张 晨	张成芳	张春梦	张春燕	张春洋	张丹阳
张丰欣	张风茹	张凤丹	张凤玲	张赅敏	张根远	张光耀

张国慧 张海枫 张和平 张惠惠 张慧芳 张继升 张嘉康
张金姗 张晶晶 张靖坤 张静丽 张静茹 张君丽 张珂珂
张乐园 张　莉 张莉莉 张　亮 张琳琳 张梦佳 张梦姣
张苗慧 张苗苗 张明明 张明瑞 张倪恒 张　鹏 张琦君
张乾申 张倩倩 张青变 张秋灵 张　冉 张　瑞 张瑞琦
张胜毅 张舒欣 张思遥 张思宇 张　素 张　彤 张　巍
张　玮 张文静 张文芝 张　雯 张熙路 张　玺 张喜荣
张献云 张潇辉 张小静 张晓县 张欣欣 张　鑫 张雅欣
张亚格 张艳冰 张　燕 张燕美 张一杰 张　祎 张　怡
张怡璇 张艺静 张艺源 张玉文 张圆梦 张媛媛 张远勤
张月彩 张　悦 张　喆 张振浩 张铮浩 张志勇 张紫苓
张紫玲 张紫颜 张紫岳 章　蕊 章　悦 赵博杰 赵晨娟
赵成欢 赵丹丹 赵　迪 赵斐斐 赵桂灵 赵弘扬 赵红英
赵　慧 赵慧敏 赵　洁 赵金虎 赵　凯 赵　丽 赵明明
赵琪琪 赵　启 赵　茜 赵庆莉 赵硕岩 赵甜甜 赵亭亭
赵婷婷 赵　炜 赵鑫菲 赵　熠 赵雨果 赵玉鑫 赵志晴
甄迎珂 郑何冉 郑红福 郑可可 郑美辰 郑翔戈 郑　烨
郑玉霞 郑圆圆 钟月秀 周　蓓 周　斌 周　贺 周香怡
周赛琦 周世玲 周习习 周　欣 周亚柯 周　莹 周　园
周振宇 朱冰冰 朱富强 朱　红 朱慧芹 朱金豪 朱可盈
朱美静 朱梦博 朱彭真 朱倩歌 朱晴晴 朱蕊蕊 朱欣欣
朱元领 宗珂璇 宗瑞汾 李　静(201902910348)
李　静(201902900223) 刘子涵(201702020117)
刘子涵(201702050123) 宋雯雯(201702040133)
宋雯雯(201702010223) 王　琪(201702020228)
王　琪(201902900228) 王　硕(201702010153)
王　硕(201702020226) 张　洁(201702080142)
张　洁(201902910218) 张　娟(201702010337)
张　娟(201902910122) 张　倩(201702080146)

张　倩(201902900127)　　周　静(201702080248)
周静(201902910404)

管理学院(917人)

艾冬冬	安贝贝	安文博	安源洁	白　冉	毕宁宁	毕宇航
别延涛	蔡建军	蔡忠云	曹广聪	曹恒星	曹　甲	曹　洁
曹孟君	曹雪华	曹　阳	曾现明	曾艳美	曾照港	柴东昊
柴晓朵	苌梦田	常冰洁	常红飞	常雯琦	抄欣月	陈保亮
陈柄卉	陈　晨	陈　池	陈东艳	陈恩惠	陈方妍	陈奋勇
陈高峰	陈金鑫	陈珂珂	陈利圆	陈莉婷	陈莉莹	陈　龙
陈璐芳	陈璐瑶	陈　楠	陈　鹏	陈旗旗	陈容容	陈　汝
陈谭雯	陈田梦	陈晚霞	陈文静	陈文莉	陈祥飞	陈心灵
陈　馨	陈亚强	陈艺丹	陈　雨	陈　玉	陈仲歧	陈壮壮
陈　卓	程家乐	程晶晶	程梦真	程岩岩	程　瑶	仇亚婷
楚文朝	崔佳璐	崔钦豹	崔伟哲	崔夏莹	崔雪妍	崔艺馨
崔正锋	代梦晓	代文斌	代悦娜	单梓垚	党佳倩	邓　倩
丁凤霞	丁　康	丁千千	丁　锐	丁思佳	丁怡佳	董佳鑫
董珂毅	董璐航	董宁宁	董钱娟	董志超	都存财	豆帅康
杜光宇	杜海军	杜宏莉	杜鹏成	杜维雯	杜　尧	杜玉梅
杜志鑫	段　弘	段文梦	樊尚莹	范朵朵	范佳妮	范梦宇
范少珍	范翔寅	方　园	方　悦	冯丹丹	冯倩莹	冯　爽
冯　岩	冯志朋	冯志鹏	付银迪	刚俭书	高龙洋	高璐璐
高梦雅	高　琪	高晓乐	高亚纪	高志双	郜子慧	葛冰倩
葛贵卿	葛又铭	耿慧杰	耿嘉怡	耿昕怡	谷慧芳	谷　丽
谷朋博	关明泽	关晓晨	管晨瑶	郭　浩	郭恒余	郭见聪
郭金鱼	郭景辉	郭凯月	郭　林	郭　琳	郭　令	郭露露
郭　曼	郭梦芮	郭　森	郭文婷	郭晓建	郭晓静	郭艳芳
郭怡岑	郭元齐	郭正凯	郭子瑞	海峰冉	憨　蕊	韩格格

韩梦娜	韩梦如	韩帅虎	韩文静	韩文璞	韩晓茹	韩学卿
韩燕华	韩　瑜	韩中行	郝风洋	郝小虎	何佳静	何家欢
何锦涛	何梦涵	何淑晴	何婷婷	何晓雨	和向前	贺佳欢
贺占位	洪婉婷	侯慧杰	侯　楠	侯　闪	侯智泓	侯自然
胡冰冰	胡春娟	胡妩宽	胡华帅	胡慧玉	胡璐爽	胡梦涵
胡晓利	胡旭涛	胡雪莲	胡玉慧	皇孟华	黄安悦	黄恩泽
黄慧俐	黄俊杰	黄腾宇	黄亚鑫	惠姗姗	姬洪承	姬铭轩
季晓玲	冀　旭	贾涵友	贾静静	贾　伦	贾鹏真	贾万航
贾筱雯	贾宇航	贾云鹤	贾子良	姜兰静	姜　楠	姜　雨
蒋巍鑫	蒋伟洋	蒋新宇	焦金赟	解醒醒	金　爽	靳　峰
靳亚楠	康松江	孔令洁	孔明明	孔瑞玉	匡晓晖	匡亚星
雷方斌	雷玉婷	李百加	李　蓓	李超文	李　辰	李　晨
李晨露	李春瑞	李丹丹	李东宝	李　栋	李高超	李戈睿
李浩浩	李浩源	李　恒	李佳欣	李佳颖	李金垞	李　静
李坤鹏	李利君	李良帅	李林钰	李路路	李璐璐	李苗慧
李苗苗	李明明	李　宁	李　谦	李晴晴	李　赛	李思语
李彤彤	李婉婷	李文帅	李文欣	李肖南	李　潇	李小红
李小昙	李晓茹	李昕瑶	李欣茹	李欣阳	李　鑫	李玄威
李雅宁	李雅婷	李亚欣	李岩岩	李　杨	李　洋	李耀华
李叶青	李银朋	李　尹	李迎春	李宇莹	李雨菲	李雨珂
李雨琦	李玉冰	李　振	李　峥	李铮珂	李正龙	李中昌
李中华	连颖惠	梁佳晴	梁家鸣	梁军艳	梁　娜	梁宁宁
梁廷刚	梁小雪	梁小玉	梁新华	梁雪明	刘彩影	刘层山
刘　畅	刘翠珍	刘菲菲	刘庚菊	刘冠辉	刘　欢	刘慧敏
刘佳坤	刘佳鑫	刘佳星	刘静静	刘静莹	刘俊梁	刘凯璐
刘　康	刘柯彤	刘利平	刘琳琳	刘　曼	刘梦雨	刘森森
刘　娜	刘娜娜	刘　晴	刘秋月	刘书影	刘姝婧	刘姝昱
刘　双	刘四海	刘伟杰	刘文帅	刘雯妍	刘　娴	刘晓倩
刘晓茹	刘新虎	刘　阳	刘耀栎	刘一帆	刘怡然	刘玉杰

刘玉晶	刘 郁	刘 月	刘泽远	刘哲妍	刘振鹏	刘子菡
刘子健	娄令令	娄同恒	卢 宁	卢秋香	卢苏展	卢 宇
芦 森	鲁冰楠	鲁宏彩	陆 哲	罗古耀	罗利利	罗银丹
吕姣姣	吕俊颖	吕孟娟	吕思佳	马晨雨	马焕丽	马 佳
马伶颖	马奇伟	马诗雨	马 涛	马小坦	马晓靖	马 旭
马亚飞	马艳楠	马耀武	马逸昕	马影杰	马玉婷	麦瑞洁
毛茹辉	毛绍港	梅刚强	梅振冬	孟 凡	孟海波	孟欢欢
孟 姣	孟赛斐	孟宪轲	苗梦飞	苗赛雨	倪瑞星	倪 雪
聂 琼	牛 淏	牛景涛	牛 立	潘 洁	庞可盈	裴佳雯
裴耀武	彭 博	戚 天	齐艳莉	祁梦雅	钱盟菲	钱瑜智
强 珂	乔慧娜	乔宁宁	乔淑宾	乔婷婷	乔彦秋	乔迎港
秦 超	秦环宇	秦晶晶	秦伟博	秦文斌	秦笑艳	秦怡然
秦志远	邱 笛	邱清帅	邱小虎	邱玉娟	璩淑玉	曲向阳
全 宇	任梦瑶	任世欢	荣新莉	荣亚萍	桑亚利	尚广杰
尚明月	邵 珂	邵梦晨	邵星贺	申琪梦	申仕伟	申文凯
申子旭	沈佳琳	沈 京	沈倩文	沈依迪	沈永涛	盛利楠
师小林	施雅茹	石飞帆	石涵玉	时艺文	史加路	史琪琪
史笑丽	史雅倩	宋佳佳	宋俊莹	宋梦洁	宋梦雨	宋明哲
宋清敏	宋晴晴	宋 提	宋稳稳	宋向阳	宋晓月	宋雅茹
宋亚茹	苏晨阳	苏 涵	苏苗苗	苏盼盼	苏新月	苏杨清
睢寒冰	孙持久	孙川川	孙 豪	孙萌鑫	孙梦佳	孙梦月
孙晴晴	孙 茹	孙瑞阳	孙树奇	孙晓宇	孙 鑫	孙雪丽
孙耀辉	陶益明	田道珍	田浩男	田 坤	田喧于	田延钦
田艺雯	田 园	仝 格	完颜凤丽	万 芳	万家兵	万心雨
汪赛龙	汪帅龙	汪亚平	汪自维	王 藏	王 畅	王 晨
王晨晨	王 聪	王淙崴	王 朵	王风岩	王富永	王高峰
王 鸽	王国奇	王汉迪	王 浩	王浩成	王浩楠	王 慧
王慧敏	王慧璇	王纪坤	王佳丽	王佳琪	王佳瑶	王嘉豪
王敬允	王靖雅	王凯悦	王 恺	王 丽	王丽敏	王龙港

王璐瑶	王 曼	王 漫	王梅静	王 萌	王萌娇	王梦涵
王梦丽	王梦雅	王楠楠	王宁宁	王沛允	王 鹏	王鹏凯
王 平	王 琪	王 巧	王庆鹤	王秋霞	王秋阳	王秋园
王荣培	王睿燕	王 帅	王双玉	王硕硕	王思琦	王素娟
王天德	王甜佳	王肖严	王小妮	王 晓	王晓慧	王新月
王 鑫	王鑫浩	王鑫鑫	王鑫颖	王雪烨	王亚杰	王一帆
王祎玮	王艺涵	王银坡	王宇航	王宇娜	王玉坤	王育飞
王煜泽	王圆圆	王 岳	王云飞	王泽谦	王 哲	王珍珍
王志豪	王智伟	王重洋	王子恋	卫玉娟	位凡凡	位娇娇
魏家鑫	魏 露	魏书凡	魏雅雯	魏 彦	魏 瑷	魏 越
魏子杰	温 鑫	文 豪	文晓晨	吴 港	吴号东	吴慧芳
吴江萍	吴静静	吴 曼	吴孟可	吴佩雯	吴 琼	吴圣洁
吴天天	吴希文	吴耀阳	吴元昊	武 迪	武圣博	武泽阳
夏 梅	夏珍珍	项心雨	肖妮娜	肖先丽	谢华荣	谢劲干
辛斌如	辛 鑫	邢 静	邢宁娟	邢森垚	邢怡帆	熊柏顺
熊雪颖	胥 濛	徐 春	徐然然	徐婉思	徐伟峰	徐鑫磊
徐 严	徐 晔	许恒洁	许梦娇	许 夕	轩兆业	薛静茹
薛宇飞	薛志朋	闫晶晶	闫 丽	闫小女	闫 鑫	闫旭阳
严芳芳	颜 欣	燕清楠	杨斌斌	杨 琛	杨晨明	杨成林
杨 帆	杨 静	杨 珂	杨昆鹏	杨 岚	杨丽萍	杨琳颖
杨璐阳	杨孟豪	杨梦柯	杨 铭	杨楠楠	杨清鹏	杨 森
杨 硕	杨文帅	杨秀颖	杨艳丽	杨依梦	杨怡飞	杨贻然
杨义博	杨英雪	杨颖思	杨于萱	杨雨锟	杨 子	姚博文
姚鸿飞	姚苗苗	姚茁林	叶京京	叶丽萌	叶子龙	殷竹安
银 路	尹阿强	尹翠霞	尹世杰	尤思涵	于赛宇	于笑龙
于雪靖	余海洋	余青林	余秋杰	余仕花	余天春	余晓红
余志勇	袁 说	袁亚冉	袁 也	原金霞	苑英杰	岳孟城
运芙蓉	臧秀莎	翟琪琪	翟瑞星	翟亚欣	占玉海	张铂雯
张 晨	张 迪	张冬冬	张方方	张 芬	张 寒	张豪格

张　浩	张浩莹	张贺杰	张　晃	张惠清	张　慧	张慧娟
张建军	张金铎	张金金	张金蒙	张　京	张晶晶	张靖涵
张兰君	张理想	张　莉	张　琳	张路孟	张　曼	张　梦
张梦想	张明都	张明爽	张　娜	张　妮	张盼盼	张乾坤
张　倩	张庆洋	张　锐	张　瑞	张瑞英	张闪闪	张韶峰
张少迪	张　硕	张添鹏	张文晅	张肖丽	张　潇	张晓洁
张晓庆	张晓岩	张　鑫	张　旭	张雅琪	张亚茹	张阳阳
张一帆	张一山	张依琳	张懿博	张盈盈	张莜莼	张玉娇
张钰林	张越鑫	张云峰	张泽宇	张　震	张　卓	张子伦
赵彬棠	赵彩彩	赵丰年	赵福杰	赵　佳	赵灵爱	赵　露
赵梦茹	赵梦欣	赵　珉	赵　敏	赵明惠	赵　宁	赵攀辉
赵倩楠	赵如烟	赵淑玥	赵帅虎	赵薇薇	赵　伟	赵小森
赵星星	赵雅莉	赵雅倩	赵亚新	赵艳各	赵园园	赵　赟
赵珍芳	赵志强	赵子铭	赵紫雯	甄双利	郑兵欠	郑金升
郑蓝海	支梦迪	智雅琼	钟家智	周广袤	周　琳	周琳琳
周梦丽	周　倩	周　儒	周　锐	周　帅	朱冠宇	朱涵雨
朱慧敏	朱慧悦	朱　珂	朱留振	朱婷婷	朱奕霖	朱永花

朱梓宁　　李　森（201703010245）　　李　森（201703020153）

李　欣（201703010213）　　李　欣（201903900326）

刘　雪（201903900222）　　刘　雪（201903900203）

吴　豪（201703050157）　　吴　豪（201703030163）

张　航（201703010256）　　张　航（201909920342）

张丽莎（201903920115）　　张丽莎（201909920112）

张蒙蒙（201703010232）　　张蒙蒙（201903900318）

张婷婷（201703020146）　　张婷婷（201903920113）

赵　静（201903920125）　　赵　静（201909920309）

李　娜（201903920225）　　李　娜（201903920127）

商学院（647）

艾哲鹏	安澳莹	白肖月	白雪雪	白钰铃	班　振	采海宇
蔡尚雨	曹闪闪	曹雯雯	曹欣悦	曹亚茹	柴进进	柴梦雨
柴雨涵	常春格	常　姣	常　智	常自明	车梦桐	陈炳帆
陈　航	陈浩浩	陈浩杰	陈红丽	陈虹帆	陈建兵	陈　龙
陈美丹	陈美乐	陈　萌	陈梦航	陈梦阳	陈明星	陈少华
陈　胜	陈婉雪	陈肖雨	陈晓旭	陈永欣	程楚楚	程珊珊
程双印	程　欣	楚世恒	褚凯悦	崔家上	崔　盼	崔婉婉
崔迅超	崔艳敏	党智慧	邓悦悦	狄振华	丁汉超	丁豪豪
丁　洁	丁金玲	丁雪珂	丁志立	董超越	董梦梦	董庆豪
董旭阳	董雅明	董亚齐	董一真	豆舒珂	杜昌衡	杜昊阳
杜佳珂	杜梦茹	杜婉儿	杜文举	杜伊婷	段春雷	段萌毅
樊昌帅	樊　镐	樊明芳	范宇玺	范玉平	方　红	方苗苗
冯凌云	冯平平	冯　帅	冯鑫轲	冯艳芳	付爱爱	付伟凤
付　颖	高程程	高慧君	高嘉彤	高梦洋	高梦源	高苗苗
高瑞欣	高甜甜	高习娟	高艺嘉	高子阳	郜广龙	葛媛媛
谷洋洋	谷　莹	关佳楠	桂铭扬	郭彬倩	郭博文	郭菲菲
郭佳宁	郭静平	郭林林	郭龙洋	郭梦晗	郭秋滟	郭祥鸽
郭协锋	郭亚辉	郭　泽	郭震辉	哈文杰	韩昊哲	韩梦梦
韩帅帅	韩　新	韩　亚	韩玉菲	韩志林	郝俊延	何金平
何姝婷	何　帅	贺雪茹	贺宇杭	赫锐雪	赫雁南	洪梦梦
侯恩静	胡定良	胡皓然	胡康丽	胡铭洋	胡文文	化　琼
皇甫明慧	黄德丽	黄圭瑶	黄　浩	黄景云	黄凯歌	黄蓝蓝
黄梦晗	黄　攀	黄松杨	黄　鑫	黄　柱	吉　祥	贾明浩
贾瑞燕	贾文博	贾小方	简　洪	江俊辰	姜　沂	蒋朝辉
蒋天宇	焦贺鑫	介怡佳	金贝贝	金国慧	金慧芳	金开星
金启明	靳怡静	靳　毅	靳占春	荆亚丽	孔雪轲	邝慧珍

兰明月	雷纤纤	李爱玉	李炳宏	李博超	李彩月	李春锦
李聪聪	李方方	李海潮	李　杭	李　航	李慧杰	李嘉文
李京华	李凯航	李　龙	李露民	李美祯	李梦楠	李明生
李铭阳	李　娜	李佩佩	李佩云	李朋佳	李朋丽	李　升
李姝娜	李帅帅	李　硕	李天晓	李伟豪	李伟伟	李　雯
李汶鸿	李夏雨	李向歌	李小丹	李小乐	李欣欣	李雪芳
李雪菲	李雅洁	李亚裴	李　杨	李伊莎	李依贝	李　艺
李艺帆	李莹莉	李优梅	李元昊	李月娥	李玥锜	李　征
李智豪	李忠杰	李　卓	连毅昊	廉琳钰	梁书畅	梁田田
梁园园	廖　晋	刘　冰	刘　灿	刘　畅	刘　晨	刘楚清
刘洪航	刘鸿涛	刘家壮	刘　静	刘凯丽	刘　丽	刘梦珂
刘　淼	刘　敏	刘明珠	刘　峤	刘巧展	刘秋艳	刘　珊
刘书馨	刘　涛	刘婉婉	刘贤贤	刘肖肖	刘晓晓	刘晓学
刘　笑	刘亚文	刘　溢	刘　玉	刘玉叶	刘　园	刘　真
刘子博	卢佳会	卢希晨	陆浩浩	吕兵华	吕昊楠	吕恒玉
吕嫚嫚	吕　娜	马驰原	马逢鑫	马海霞	马靖岚	马晓琼
马欣欣	毛丹丹	毛晶晶	毛书静	毛帅康	毛　瑶	么　旭
孟　金	孟小妮	孟一鸣	南　楠	聂景峰	牛慧丽	牛梦珂
牛晓哲	牛　钰	牛　壮	欧　慧	潘赛宙	潘希森	庞超杰
裴文艳	裴一帆	彭艳冬	彭友慧	皮世伟	平姗姗	祁双双
祁亚珂	祁玉真	乔　曼	乔　倩	乔晴晴	秦贝贝	秦　菲
秦明月	秦维文	屈浩东	曲　航	饶峻岭	任　静	任少功
任姝萍	任　彤	荣路华	茹辰阳	阮　磊	尚华丽	尚慧博
邵秋月	申　庆	沈雪薇	沈永涛	石彭旭	石玉梅	史长铭
司晨结	宋　凯	宋莉莉	宋美灿	宋洒洒	宋晓亚	苏悠悠
苏云飞	孙慧敏	孙曼曼	孙梦丹	孙梦琪	孙梦茹	孙　妮
孙鹏博	孙　瑞	孙世伟	孙羲强	孙　悦	孙卓凡	谭丁搏
唐辉辉	唐雪梅	田冬丽	田若楠	田　赛	田胜奇	田辛春
涂雪奎	万承恩	万家晟	万苗苗	万艳宁	汪　强	汪　瑞

汪皖玉	王　斌	王博涵	王　草	王　琛	王成业	王　聪
王弟凯	王芳菲	王富民	王海丽	王浩昆	王宏亮	王焕焕
王　辉	王慧珊	王家乐	王　杰	王金红	王金虎	王　晶
王敬云	王　君	王楷淇	王利欣	王　柳	王萌萌	王梦丹
王梦娜	王明慧	王　娜	王　然	王　瑞	王睿思	王思佳
王　涛	王玮琦	王文萍	王潇涵	王心月	王新祺	王雪岩
王漪茜	王怡欣	王银萍	王颖颖	王源源	王　悦	王云豪
王　征	韦冉冉	卫苗苗	位梦茹	魏俊辉	魏新琦	魏　征
吴康宁	吴　珂	吴梦晴	吴　齐	吴汭非	吴亚萍	吴　艳
吴一航	吴振扬	武凤皎	武静怡	武　珂	夏军超	夏怡阳
项明楠	肖若楠	信红燕	邢宏晨	邢诗涵	熊晗燚	徐佳颖
徐开放	徐　亮	徐　林	徐瑞娜	徐莎莎	徐向林	徐晓辉
许瑞玲	薛森倩	薛伟华	薛雅格	薛一凡	薛子刚	闫家树
闫琳奇	闫雪茹	闫译文	闫玉静	阎雨晴	杨　畅	杨　方
杨　芳	杨慧莹	杨佳超	杨　进	杨静依	杨李鋆	杨曼曼
杨清丽	杨晓晨	杨笑丽	杨许歌	杨一帆	杨　营	杨　玉
杨照蒙	杨　征	杨正路	姚晨彬	姚梦琦	姚梦青	姚　向
姚晓雪	姚钰涵	叶本河	叶书杰	尹秋杰	于凤娟	于　航
于　辉	于嘉俊	于露超	于　清	于庆宝	于晓静	于一帆
余乐乐	余若男	余　颜	虞璐静	禹　君	元　瑞	袁常伟
袁　皓	袁　健	袁露露	袁子凌	原淑琳	原玉环	苑宇翔
岳　康	岳新宇	翟珂双	张常青	张　晨	张晨文	张晨曦
张　聪	张丰铄	张　晗	张昊冉	张绘文	张佳雪	张家力
张金辉	张景景	张　露	张曼文	张美玉	张梦婷	张梦月
张明辉	张茉莉	张鹏飞	张丕璐	张秋慧	张　荣	张少楠
张世杰	张舒心	张帅猛	张　涛	张天真	张婉婉	张向宇
张小慧	张晓丹	张晓钒	张晓涵	张　欣	张鑫雅	张旭栋
张雪琴	张　琰	张　扬	张祎航	张怡菲	张逸宸	张雨萌
张煜博	张月阳	张云歌	张泽园	张展菘	赵东楠	赵国良

赵　涵　　赵慧丽　　赵佳玲　　赵　瑾　　赵　静　　赵俊毅　　赵凯辉
赵蓝天　　赵利芹　　赵梦雨　　赵明超　　赵明旭　　赵启昌　　赵钦栋
赵思曼　　赵伟伟　　赵文隆　　赵晓莹　　赵晓宇　　赵一鸣　　赵永斌
赵袁辉　　赵芷欣　　郑惠琳　　郑静静　　郑路辉　　郑梦珂　　郑晓杰
郑　雨　　郑智恒　　钟俊娜　　周博群　　周俊杰　　周珂馨　　周立斌
周梦雅　　周晓杰　　周宇航　　朱建平　　朱剑飞　　朱梦月　　朱明月
朱宁宁　　朱　倩　　朱　潇　　祝然迪　　庄小慧　　邹　杰　　左昊鹏
李　阳（201704010111）　　李　阳（201704010215）
王　丽（201704040127）　　王　丽（201904900110）
王　帅（201704040150）　　王　帅（201904910141）
王一帆（201704040327）　　王一帆（201704060122）
张　倩（201904900116）　　张　倩（201904900209）

信息工程学院（767人）

蔡博华　　蔡思宇　　蔡晓鹏　　曹　丹　　曹飞翔　　曹家梦　　曹凯弦
曹可乐　　曹龙威　　曹琼丹　　曹义恒　　柴　晋　　柴庆瑞　　柴文坡
柴志远　　常景然　　陈柏良　　陈　斌　　陈博宇　　陈大勇　　陈　刚
陈高猛　　陈桂颖　　陈慧娟　　陈金涛　　陈金雨　　陈俊飞　　陈　铠
陈康泉　　陈　科　　陈梦洁　　陈盼盼　　陈　强　　陈瑞霞　　陈胜男
陈文俊　　陈孝文　　陈新亮　　陈　鑫　　陈亚玲　　陈　杨　　陈　瑶
陈雨生　　陈毓蓉　　陈　哲　　陈振西　　陈志亮　　程海峰　　程梦月
程相超　　程亚茹　　程洋洋　　程永杰　　程　珍　　楚家乐　　楚金虎
楚文博　　楚文豪　　从东海　　崔丙辉　　崔东亚　　崔凯强　　崔梦玲
崔鹏飞　　崔月星　　代俊林　　代少清　　代一佳　　代宇航　　单亚冰
邓　贝　　邓　衡　　丁帅帅　　丁祥珂　　丁雅各　　丁彦磊　　董冰磊
董　坤　　董润周　　董书生　　董亚鹏　　董　燕　　董祎杰　　杜安媛
杜聪聪　　杜豪杰　　杜丽萍　　杜　望　　段晨阳　　段枫轩　　段红玉
段　帅　　段雯静　　樊海瑞　　范陈威　　范开辉　　范鹏举　　范文博

范学祥　方　森　方贤丰　方　正　冯明明　冯善哲　冯　祥
冯雪方　冯彦凯　冯耀琨　扶　锋　付连友　付林津　付琳清
付　威　付曜玮　高　峰　高　珂　高　升　高帅帅　高香港
高　洋　高　宇　高宇明　高　源　高运甲　高振豪　葛一博
耿李鹏　耿瑞奇　耿雨婷　古世伟　谷　丰　顾朝宽　关　贺
关向南　关旭龙　桂倩倩　郭　昪　郭　彪　郭伯升　郭　超
郭程琳　郭寒霜　郭惠莹　郭金朝　郭静文　郭路通　郭梦露
郭梦炜　郭　旗　郭　帅　郭　稳　郭晓鹏　郭彦朋　郭占勋
郭珍岐　韩化裔　韩建斌　韩孟楠　韩明狄　韩鹏涛　韩松辰
韩松涛　韩晓敬　韩雪冬　韩亚东　郝嘉康　郝江春　郝幸奇
何建华　何刘洋　何　妍　何智豪　贺纪威　贺孟珂　贺义龙
贺志营　侯龙飞　侯双贺　胡　斌　胡冰倩　胡曼曼　胡蒙寒
胡套亮　胡小伟　户银超　华豪林　皇甫睿杰　黄达君　黄　贺
黄　汇　黄　磊　黄良奇　黄　普　黄清明　黄韶光　黄思博
黄　嵩　黄言祥　霍根发　姬晨阳　姬嵩立　季荣成　季长春
贾浩冉　贾文娜　贾志豪　江永康　江振龙　姜　岩　焦依婷
金　琦　金真明　井铭柱　康绍辉　康肖平　康忆宁　孔大彬
孔德胜　孔玲儿　孔令柯　孔庆涛　孔维广　孔　鑫　寇嘉玺
寇丽博　雷慧慧　雷鸣宇　李佰超　李炳玄　李　博　李博志
李超建　李朝阳　李　晨　李晨博　李晨阳　李骋骋　李登辉
李芳谈　李　庚　李冠锋　李冠文　李广锋　李海峰　李海珠
李函仰　李航哲　李　恒　李　虎　李华业　李嘉楠　李嘉新
李　锦　李晶晶　李敬苗　李军超　李君易　李俊欢　李　雷
李　梦　李梦蝶　李梦媛　李盼燕　李　溥　李　荣　李若冰
李圣行　李士博　李淑梅　李帅柯　李　硕　李　斯　李彤彤
李万田　李卫奇　李文才　李潇健　李晓林　李晓雨　李啸宸
李　旭　李轩宇　李阳阳　李伊航　李逸佳　李　颖　李永超
李雨豪　李玉红　李昱珂　李渊博　李云峰　李芸芸　李展鹏
李　哲　李正强　李志恒　李志铭　李志远　李　峙　李子依

栗锦玉	连江珊	梁浩浩	梁庆飞	梁文乐	梁燕姣	梁志军
廖爽爽	林　飞	刘柏言	刘　冰	刘传玉	刘　闯	刘　冬
刘　放	刘光宇	刘　浩	刘　恒	刘红飞	刘华艳	刘化强
刘欢乐	刘佳欣	刘家成	刘家瑜	刘嘉琪	刘建涛	刘健康
刘江宁	刘俊峰	刘凯歌	刘柯男	刘萌欣	刘　苗	刘倩玉
刘钦港	刘氢源	刘胜楠	刘舒扬	刘帅东	刘　双	刘双健
刘向博	刘晓晨	刘欣鹏	刘　鑫	刘艳丹	刘　叶	刘忆南
刘逸飞	刘永刚	刘宇儒	刘　源	刘　远	刘远晖	刘志远
刘中原	刘　壮	刘子粮	刘自熠	龙雅琪	娄　冰	娄冉曦
卢开伟	卢欣阳	芦怡帆	鲁　旭	鲁泽东	鲁振杰	路璐同
罗东旭	罗祥祥	骆威龙	吕昊鑫	吕凯旋	吕璐瑶	吕　铭
吕荣宇	吕帅兵	吕　翔	律叶叶	马峰语	马海忠	马　鸣
马瑞婷	毛梦鸽	毛世豪	梅艳婷	孟博阳	米雪芳	苗孟雨
苗香玲	那　奇	南鸿翔	牛鹏飞	牛子铭	潘静静	潘文武
庞　娜	裴　磊	彭高天	彭　瀚	彭玉娟	戚威振	乔燚露
秦亚豪	秦于森	秦增超	曲志恒	权　冰	权义改	任丁森
任冠华	任金艳	任朋波	任平辉	任倩倩	任思雯	任娅坷
任艺璇	戎玉璞	邵帅杰	邵顺鑫	邵亚茹	邵勇铮	佘　强
申亚南	师胜泽	师　帅	师　祥	师　艺	施万财	石福生
石现华	石雨欣	石志宏	时婷婷	时祥瑞	史钞升	史大星
史秋坡	宋春霞	宋春宇	宋　豪	宋红深	宋黎明	宋士康
宋鑫鑫	宋　扬	宋　洋	宋　燚	宋泽斌	孙根来	孙珂珂
孙朋丽	孙世宗	孙喜云	孙晓威	孙秀丽	孙选召	唐　浩
唐锦岱	唐一博	陶玉琳	田奥阳	田　丰	田苗辰	田雨天
田长星	万冬丽	王保清	王宾鹏	王冰冰	王丙灿	王晨风
王晨懿	王成凤	王得杰	王德利	王　帆	王光冉	王光耀
王广聪	王浩林	王浩旭	王鹤祥	王宏达	王　辉	王会敏
王佳一	王家华	王金凤	王金辉	王金泰	王俊猛	王俊强
王　凯	王凯飞	王凯辉	王珂冉	王　磊	王丽娜	王林啸

王留阳	王满	王梦	王梦阳	王苗苗	王铭阳	王盼盼
王乾	王巧梅	王勤赓	王茹	王瑞红	王士万	王帅
王帅朋	王爽	王天馨	王伟成	王伟凤	王文康	王晓亚
王笑琳	王心	王鑫鑫	王鑫洋	王旭栋	王雪玉	王亚琛
王亚林	王亚文	王亚新	王岩	王阳阳	王杨	王一聪
王义锋	王谊新	王银瑞	王钰泉	王泽林	王振	王志浩
王志鹏	位明普	魏金鹏	魏鹏洋	魏帅坤	魏雨鸽	吴桂林
吴家文	吴凯玥	吴苛欣	吴蒙雨	吴明旷	吴婷婷	吴文举
吴潇	吴啸啸	吴忠琪	武少威	夏琼超	夏小翔	夏晓港
谢冬	谢豪昌	谢文通	谢文洋	谢亚超	谢营洁	谢跃辉
熊永帅	胥皓然	胥西亚	徐超	徐国豪	徐娇娇	徐锦江
徐鹏元	徐文豪	徐晓	许聪	许鹏	许庆宇	许晓婷
轩宇航	闫承济	闫珊珊	闫文恩	杨灿灿	杨凤光	杨高山
杨华	杨佳佳	杨家祥	杨金涛	杨凯	杨坤	杨坤成
杨明雪	杨文静	杨献文	杨小虎	杨笑毅	杨鑫	杨延克
杨阳	杨要定	杨颖颖	杨玉生	杨志颖	姚帅通	姚亚宁
叶文虎	易茹	殷宇松	尹娇娇	尹曼	应栋梁	于海斌
于红进	于凯宇	于栎铨	于卫冲	于志傲	袁泉	袁帅昌
远子涵	苑恒瑞	越川豪	翟喜悦	占承利	张博	张博文
张东升	张东泰	张芳晨	张淦淦	张高远	张根	张庚鉴
张国献	张豪田	张贺斌	张宏飞	张宏阳	张惠彬	张基莉
张佳欣	张家晨	张家豪	张家明	张嘉成	张建	张景亚
张凯波	张宽	张利伟	张龙	张茂森	张蒙	张孟飞
张梦晓	张梦真	张明	张明豪	张明扬	张宁飞	张鹏博
张乾	张潜瑞	张钦	张青坤	张衢	张润坤	张赛亚
张赛周	张少辉	张晟凯	张书赫	张坦	张藤佳	张潇
张晓琼	张笑媛	张新瑞	张鑫	张醒醒	张修杰	张旭
张宜强	张毅	张永强	张勇涛	张瑜	张云祥	张长河
张振龙	张正旭	张志彬	张志伟	张志郑	张子敏	张子森

张子一	张紫嫣	章银银	钊梦林	赵博岩	赵德宣	赵　戈
赵光耀	赵佳豪	赵甲富	赵梦轩	赵梦媛	赵帅辉	赵　鑫
赵一鸣	赵英杰	郑瑞聪	郑文举	郑文娟	郑　妍	郑　印
钟坤明	周宝玉	周慧慧	周朋飞	周　倩	周洒洒	周文成
周笑宇	周玉峰	周源林	朱陈奎	朱大地	朱登辉	朱鹏飞
朱启萌	朱帅楠	朱亚飞	祝存存	祝贞志	庄　妍	訾海燕
邹茂胜	邹秀杰	邹亚峰	左纡祯	左展鹏		

李　宁（201705100134）　李　宁（201905900359）
刘　洋（201705050158）　刘　洋（201705100140）
王启明（201705070141）　王启明（201905900149）
王　哲（201705070142）　王　哲（201905900236）
张　帅（201705010255）　张　帅（201705080158）
张　帅（201705100256）　吴　昊（201705070145）
吴昊（201705080153）

外国语学院（385人）

白　格	白　兰	白素馨	百媛洁	鲍晓甜	卜艺蕊	蔡春妍
蔡　鑫	曹礼欣	曹亚静	曹圆圆	常梦瑶	陈浩洋	陈慧欣
陈　计	陈霁雯	陈建慧	陈美荣	陈孟珂	陈秋璇	陈赛丽
陈四亭	陈晓钰	陈雅琳	陈怡怡	陈亿含	陈艺莹	陈影影
程传旭	程琦琦	程闪光	程　晓	崔涵涵	崔笑笑	代冬玉
单婷婷	邓　凯	邓琳琳	邓　梅	邓珠珠	丁艺苑	董丁菡
董浩磊	董　洁	董盼盼	董　爽	董晓阳	杜　傲	杜柯梦
杜梦瑶	杜盼盼	段潇迪	段玉兰	樊存存	樊孟珍	樊　雪
方美贤	房新茹	冯梦茹	冯雪洋	付双双	付遇巧	高婕婷
高　敏	高士琦	高媛珂	高　月	郜钎文	郜鑫燃	葛雪雪
缑通洋	郭春盈	郭红妤	郭一平	韩美锦	郝梦源	郝倩倩
何海香	何海珍	何亚鸣	洪玲玲	胡萍萍	胡　丝	皇甫新杰

黄金阁	黄明琴	黄星婷	黄秀美	霍钰爽	姬小果	贾莹雪
蒋宜娇	蒋振琦	焦明静	金桂兰	金曼曼	金佩瑶	金晓楠
靳晓林	康紫苑	孔敏杰	孔扬	李博	李灿	李凤祥
李昊娟	李浩帅	李惠敏	李梦姣	李梦晴	李梦真	李敏
李倩倩	李情	李庆庆	李荣荣	李田力	李彤菲	李小妍
李晓宇	李心语	李欣玲	李欣欣	李星月	李雅雪	李亚楠
李盈盈	李莹莹	李媛媛	李智萍	栗艺卓	廉旭	廉中锋
梁景怡	林国丽	林茹源	林舒娴	林燕	刘丹	刘泓枫
刘丽苹	刘玲玲	刘梦研	刘倩	刘邵楠	刘淑朋	刘薇
刘晓帆	刘祎晴	刘怡然	刘永洪	刘振国	娄会杰	卢淑娟
罗凯露	吕超男	吕点点	吕乐	吕孟迪	吕世航	马静文
马欣悦	马鑫	马源飞	马卓雅	马梓阳	毛晓宇	梅帅帅
孟世哲	苗闯闯	苗香雨	苗一凡	慕尧	牛晨曦	牛鹏飞
潘舒平	潘婷	乔倍芳	乔裕	邱星	冉莹莹	任方瑜
邵珍珍	师慧	施灿灿	石素洁	史继云	史梦圆	史亚珂
司帆	司梦莹	宋博	宋佳慧	宋琳琳	宋萌萌	宋梦媛
宋晓寅	宋雅娴	宋玉洁	孙芳芳	孙浩峰	孙浩楠	孙媛媛
孙月	孙振怡	谭解语	汤莹莹	陶欢	田均慧	田璐瑶
田苗	万姣培	万利	万颜颜	汪真真	王贝贝	王晨
王帆	王贵贵	王红丽	王焕焕	王会娟	王晶	王静
王俊萍	王柯霖	王轲轲	王岚	王磊	王灵果	王玲
王璐璐	王洛洛	王梦	王梦蝶	王明慧	王宁	王佩
王乾	王秋迎	王容	王瑞涵	王瑞洁	王润	王珊
王姝冰	王双双	王婉茹	王伟甜	王文燚	王曦瑾	王祥坤
王欣欣	王新雨	王星	王雪纯	王亚杰	王岩	王艳
王焱	王燕娜	王一明	王依博	王依心	王乙名	王艺晓
王语默	王月光	王政琪	王梓优	位文杰	吴佳佳	吴蔚
吴肖	吴晓慧	吴雪燕	武畅	武璐莹	武莹莹	武钰双
席可	肖雅鸽	肖怡雯	谢晓蕊	邢彦静	徐灿芳	徐晨雨

徐涵莹 徐坷坷 徐梦婧 徐婷婷 徐玉清 许慧妍 许　潇
轩文佳 薛梦亚 薛　恬 闫晨阳 闫静怡 闫黎明 闫松波
杨翠玲 杨红艳 杨慧莹 杨静丽 杨林园 杨露露 杨明艺
杨明月 杨青依 杨婷婷 杨文岳 杨　雯 杨迎迎 杨雨兰
于　谦 余　硕 余　欣 袁豪豪 袁佳蒙 袁文可 袁亚星
袁艳芳 袁　媛 岳嘉嘉 岳营利 张　贝 张　慧 张佳茜
张　杰 张晶莹 张　静 张可可 张利英 张明慧 张娜娜
张　萍 张　淇 张　琪 张　倩 张　姗 张　婷 张文静
张文婷 张文燕 张小田 张晓凡 张新洁 张幸媚 张　雪
张雅迪 张亚杰 张亚芹 张燕燕 张毅楠 张　莹 张莹莹
张园洁 张圆真 张云燕 张子聪慧 赵芳慧 赵佳琪 赵蒙迪
赵　冉 赵晓婷 赵雪瑾 赵亚鸽 赵雨欣 甄兴凯 郑　盼
郑莹莹 郑玉昌 职淑君 周　娟 周玉丹 朱琳琳 朱　叶
竺双 祝可欣 佐慧慧

陈玉洁（201706120205）　陈玉洁（201706010305）
赵　静（201706110146）　赵　静（201706010349）

文法学院（507人）

安静琪 安　琳 安志敏 白明月 白宇敏 卜　莹 步长曼
蔡澳利 蔡　玲 蔡雪雅 曹萌萌 柴亚希 常利君 常　青
常雅仙 陈海洋 陈　涵 陈家菊 陈瑾瑾 陈丽芬 陈孟娟
陈梦珂 陈梦一 陈梦媛 陈　铭 陈瑞春 陈婉婉 陈相坤
陈　鑫 陈星娴 陈旭阳 陈炎博 陈一丹 陈奕菲 陈雨瑶
陈园园 陈　月 陈云涛 成云风 程白鸽 程　杰 程　硕
程素慧 程夏波 池雪怡 仇模浩 崔文晓 单菊霞 邓　艳
丁　帆 董静怡 董留明 董梦晗 董芮含 窦　妍 杜旭燕
段　彬 段雅馨 樊宇阳 范佳慧 范靖培 范珊珊 范宜真
方春秀 方李敏 方梦洁 方　媛 房志奇 冯海艳 冯河霖

冯柯茹 冯璐阳 冯馨雨 冯钰涵 冯子龙 符柳阳 高 申
高欣欣 高银鸿 高 迎 高玉灵 郜梦婕 耿成龙 耿甜甜
龚沛锦 谷佳伟 谷 怡 郭慧琳 郭雷雨 郭丽丽 郭明明
郭 飘 郭文聪 郭欣悦 郭智杰 韩 非 韩玉欣 郝贝佳
何东洋 何 莹 和祺鸯 贺梦田 侯冰琦 侯晨龙 侯清泉
侯永泰 侯 喆 胡 聪 胡梗润 胡涵宇 胡启兴 胡 倩
胡少佳 胡胜楠 胡芸菲 华 昱 黄朵朵 黄靖雯 黄萌雅
黄孟换 黄世超 黄钰凤 季玉涛 贾璐迪 贾倩倩 贾晴晴
贾如倩 贾素沛 江 姗 姜函妤 荆柳洋 孔纯龙 孔 蕾
雷焯帆 雷明辉 雷新新 李爱丽 李碧如 李 蝶 李光菊
李 浩 李会洁 李 慧 李慧玲 李慧源 李佳轩 李嘉利
李金茹 李京倍 李 婧 李静娴 李 炯 李 珂 李 科
李 丽 李琳琳 李璐璐 李 蒙 李梦华 李梦丽 李若楠
李书雨 李舒蕾 李双双 李 偲 李婷婷 李 彤 李万豪
李伟丽 李晓涵 李晓莹 李欣雨 李星月 李 雪 李亚慧
李 瑶 李怡兰 李艺涵 李艺龙 李雨鑫 李玉凤 李遇青
李 渊 李媛媛 李 赟 李志新 连明心 廉佳楠 梁海飞
刘翠翠 刘冬宁 刘 行 刘恒璐 刘佳君 刘佳莹 刘建华
刘 洁 刘锦辉 刘梦洁 刘 敏 刘明珠 刘 宁 刘晟雨
刘舒亚 刘丝奇 刘 腾 刘晓同 刘鑫露 刘 艳 刘艳秋
刘叶子 刘应丽 刘 桢 刘政辉 柳 笛 娄鑫鑫 卢晓鑫
卢 玉 鲁鸽鸽 鲁梦杰 路美桥 路瑶静 罗海燕 罗 佳
罗 艳 骆俊佳 吕萌彦 吕淑娜 麻蓝心 马驰原 马 豪
马静娟 马静怡 马鹏程 马文凤 马肖英 马晓勇 马雅莉
毛汉璋 毛晓燕 梅 灿 孟柯柯 孟伟伟 孟子砚 倪留翻
聂圣元 宁 洁 牛浩然 牛晓珂 庞 镇 裴高霖 彭慧颖
彭亚莉 齐雪丹 秦 洁 秦伟华 秦莹莹 屈婷婷 全鸿岩
阙祎薇 冉 蕊 任盼盼 任校谊 桑东晓 尚文博 申琳琳
盛慧敏 石孟欣 时莉莉 时鑫月 史海燕 舒雪然 司子昂

宋诺瑜	宋武迪	宋晓婉	宋紫娟	苏晨曦	孙晨阳	孙梦鑫
孙旻娟	孙芸	锁江沁	谭景旭	唐彩云	唐聪灵	唐怀怀
田佳佳	田丽敏	田丽珍	田贤方	涂婷婷	万静	万淞鑫
汪聪	汪灵佳	汪子琪	王博	王晨阳	王丛	王丹丹
王东辉	王斐	王鸽	王含蕊	王佳佳	王柯唯	王凌晨
王梦琦	王梦晴	王敏	王铭轩	王楠	王宁宁	王盼盼
王萍	王蕊	王少星	王盛宇	王世妍	王思迪	王思楠
王苏蕊	王腾达	王汩淇	王厅雅	王文豪	王文瑞	王晓娜
王心科	王亚楠	王亚文	王琰	王焱	王燕茹	王一帆
王一凡	王莹莹	王玉芳	王玉琦	王裕涵	王园园	王玥
王璺迪	王智娴	卫德祥	位焕杰	魏灵江	魏雅美	温伟娜
吴迪	吴凌云	吴明莉	吴鑫	夏宁宁	夏依飞	夏雨薇
肖璐璐	谢梦燕	谢森森	谢玉苗	邢盼盼	邢硕	徐灿灿
徐浩鑫	徐欢	徐胤杰	许妍妍	许豫龙	许智慧	薛丁铭
郇童	闫鑫童	闫毅啸	杨晨曦	杨翠侠	杨光	杨浩杰
杨嘉慧	杨瑾	杨静静	杨军星	杨磊	杨蕾	杨林杰
杨柳	杨芊菲	杨若雯	杨思慧	杨夏	杨心萍	杨欣
杨新伊	杨怡	姚睿迪	姚雯华	姚毅仁	尹家乐	于敏
于穆青	于文杰	于阳	于宇洁	袁绍亚	翟思凯	翟玮佳
翟文聪	詹传玲	占婕	占宜静	张晨	张楚	张凤楠
张海洋	张昊远	张贺丹	张恒	张弘历	张宏一	张欢欢
张慧敏	张佳宁	张剑珂	张健	张娇娇	张静超	张静珂
张静思	张柯	张可	张琳	张璐	张露露	张美茹
张梦楠	张攀攀	张瑞	张瑞娟	张森	张淑芸	张雯
张雯佳	张肖肖	张晓晨	张欣	张馨予	张馨月	张鑫
张亚楠	张艳博	张依	张英迪	张影	张雨佳	张月
张月月	赵鸽鸽	赵耿慧	赵光维	赵涵宇	赵慧	赵佳
赵娟	赵坤晴	赵梦茹	赵梦真	赵明慧	赵娜	赵蕊
赵诗怡	赵亭华	赵停停	赵婉玉	赵薇	赵伟豪	赵晓凡

赵　泽　赵子兰　赵梓鑫　郑俊霞　郑瑞鹏　郑薇萍　郑钰上
周冰倩　周静茹　周琳芝　周甜甜　周　旺　周晓芳　周雪洁
周憶梦　周云格　朱莉娜　朱　林　朱　琳　朱梦欣　朱天针
朱雪扬　朱怡昆　庄　彦　邹诗佳　左　金　左　欣
李　帆(201707060220)　李帆(201907900108)
王梦园(201707010120)　王梦园(201707060134)

艺术学院(711 人)

安　孟　安　楠　安苏红　白亚鑫　班　洁　包启玥　毕灵芝
蔡　鹤　蔡玉杰　曹书杰　常思真　常文卓　常鑫鑫　陈　晨
陈　浩　陈　红　陈家波　陈靖源　陈君道　陈丽冰　陈良思
陈隆阳　陈　萌　陈　庆　陈　全　陈润民　陈诗意　陈淑贤
陈淑艳　陈思奇　陈晓艳　陈新宇　陈星言　陈亚莉　陈艳茹
陈　洋　陈　仪　陈奕旸　陈雨田　陈雨欣　陈　越　陈志鹏
程巧玲　程　相　程　茵　褚赛楠　崔澳萍　崔娇娇　崔梦圆
崔世恒　崔文文　崔艳如　崔瑶蕾　崔一鸣　崔　玥　崔志阳
代新月　代义冉　单岁岁　邸　博　刁赔赔　丁贵玉　丁祺煊
丁同兴　丁一彬　董佳航　董　萍　董思宇　豆子涵　杜一昕
杜逸凡　杜子胤　段　凤　段梦爽　段绎伟　樊盼盼　樊锡博
樊雨阳　范楠楠　方　诗　方心月　方耀远　方　愉　冯渝凯
甘　霖　高晨淋　高航岭　高　天　高　同　高颖钰　高　源
高　越　高　振　葛　阁　谷照威　顾艳龙　关　珂　关书文
郭德同　郭佳慧　郭嘉然　郭晶菡　郭君颖　郭坤鹏　郭利雪
郭林慧　郭璐桧　郭梦琪　郭　淼　郭仁豪　郭少婷　郭双双
郭鑫昊　郭兴仪　郭逸飞　郭中云　郭子乐　郭自东　海家铭
韩彩朋　韩晨晨　韩　琴　韩汭颖　韩新茹　韩雅文　韩　炎
韩艳姣　韩玉一　韩宗达　何佳泽　何柯柯　何晓慧　何　贞
贺旭星　侯婵娟　侯春堰　侯惠子　侯宛彤　侯盈婕　侯玉玺

候巧雨	胡爱姣	胡江涛	胡茹月	胡润璐	胡晓依	胡雪杨
胡　燕	胡姿洁	黄晶莹	黄锴锴	黄梦珍	黄明瑞	黄　宁
黄晴晴	黄馨雨	黄豫华	姬文静	郏治伟	贾浩宇	贾琼琼
贾文慧	贾哑笛	贾艺兵	贾照玥	简思南	姜　冉	姜　珊
姜胜昌	蒋梦瑶	蒋梦珍	焦　佳	金白纯	金芬芬	金璐瑶
金汝骏	靳诗婷	荆嘉琦	井维汉	琚钊萱	库梦蝶	兰凯茹
郎慧赟	雷皓锴	雷梦龙	雷天琦	雷雪玲	雷雨晨	李　傲
李冰冰	李冰玉	李　博	李港澳	李　歌	李红光	李洪亮
李　佳	李佳玲	李佳露	李嘉雯	李嘉欣	李建桦	李婧璞
李　静	李凯欣	李珂威	李柯欣	李　龙	李璐瑶	李　曼
李梦珂	李梦亚	李明飞	李明翰	李明明	李　娜	李楠楠
李宁馨	李鹏涛	李鹏威	李平祥	李　茜	李青青	李瑞超
李瑞华	李世雨	李帅军	李思潼	李素珍	李　甜	李文静
李　想	李向阳	李　晓	李晓东	李晓凡	李昕悦	李　鑫
李旭阳	李　雪	李依凡	李艺明	李屹杰	李　莹	李勇翔
李元杰	李召旗	李真鸽	李志涵	李梓橦	李　宗	李宗键
栗佳和	栗婷婷	栗宛莹	梁国璠	梁　巨	梁　迅	廖　杨
林　程	刘兵媛	刘成璐	刘丛莹	刘　迪	刘　凡	刘　芳
刘豪东	刘慧洁	刘俊莹	刘凯迪	刘利娜	刘　玲	刘梦雪
刘　攀	刘盼珠	刘培博	刘绮雯	刘　琼	刘　瑞	刘士钊
刘　帅	刘　硕	刘　通	刘宛青	刘　婉	刘琬钰	刘文博
刘文君	刘晓晨	刘筱轲	刘亚新	刘彦硕	刘怡迪	刘怡怡
刘映雪	刘雨晨	刘玉巧	刘喻熇	刘元帅	刘媛媛	刘振辉
刘子铭	柳梦璐	龙思豪	卢浩奇	卢梦茹	卢鹏旭	卢　毅
鲁文臣	鲁怡君	录雅菲	路梦思	路　颖	罗嘉琦	罗曼丽
罗婉玲	罗亚俊	吕敬茹	吕怡然	吕懿文	麻树园	马佳蕙
马静煊	马静怡	马梦萍	马启航	马　蕊	马　睿	马士媛
马小翔	马晓倩	马秀巍	马艺晴	马紫阳	毛龙龙	孟晨阳
孟静怡	孟艺阳	苗钰清	苗增超	聂思伟	聂文翱	牛晨璐

牛肖嫚	钮嘉宝	欧艳梅	牌欣冉	潘俊俊	潘峻森	潘乔丹
潘 冉	庞林涛	庞 岩	裴博思	齐长江	祁 飞	祁叶达
乔嘉可	乔浠文	乔玉洁	秦海涛	秦艺航	秦英子	邱志翔
屈珂昕	屈义欣	任 航	任慧娟	任金兆	任 力	任梦金
任文凤	任阳阳	任苡萱	任中昊	阮小倩	上官益佳	尚浩翔
尚梦迪	尚颖倩	尚 有	邵 婷	邵娅倩	申 鑫	申雨濛
沈丛文	沈一帆	沈周钰	石曼玉	时浩格	史慧丽	史若楠
史云帆	司方正	宋佳欣	宋李鑫	宋梦瑶	宋奇燃	宋 然
宋 扬	宋洋洋	宋雨薇	宋玉洁	苏家宝	苏梦天	苏新策
岁定尊	孙安彬	孙冰清	孙继攀	孙佳婧	孙丽莉	孙梦菲
孙梦歌	孙梦倩	孙淑涵	孙文丹	孙鑫蕾	孙兴润	孙祎蔚
孙钰婷	孙志超	汤洪胜	唐家鹏	唐 露	唐盼盼	唐启红
陶博文	陶若雪	田朝欣	田连建	田又丹	田 媛	屠晓晓
汪 凡	汪 箫	王澳霜	王 凤	王 钢	王高威	王 海
王海龙	王海山	王 豪	王浩杰	王浩天	王恒博	王嘉旭
王建东	王建华	王金乐	王金中	王晶晶	王 婧	王凯铭
王柯阳	王丽娟	王林伟	王路路	王 梦	王梦菲	王鸣鹤
王 宁	王培昊	王琦瑞	王 茜	王 蕊	王绍华	王世昌
王世豪	王淑琰	王 帅	王帅军	王思帆	王腾飞	王添姿
王 曈	王文星	王相超	王翔宇	王晓丽	王晓彤	王效才
王 欣	王 鑫	王 星	王 琇	王旭东	王 雪	王雅琪
王亚停	王娅琪	王 艳	王雁冰	王 焰	王燕青	王燕珍
王 阳	王一屹	王怡萱	王宜涵	王 莹	王玉冰	王月颖
王 哲	王振军	王壮壮	卫涌祺	魏广巍	魏国奇	魏青瑶
魏新卓	魏智嘉	翁 策	翁 艳	吴邦中	吴非凡	吴光玉
吴浩然	吴兴彬	吴俞波	武嘉俊	夏欢喜	夏 梦	夏小科
夏一凡	肖 敏	肖鑫森	谢婉莹	辛轲轲	邢丰玺	邢晓航
邢焱魁	邢玉强	徐 婧	徐静文	徐梦文	徐世章	徐守阔
徐淑雅	徐杨惠子	徐园园	许金灿	许庆丽	许文博	许文静

许文雪　许　雯　许宇含　薛金歌　闫　寒　阎淑贤　晏立翔
燕萍萍　杨　彪　杨铖晔　杨寒冰　杨惠丹　杨　洁　杨菁菁
杨靖雯　杨　林　杨明军　杨胜慧　杨思懿　杨　婷　杨婷婷
杨迎接　杨妤妤　杨煜琳　杨忠堃　杨子朔　姚　涵　姚浩冉
姚　尚　姚帅龙　野雨晴　叶宝淇　叶雯婧　殷千紫　尹光旭
尹坤明　尤梦卓　于海萍　于佳妮　于静怡　于　朋　于文丁
余浩源　余　莹　禹　浩　袁　萍　原盛慧　臧文豪　臧易甲
张博宇　张昌胜　张常辉　张　畅　张晨茜　张德达　张拂晓
张海港　张海洋　张　涵　张汉琼　张豪豪　张会鑫　张　佳
张佳华　张佳欣　张珈瑶　张家琦　张俭俭　张靖瑶　张凯圆
张梦雅　张苗苗　张明月　张　盼　张佩智　张　琦　张　倩
张倩倩　张　冉　张瑞娟　张润萍　张诗玉　张双双　张思梦
张思齐　张甜甜　张婷婷　张文静　张夏阳　张小莉　张晓晴
张晓薇　张笑液　张　新　张馨月　张鑫雨　张亚静　张亚喃
张　娅　张　琰　张阳阳　张　滢　张　颖　张颖泉　张宇琦
张雨鹤　张钰洁　张　媛　张媛媛　张云阳　张子珍　赵彬凯
赵　博　赵春春　赵宏伟　赵　珂　赵兰兰　赵蒙蒙　赵梦圆
赵明星　赵　琦　赵千慧　赵　珊　赵少亭　赵生梅　赵树超
赵祥伶　赵星媛　赵雪晶　赵莹莹　赵正彬　赵子义　郑俊红
郑彤彤　郑晓芊　郑玄乙　郑　峥　职　卓　仲子阳　周慧敏
周若冰　周　政　朱昊天　朱慧茹　朱家惠　朱　莉　朱诗雨
朱婷婷　朱雅聪　朱雨萌　朱　郁　朱昱霖　朱子青　邹嘉兴
邹羽　左叶昕

郭亚楠（201708030105）　郭亚楠（201908920114）
李灿灿（201708040105）　李灿灿（201708090209）
王梦瑶（201708030318）　王梦瑶（201708030515）
赵　琳（201708040318）　赵　琳（201908920212）
赵　琳（201908910112）

建筑工程学院(458人)

白　帅	白　岩	才天亮	蔡唱唱	蔡振威	曹　娟	曹　荣
曹帅钦	曹莹丹	曹忠浩	曾令雪	曾玉潇	查新月	柴璐杰
常帅亮	常　宇	常志博	陈　宸	陈佳佳	陈　洁	陈铭轩
陈牧源	陈思佳	陈文冲	陈文康	陈晓敏	陈雪敏	陈　卓
程　铭	程思源	楚金凤	楚凯欣	崔　浩	崔漫煜	崔美佳
崔强周	崔阳阳	代高鲲	代　强	代　珊	丁慧莹	丁文静
董洪旭	董琼博	董彦杰	杜春阳	杜金华	段佳玉	段旭文
段亚明	段志昆	樊容易	樊亚萍	范高鹏	范好奇	范锦科
范克辉	方　璐	冯浩然	付松博	付晓辉	高　丁	高　航
高双霞	高　滕	高　鑫	高易凡	高　原	耿倩倩	耿英杰
弓兆星	勾洋洋	关美琪	郭超芳	郭嘉馨	郭江涛	郭鸣洁
郭乾坤	郭晓航	郭怡美	郭意珂	郭翼飞	郭兆岑	海梦蝶
韩京甫	韩景攀	韩瑞鹏	韩　宇	韩子信	郝荔荔	郝姝雅
郝怡菲	何　心	何　卓	贺晓菲	侯林蔚	侯明珠	胡潮清
胡方露	胡倩怡	胡升展	胡　帅	胡雪晴	胡亚欣	黄博武
黄春山	黄德军	黄文然	黄欣悦	黄幸楠	黄依琳	黄　怡
姬永昌	贾晓洁	贾玉哲	贾志恒	蒋　冲	蒋夏青	焦文科
靳一美	靳自强	荆镇宝	孔豪强	孔孟丹	寇浩哲	匡　鑫
李飞平	李　娟	李俊朋	李　宽	李　丽	李　萌	李　敏
李　平	李乾坤	李　琴	李圣楠	李石轩	李舒缓	李腾飞
李薇帆	李文豪	李欣汝	李　旭	李亚尧	李　阳	李忆凡
李盈润	李羽灵	李元浩	李兆辉	李志雯	李忠熙	李转转
李壮壮	李紫燕	梁　田	梁新奇	廖金鹏	林　煊	刘晨阳
刘　浩	刘浩然	刘浩天	刘慧清	刘健壮	刘　俊	刘　丽
刘梦婷	刘　培	刘若男	刘若茜	刘士源	刘淑豪	刘伟东
刘文强	刘　岩	刘　雨	刘　源	刘子欣	柳东雪	柳兰芳

柳　玉　　娄琦菲　　娄亚维　　娄燕菲　　娄钰奇　　卢浩文　　卢雅杰
卢亚杰　　路梦停　　路　通　　路子伟　　吕缓缓　　吕庆刚　　吕　思
吕渊博　　马　兵　　马　闯　　马黎圆　　马铭远　　马　爽　　马婷莉
马耀丽　　毛志豪　　孟川平　　孟迦勒　　孟　娇　　孟鹏涛　　苗乐新
苗亭亭　　牛兵伟　　牛　闯　　牛锐利　　牛泽锋　　潘梦伟　　潘振宇
庞文康　　庞振宇　　钱晓妞　　乔　健　　乔珊珊　　乔　岩　　秦　瑜
秦子豪　　曲麦琼　　任继鹏　　任晓斐　　任宇龙　　尚　毅　　沈乾春
师朝娟　　石凯净　　石盼盼　　时小婷　　史世凡　　史晓宁　　司梦雅
宋锦蒿　　宋　璟　　宋世伟　　宋　帅　　宋义庆　　宋英杰　　宋争光
隋志强　　孙崇崇　　孙　典　　孙会杰　　孙俊伟　　孙开心　　孙兰霞
孙璐璐　　孙倩倩　　孙　嵩　　孙亚斌　　唐　宁　　田苗苗　　田晓燕
田泽博　　仝丰祎　　万亮亮　　王　犇　　王才柱　　王春朋　　王　丹
王丹洁　　王丹妮　　王飞燕　　王韩笑　　王　辉　　王晶晶　　王竞虎
王琨迪　　王　猛　　王朋妍　　王　平　　王瑞雪　　王少华　　王双双
王　嵩　　王同威　　王　伟　　王文博　　王文杰　　王喜俊　　王肖瑶
王　潇　　王小虎　　王小蓉　　王晓萱　　王笑语　　王　欣　　王欣悦
王新威　　王鑫海　　王暄栋　　王妍春　　王　岩　　王阳光　　王耀建
王耀文　　王宇轩　　王云飞　　王泽伟　　王志远　　王子威　　韦怀松
魏宏茹怡　魏洪漩　　魏庆歌　　魏悦妮　　温　帅　　吴贵军　　吴鸿梁
吴佳佳　　吴金娅　　吴茂祥　　吴　娜　　吴　爽　　吴　硕　　吴思雯
吴睢楠　　吴相哲　　吴雅琼　　吴亚想　　吴　月　　武琛朝　　武海霞
夏文静　　项得玉　　肖　涛　　谢志颖　　邢　淦　　邢　贺　　邢亚博
邢宇航　　徐豪杰　　徐坤耀　　徐煜杰　　徐　卓　　许新杰　　许紫慧
薛瑶瑶　　闫明锋　　杨安晴　　杨宝山　　杨　博　　杨承润　　杨殿铭
杨彗星　　杨　克　　杨　萌　　杨　蒙　　杨爽爽　　杨天赐　　杨　鑫
杨　哲　　杨紫帅　　姚　杨　　叶　梅　　殷明明　　殷瑞艳　　于家慧
于万超　　余雪影　　禹慧利　　喻　铭　　袁　洁　　袁　莱　　袁梦伟
袁盈盈　　翟金恒　　张宝明　　张丹阳　　张高猛　　张　航　　张鹤洋
张　恒　　张慧茹　　张佳琪　　张江浩　　张开慧　　张丽娜　　张琳璐

张　露　张　萌　张　淼　张盼龙　张秋红　张瑞阁　张圣楠
张硕研　张伟国　张肖敏　张晓萌　张亚平　张炎勇　张洋洋
张一博　张　艺　张　颖　张玉洁　张　煜　张　芸　张珍珍
张　震　张子恒　张子玲　张自敏　张宗明　赵和斐　赵佳嘉
赵敏聪　赵鹏远　赵　晴　赵荣鑫　赵　艺　赵英豪　赵　颖
赵永迪　赵钰靖　赵　桢　郑东阳　郑怀峰　郑嘉琪　郑凯杰
郑梦娟　郑思彤　郑泽方　周　芳　周国权　周家旺　周俊锋
周　乐　周丽蓉　周宁林　周文哲　周新成　周　晅　周毅杭
周永真　周　月　朱登基　朱家辉　朱淑华　朱叶青　朱一冰
李　浩（201609010123）　李　浩（201709020235）
王晨阳（201709020113）　王晨阳（201909900219）
王　露（201709020314）　王　露（201909900102）
王艺霖（201709030130）　王艺霖（201709030157）
张　莹（201609010118）　张　莹（201909900106）

体育学院（120人）

曾　锐　陈超凡　陈　欢　陈亚玲　陈雨薇　陈　志　程安琪
邓君萍　刁文慧　董建军　杜谨言　范再帅　冯鑫鑫　高风顺
郭　旭　郭　阳　郭毅伟　郭宇辉　韩天星　何振坤　侯圣力
侯鑫宇　胡欣怡　黄　熙　黄玉贺　吉淼淼　贾奥飞　贾鹏超
蒋仕龙　金会琳　金一铭　寇起豪　阔旭光　雷　伶　雷淑娟
李　静　李峻杰　李甜甜　李晓宇　李雪童　李依原　李紫蕊
梁格格　梁　漫　梁苏予　刘冰露　刘　冲　刘梦菲　刘苏娴
刘文刚　刘文帅　刘雅婷　刘　岩　刘奕奕　柳青霞　卢鹏宇
卢　洋　路心涵　罗　宇　吕凯莉　马开创　庞沛鑫　裴梦伟
彭乾松　彭智慧　沈迦南　史瑞丽　宋育东　隋馥瑜　孙秋玺
孙艳娜　孙悠扬　陶　醉　王航钰　王家琦　王　磊　王梦鸽
王　鹏　王文杰　王妍洁　王奕璠　王　钰　武赛一　夏英健

邢超哲　邢振宇　熊晨铭　徐瑞迎　徐雅宁　杨　彪　杨丙仑
杨佳楠　杨金铭　张　安　张　彪　张楚焓　张　浩　张浩楠
张红娇　张　琦　张树友　张雅雯　张一凡　张有仪　赵朝阳
赵柯鑫　赵　龙　赵晓芳　赵许阳　郑桂楠　郑翔升　周亚芑
周怡彤　周泽彦　朱风光　朱梦楠
李　晴(201710020112)　李　晴(201710020111)
王　凯(201710010142)　王　凯(201710010141)

专科毕业生

金融贸易学院(261人)

白　鹤　白　娟　白松涛　毕杰威　曹涵清　曹子昂　陈登虹
陈　静　陈梦泽　陈嵌玉　陈湘帆　陈耀斌　陈泽成　成帅颖
程昊楠　程　欣　程星默　崔　齐　党之涵　邓丙辉　丁睿诗
董成意　董齐玉　董梓琪　杜浩遵　段超明　段怡凤　樊铭帅
范梦月　范文晴　范欣禹　范子祺　方名妍　高　歌　高嫄嫄
葛静雨　郭　策　郭成玉　郭广剑　郭沛煜　郭依姣　郭昱彤
海兴文　韩　湘　韩　玉　郝鹏杰　郝庆武　何小草　侯宜含
候博文　候紫娟　胡佳雪　胡世阳　胡笑雨　冀　帅　贾　坚
蒋　龙　焦思悦　焦依洁　郎锦博　雷慧琳　雷琪琪　李晨宇
李翡翡　李烽瑞　李唤唤　李佳情　李嘉慧　李凯东　李　萌
李孟恒　李梦龙　李淑雅　李思醇　李卫玲　李文静　李夏文
李　鑫　李鑫磊　李亚彬　李延瑞　李宜倩　李悦仪　李志强
连嘉昊　梁帅豪　梁庭豪　廖雅馨　林　双　凌　倩　刘阿飞
刘东林　刘浩然　刘梦莹　刘　璞　刘善鑫　刘思龙　刘　威
刘向阳　刘晓龙　刘鑫丹　刘言辉　刘子龙　龙　楚　娄斯佳
卢钇含　鲁梦琪　罗靖祺　罗茹雪　罗　云　吕庆文　马国臻

马 珂	马小茹	马晓迪	马一帆	毛洪郑	孟 琳	孟欣欣
慕润青	宁鸽鸽	牛 坤	裴国秀	亓文晓	秦赛赛	秦 雯
邱佳伟	任梦晴	任 重	任梓浩	桑紫微	闪文喆	尚帅旭
史海波	舒 滢	宋海鹏	宋露露	宋世恒	孙龙雨	孙文文
孙雪昊	陶秋岐	王奥娜	王柏尹	王 彪	王常昂	王 福
王浩宇	王 恒	王 辉	王江源	王金豪	王 濛	王巧迪
王瑞瑶	王 森	王万里	王文凯	王肖健	王小迪	王晓宁
王亚杰	王琰格	王 洋	王艺铮	王 莹	王 宇	王泽鑫
王振俨	王 茁	王梓宇	魏世刚	魏笑尘	吴嘉超	吴龙飞
吴思涵	吴昕宇	吴 泽	武飞帆	夏紫薇	肖潋辰	谢文彬
徐 冉	许浩冉	许营镇	许玉珮	闫春萍	颜璐萌	杨 淳
杨皓越	杨慧琳	杨 建	杨菁华	杨 敬	杨乐婷	杨斯森
杨婷婷	杨文斌	杨震宇	姚博文	叶文静	尹浩哲	尹婉君
于晓燕	余锦泽	袁 猛	袁瑞祥	袁甜甜	原龙龙	原宇欣
张 博	张 璠	张 航	张淮茗	张 冀	张家瑜	张嘉橦
张嘉文	张金洋	张景怡	张敬洋	张亮亮	张美元	张 猛
张孟凯	张钦胤	张申闯	张 童	张伟怡	张雪茹	张 艺
张英杰	张 莹	张 宇	张子婧	张自若	赵洪妹	赵军生
赵 暖	赵 鹏	赵朴村	赵冉龙	赵宛鑫	赵馨雨	赵雪婷
赵艺雯	赵翊竹	赵铮铮	郑浩博	郑舒雅	职梅佳	周甜甜
周 源	周志康	朱凯文	朱莉娜	朱 荣	朱若宇	朱阳光
朱 裕	祝家龙					

管理学院(121人)

艾延康	安 锐	白雨涵	柏佳佳	曹余深	昌静静	陈宣会
陈亚如	陈 壮	程珂琪	程 嵘	崔欣欣	邓金金	丁梦雅
董梦迪	范琳轲	范勇辉	方小艺	盖云辉	高文君	葛丽倩
关路通	郭江龙	郭 珂	韩 茹	韩沉铮	郝丹阳	侯苏文

黄　奔	黄鹤飞	黄帅华	黄运豪	贾灵钰	贾文慧	焦方杰
靳凡增	靳　银	荆志珍妮	雷鸣辉	雷　雨	李金泽	李　宁
李世济	李淑芳	李田笑	李玉珍	李　缘	李瞻哲	李志辉
李卓艺	刘冰清	刘冰鑫	刘　芍	刘胜洲	刘　稳	刘小龙
卢双然	马世龙	孟繁博	孟豪兵	苗琦晓	牛殿斌	欧阳锦育
潘　宇	齐凯雯	任　慧	邵纪元	司浩然	宋晨源	宋京京
宋晴晴	唐　雯	陶森洋	田　涵	田佳瑶	王　兵	王昊玥
王　嘉	王胜楠	王西雅	王　妍	王玉坤	王滋涵	魏家华
魏锦锦	闻　奕	吴　琼	武可可	夏　鑫	肖诗庚	肖一鸣
谢金龙	熊怡鑫	徐世伟	薛子阳	闫蕊蕊	闫　洋	杨丹丹
杨　洁	杨亦涵	杨玉婷	杨紫晴	姚天姿	姚晓锋	于筱楠
袁晓丽	岳晓戈	翟梦娜	张　珂	张美琳	张　宁	张若若
张童欣	张　瑶	张战涛	张紫威	赵　艺	周银湘	朱婷婷
朱雨婷	祝怡喆					

商学院(548人)

安航仪	安世康	白博旭	包　淼	卞孟如	蔡毅龙	蔡云端
曹绘绘	曹　珂	曾庆园	曾子怡	柴福生	常冬情	常佳龙
常婧芸	常梦蝶	常宛儿	陈杜豆	陈浩楠	陈乐雨	陈明奇
陈铭扬	陈乃华	陈少龙	陈世平	陈淑婷	陈文佳	陈　曦
陈垠帆	陈永辉	陈宥熹	陈远利	陈增辉	陈　卓	承江坤
程晨博	程传达	程楠楠	程鹏燕	程新雅	程宇航	崔玉灵
崔　哲	单一达	邓　盼	邓晓枫	邓媛媛	丁靖峰	丁日鑫
丁照阳	董　菲	董家璐	董晶晶	董梦祎	董少真	董鑫博
董子康	豆奇博	杜裕群	段　冉	段泽涛	樊恒光	樊林江
范明宇	范茜茜	范申悦	范英超	范云祥	方玉林	费媛媛
冯晨龙	冯崇洋	冯豪杰	冯晶茹	冯琪媛	付　娟	付梦杰
付苗苗	付　娆	付仁军	付小玉	付晓莉	高　昂	高　晗

高怀猛	高莉莉	高鲁燕	高士媛	高英凯	高于晶	高宇航
高玉乐	高子晗	耿澳冰	谷红升	谷 威	郭博源	郭靖帅
郭 梦	郭木青	郭培尧	郭淇威	郭 强	郭仁威	郭硕男
郭甜甜	郭彤彤	郭晓静	郭欣莹	郭亚鹏	郭扬扬	韩秋格
韩润泽	韩文静	韩翔卉	郝明焜	郝易龙	何梦圆	何云翔
和书悦	贺 斌	贺美霞	衡雅洁	洪 岩	侯豪杰	侯文奇
侯文帅	胡赫超	胡金元	胡举豪	胡立文	胡 宁	胡依姿
胡义芳	胡莹莉	胡颖涵	胡子怡	华 通	黄彩云	黄 磊
黄凌云	黄榆惠	贾露露	贾双健	贾思语	贾晓东	贾银燕
姜晨星	姜明珠	姜苏宸	靳 冰	靳子阳	荆浩然	荆一卓
康国雷	康 琳	康云麒	孔嘉蕊	孔兆慧	邝家宝	李澳洲
李博杰	李 灿	李晨宇	李 澄	李 懂	李高峰	李 歌
李海光	李 浩	李鸿震	李 辉	李佳禾	李佳淇	李建梦
李金科	李俊豪	李柯蓉	李湄爽	李梦茹	李梦宇	李培源
李乾隆	李清棚	李 蕊	李 瑞	李树业	李 爽	李顺军
李思雨	李素贞	李腾飞	李田奎	李炜钰	李 翔	李 欣
李欣欣	李新源	李 鑫	李 星	李秀灵	李 妍	李妍妍
李 炎	李彦默	李垚云	李一鸣	李玉婷	李煜霖	李圆圆
李 泽	李志刚	理玉斌	廉晨博	廉文龙	梁国庆	梁津珲
梁 烁	梁银玲	林 翔	刘 畅	刘聪聪	刘恩霖	刘丰硕
刘华瑞	刘靖城	刘凯悦	刘铠华	刘 璐	刘梦瑶	刘梦园
刘明阳	刘鹏飞	刘起源	刘茜茹	刘赛杰	刘舒月	刘松雨
刘腾博	刘婷婷	刘文宣	刘潇远	刘星佑	刘 旭	刘 轩
刘雪琳	刘 妍	刘 岩	刘彦毅	刘怡帆	刘倚君	刘英杰
刘雨泽	刘玉淳	刘 源	刘钊良	刘 哲	刘哲鹏	刘朕江
刘正义	刘紫戈	柳伟涛	卢伟莉	栾贝贝	罗狄豪	罗军鸽
罗婷瑜	吕朝祥	吕程洁	麻胜男	马嘉奇	马 健	马梦梦
马梦馨	马勤杰	马若晨	马旭凡	梅 妞	梅玉蕾	孟繁龙
孟琼瑶	宁连君	牛波涛	牛 萌	牛亿文	牛勇航	牛滋腾

潘明星	彭丽颖	祁凯迪	祁肖静	祁　悦	秦　莹	邱晨楠
阙欣悦	冉　硕	任梦圆	阮佳琦	尚德宇	尚英利	邵　敏
邵元洋	申子博	沈子行	施丽利	石　冰	石金珂	时梦圆
史玉琴	宋博文	宋顺心	宋亚辉	宋泽源	宋政原	苏冰清
苏子栋	孙开鑫	孙孟雨	孙世豪	孙世英	孙文泽	孙郑直
陶锐颖	田朔诚	仝鹏飞	完颜倩影	汪静静	王晨庚	王川川
王　钏	王丹丹	王　涵	王浩楠	王浩洋	王浩源	王贺烔
王嘉震	王皎蝶	王　杰	王靖元	王玲锐	王璐瑶	王蒙蒙
王梦宇	王明坤	王　楠	王　攀	王庆雪	王　森	王　婷
王伟倩	王禧晨	王现豪	王孝文	王雪辰	王雅欣	王亚东
王亚飞	王亚青	王燕子	王一凡	王莹莹	王　宇	王宇博
王宇航	王雨婷	王　玥	王　悦	王志磊	王子铭	王梓怡
位　娟	魏彩格	魏佳佳	魏凯洁	魏　冉	魏　洋	温文静
巫一晨	毋　辰	吴家阳	吴沛豪	吴倩文	吴甜甜	吴　炀
吴贞洁	夏　蕊	夏云雪	肖影影	谢晨晨	谢天祥	谢彦森
谢一帆	谢一鸣	邢航源	熊天赐	熊志聪	徐博文	徐　储
徐金宇	徐俊杰	徐立源	徐明霞	徐强强	徐愿博	闫姣汝
闫欣婷	闫雅欣	闫　喆	闫重阳	严海亮	晏文豪	杨博宇
杨慧芳	杨梅香	杨孟涛	杨梦涵	杨浦阳	杨　青	杨赛迪
杨银鸽	杨志勇	杨　智	叶子清	易环宇	佑铭泽	于家豪
于长江	余　娇	余柯怡	余　立	余巧巧	余　涛	禹娜娜
袁　梦	袁向东	苑玉巧	臧启航	翟小辉	翟晓玉	张成龙
张春洋	张东潮	张　帆	张海燕	张海洋	张灏宇	张　衡
张晖烨	张慧娟	张慧鑫	张警航	张军威	张钧超	张凯文
张凯月	张林林	张鲁豫	张梦鸽	张梦菌	张梦梦	张明皓
张明炎	张仁胜	张　忍	张森博	张胜男	张世龙	张世卓
张淑雅	张舒琦	张顺红	张　薇	张肖飞	张晓艳	张　笑
张新宇	张新悦	张星华	张星松	张雪华	张亚丽	张亚松
张祎璠	张益萍	张永浩	张　雨	张玉波	张媛媛	张展华

张振康　张振武　张志豪　张志远　张紫瑞　章梦雨　赵浩翔
赵家鹤　赵家玉　赵健男　赵坤洋　赵李阳　赵苗淼　赵明辉
赵乾坤　赵倩雯　赵琼琼　赵瑞芳　赵帅杰　赵涛涛　赵文福
赵　潇　赵旭行　赵雅展　赵　莹　赵月含　赵哲辰　赵　卓
赵紫傲　赵紫怡　郑传坤　郑贡佳　郑鸿莉　郑林霞　郑咪乐
郑　洋　郑一萌　周翰文　周　巧　周　帅　周童童　周怡含
周悦天　周云云　周子涵　朱浩力　朱华伟　朱凯悦　朱强强
朱婉云　朱宇昂　朱　悦　朱昭翰　邹卓远
王晨旭(201804600550)　王晨旭(201804610235)
王　豫(201804600452)　王　豫(201804610140)

外国语学院(117人)

陈春燕　陈乐潼　陈亮欣　陈文欣　陈　汐　陈　雨　豆祥云
杜金耀　杜毅博　杜昱潆　冯冠玉　付翔宇　郭千华　洪雅勤
胡娇娇　胡　珂　胡明哲　胡淑婷　黄佳祎　黄熙格　冀天使
贾明仪　金　萍　荆紫薇　康靖钠　孔梦洁　孔芊鑫　李　晨
李　君　李梦雨　李齐寒　李　晴　李若彤　李少帅　李云浩
刘晨晨　刘晨姣　刘　佳　刘俊文　刘　桐　芦文静　吕晨阳
马佳慧　马云云　苗　茹　聂安琪　聂浩淼　彭桧洁　戚瑞楠
任　可　任梦瑶　苏　斌　苏　雯　苏　醒　孙娅鑫　唐艺茜
滕文蕾　田玉婷　王晨欣　王皓冉　王　婕　王金平　王莉菠
王　璐　王梦楠　王梦真　王晟镔　王守宇　王　腾　王昕昱
王新华　王鑫茹　王雪莹　王雪源　王怡欣　王艺涵　王艺艺
韦亚柯　吴若彤　谢　冉　谢松领　徐嘉伟　薛冰玉　闫　涵
杨奥迪　杨　澳　杨杰雯　杨　乐　杨梦圆　杨　钦　禹婷婷
袁　洁　岳志扬　翟　晶　翟靖宽　张保钰　张恩明　张柳飞
张千烨　张钦源　张　蕊　张　帅　张旭晶　张瑶玟　张英琳
张子轩　章　乐　赵　慧　赵丽荣　赵卫芳　赵亚阁　钟　玲

朱国栋　朱梦媛　朱雯嫒　祝真平　左孟政

艺术学院(175人)

白江帆	鲍梦雨	毕梦瑶	蔡雅楠	曹珍珍	常静宜	陈佳欣
陈　杰	陈芃烨	陈世鹏	陈淑萌	陈文博	陈奕诺	谌　余
程雅如	崔书畅	崔琬鑫	单亚琴	邓　薇	丁雅琦	杜嘉铖
杜玉龙	范东兴	冯怡博	付立冰	付琳茜	付龙涛	高小航
管慧慧	郭圣龙	何丽捷	何　露	侯琳琳	侯宁芳	侯禹同
胡永春	胡永泉	胡真瑞	黄一凡	黄原铭	姬怡菲	姬永芳
贾晓童	贾裕雯	李　澳	李聪一	李道稳	李佳漪	李佳怡
李京豫	李梦菲	李梦蛟	李梦瑶	李若涵	李思雨	李婉瑜
李晓文	李心如	李　妍	李一冰	李一菲	李　怡	李雨欣
李　月	李智博	连梦莉	连思佳	梁竞雷	刘超凡	刘乘源
刘晶欣	刘静沂	刘赛赛	刘惟怡	吕澄亮	吕浩远	吕泽宇
马桂芳	马佳昕	马诗童	毛韶颖	毛婉擎	梅珂欣	南瀚博
牛鹏辉	牛雪可	齐雪涵	秦一玮	邱纪元	屈之昊	渠飞燕
冉婧雯	任冰雪	石苟菲	石晓鸣	宋恩泽	宋诗文	宋宇情
苏晓雯	孙姣姣	孙梦蝶	孙一甲	汤天玉	田佳杰	田金漫
田艺辰	王晨冉	王　赫	王桓宇	王纪元	王佳音	王建雅
王　洁	王俊杰	王梦妍	王苗棋	王文雪	王霄雯	王　璇
王雪茹	王艺巅	王煜焜	王之乐	王子涵	王子豪	王子阳
韦天然	文可超	文雪梅	吴鑫鸣	武苏敬	徐贝贝	许湄越
许舒益	闫鑫杰	闫旭辉	闫紫涵	杨维轩	杨雨佳	姚恩玉
姚雪燕	叶慧敏	禹慧婷	袁　歌	袁梦瑶	远　航	臧乐谈
张韩晓	张瀚月	张　航	张玲玲	张　梦	张　敏	张　茸
张若澜	张诗佳	张舒羽	张婉诺	张　雯	张　鑫	张　旋
张亚博	张　妍	张　怡	张艺君	张雨婷	张志豪	张紫威
赵　旗	郑盼盼	周玉萌	朱可可	朱琳霜	朱梦格	朱志坤

建筑工程学院(340人)

白昊天	白家栋	卜威威	曹卫婷	柴振虎	常祎	陈博申
陈昊煜	陈凯辉	陈鹏	陈鹏举	陈鹏升	陈蕊蕊	陈萧宇
陈欣茹	陈要文	陈钇翔	程坤	程苗苗	崔皓程	邓博文
邓凯文	邓翔	邓玉龙	丁世龙	董凯文	董许诺	董泽
杜好斌	杜盈霞	杜雨欣	范成祥	范润垄	冯明龙	付润雨
付雨滋	付育铭	高炜煜	高源	弓辰阳	关智源	郭傲博
郭晨晨	郭帆洋	郭铠臣	郭明轩	郭茜茜	郭威	韩闯
韩姣姣	韩灵豫	韩鹏飞	郝洪霏	何海洋	何钥琦	贺梦龙
侯永琪	侯宇	胡慧萌	胡明林	黄辰翔	黄天龙	黄宇环
黄治杰	惠东阳	惠赵婧	霍超强	霍雨佳	吉柏良	纪东亚
贾朋	贾耀旭	简彦豪	蒋中舰	金梦辉	靳梦琪	康飞腾
康辉	李傲	李澳龙	李彬彬	李芳科	李国涛	李昊霖
李昊泽	李浩	李浩森	李宏阳	李会昌	李佳博	李江泊
李静轩	李俊辉	李坤	李立博	李林峰	李梦丹	李明昊
李鹏辉	李启龙	李泉潼	李少童	李思澎	李苏桐	李闻博
李显钰	李兴振	李学博	李洋正	李耀博	李义犇	李艺斐
李懿	李政	李子昂	李宗霖	廉钊	梁金娴	梁炯
梁启元	梁玉晚	梁植	林朝阳	林英杰	刘浩浩	刘欢庆
刘慧莹	刘建	刘铭睿	刘念	刘鹏	刘启源	刘尚
刘书源	刘天晴	刘小萌	刘鑫龙	刘一鸣	刘玉倩	娄峥
路浩钿	马驰	马航星	马浩林	马梁豪	马世豪	马文良
马原非	孟浩	孟祥澳	米鸽	苗增辉	莫艺珂	牛翔
潘江浩	裴东博	齐文明	任春州	任蒙恩	任彦龙	桑宏翔
沙诺楠	尚浩龙	邵海冰	申博文	申浩阳	申泽龙	盛博博
石豪	史昊	宋佳纹	宋韦圳	宋文炳	宋泽祥	宋子豪
宋子恒	苏畅	苏靖博	苏亚茹	孙辰	孙航飞	孙贺

孙慧兴 孙世豪 孙 旭 孙展鹏 孙壑阳 滕玉琪 田秉钰
田金航 田 拓 万 爽 王昌一 王朝阳 王冲冲 王春燕
王丹瑶 王慧延 王嘉恒 王嘉宁 王嘉欣 王建文 王 洁
王金珠 王立科 王明杰 王朋想 王 芮 王 森 王 上
王少文 王世豪 王淑彩 王 伟 王文闯 王文家 王文杰
王晓果 王晔莎 王一平 王乙茹 王宇庆 王哲宇 王振杰
王正义 王志涵 王卓群 魏小童 温希哲 吴建伸 吴昆朋
吴萌萌 吴明轩 吴 琼 吴松岭 吴彦昊 吴一凡 武熙峰
席 萌 夏 利 夏林鹏 夏梦飞 谢博昊 谢纪龙 邢 警
邢礼娜 徐华森 徐婷婷 许嘉辉 许宽超 薛晨号 薛梦阳
薛怡轩 闫伯睿 闫凯航 闫奕霖 颜佳琪 燕 阳 杨 婧
杨刘臣 杨孟丹 杨伟华 杨晓彤 杨 璇 杨作麒 姚顺博
叶 峰 叶瑞杰 于 帆 于 凯 于钦室 于素娟 虞浩然
虞慧敏 贠天婵 袁 硕 岳成威 岳 凡 岳帅威 张 波
张驰杰 张 闯 张恩源 张丰宇 张 欢 张家伟 张 婕
张金涛 张锦波 张景源 张 珂 张 澜 张良宇 张林波
张 猛 张梦豪 张梦然 张明钧 张铭扬 张淞焱 张苏豫
张泰铭 张雯博 张炫烽 张 毅 张永坤 张育彬 张钰昆
张煜华 张蕴琛 张中洋 章 荣 赵泓皓 赵建华 赵军鹏
赵梦洋 赵鹏凯 赵书赫 赵书玉 赵亚毫 赵逸昊 赵 玉
赵子旭 郑强立 郑萧东 钟林林 周海棠 周健强 周萌萌
周芮屹 周忠祥 周 舟 朱军明 朱鹏飞 朱 笑 左志方
李 帅(201809610329) 李 帅(201709600219)
张文豪(201809600140) 张文豪(201809600241)

郑州升达经贸管理学院 2021年大事记

1月

9日,学校在国际会议厅召开2020—2021学年第一学期工作要点落实情况汇报会,执行董事王新奇、校长郭爱先,党委书记张德伟,副校长兼工会主席张金安、副校长兼教务长吴益民、副校长兼总务长张其武出席了会议,各职能部门和院部正副主管参加会议并进行了汇报。各单位将要点落实情况、取得的成效、存在的问题和改进措施以及常规工作开展的思路、举措、成绩,特别是通过创新工作思路、手段和方式,抓好亮点工作等方面做了高质量的展示。郭爱先对各部门取得的成果给予高度肯定。汇报会有效推进了工作要点的深入落实,促进了主管工作理念的更新、工作思路的明晰、履职能力的提高和学校人才培养能力、服务水平、管理水平的提升。

10日,在由河南省翻译协会联合河南省外事侨务服务中心举办的河南省第二届"讲好河南故事"外语大赛中,2018级日语2班李翔同学获一等奖,2018级日语1班王攀情同学获三等奖。

12日,河南省社会科学院谷建全院长莅校作《"十四五"经济发展新走向、新战略、新特征与新任务》专题报告。

12日,郑州市流行舞蹈协会成立大会在郑州市金水区大石桥街道办事处会议室举办,大会选举了理事会、监事会成员,学校艺术学院教师栗元辉当选郑州市流行舞蹈协会会长。

13日,河南省教育厅下发《河南省教育厅办公室关于做好2020年河南省高等学校精品在线开放课程建设工作的通知》(教高〔2021〕4号),文法学院副院长赵严俊"中国现当代文学史Ⅰ"课程和创新创业学院院长王铮"大学生创业基础"课程获批河南省精品在线开放课程立项建设。

13日,河南工程学院汪诗怀教授应邀到学校作《应用型本科高校转型发展的路径与抓手》专题报告。

15日,河南省档案学会下发《关于表彰2020年度河南省档案学会先进集体和先进个人的决定》(豫档学〔2021〕1号),学校综合档案馆获评2020年度河南省档案学会工作先进集体,杜玉红获得"2020年度河南省档案学会工作先进个人"称号。

15日,"快手校园"2020年度全国高校官方账号年度最具影响力榜单公布。学校官方快手账号与国防科大、清华、北大等高校"同框",排名全国高校第16位。

24日,郑州升达经贸管理学院召开领导干部会议,雷霆同志任郑州升达经贸管理学院党委书记。

2月

25日,中共河南省委高校工委、河南省教育厅下发《关于表彰2020年度全省教育系统网络安全和信息化工作先进集体先进个人的决定》(教科技〔2021〕57号),学校被评为2020年度全省教育系统网络安全和信息化工作先进集体,副校长兼总务长张其武、信息化办公室主任李保华被评为全省教育系统网络安全和信息化工作先进个人。

25日,河南省教育厅下发《关于公布河南省第六届大学生艺术展演活动评选结果的通知》(教体卫艺〔2021〕62号),学校获得"优秀组织奖",共15项参赛作品获奖。

3月

10日,河南省教育厅政策法规处(民办教育处)平奇副处长、金春晖主任一行莅校检查督导2021年春季开学疫情防控工作。

12日,河南省教育厅下发《关于公布2020年度国家级和省级一流本科专业建设点名单的通知》(教高厅函〔2021〕7号),会计学院财务管理专业获批2020年度省级一流本科专业建设点。

17日,郑州市思想政治工作研究会下发《关于表彰2019—2020年度郑州市思想政治工作优秀成果的决定》(郑政研〔2021〕2号),公布表彰了2019—2020年度郑州市思想政治工作优秀研究成果57项,学校获得一等奖1项,二等奖4项,三等奖2项,获奖数量位居全市首位。

18日,在2020年第十二届全国大学生数学竞赛中,学校4名同学获得省级一等奖,22名同学获得省级二等奖,27名同学获得省级三等奖。

26日,学校在第二会议室召开第三届董事会第一次会议。董事长王淑芳、执行董事王新奇,董事雷霆、郭爱先、吴益民、张欣出席会议,监事杨存博、沈定军、秦旻列席会议,校领导张德伟、张其武及有关部门人员李学桥、张红阳、朱永恒、王新平、张景空、张延霞、李保华列席会议。校党委书记雷霆进入董事会,崔慕岳、李学桥、张德伟三位董事卸任。会议选举产生第三届董事会董事长和执行董事,表决通过了董事长提名的监事和董事会秘书,审议通过2021年学校行政工作报告及2020年度财务决算和2021年度财务预算。决定成立实训管理处,处长由程敏姿担任,负责全校教学实验实训场所规划建设、教学仪器设备管理运维等工作。

31日,学校《知行合一,助力"三型"人才培养——郑州升达经贸管理学院科学工作能力实训基地》入选教育部学校规划建设发展中心"产教融合实训基地"优秀案例(案例编号:2021SXJD03008)。

4月

1日,学校在行政大楼国际会议厅举行党务工作座谈会,党委书记雷霆和各党总支(直属党支部)书记、各党群部门全体工作人员参加。会议特邀湖北大学党委原书记尚钢教授以《加强党对高校领导的若干思考与实践》为题分享工作经验。

1日,学校召开2021年度工作视频会。执行董事王新奇、党委书记雷霆、校长郭爱先等校领导及各处室主管、各院部院长(主任)、党总支书记、副院长、全体教职员工、学生代表参加会议。会议采用线上线下、主分会场相结合的方式进行,由国际会议厅主会场和双创大讲堂等15个分会场组成。会上,校长郭爱先作题了为《守正创新,勠力同心,全面推进学校高质量发展》的工作报告。

8日,学校召开党委会议。会议由校党委书记雷霆主持,全体党委委员参加会议,邀请了非党委委员校领导、纪委机关负责同志以及统战部全体同志列席会议。会议研究通过《省高校优秀共产党员、优秀党务工作者和先进基层党组织推荐名单》，并通过了新修订的《中共郑州升达经贸管理学院委员会会议议事规则》《中共郑州升达经贸管理学院委员会理论学习中心组学习规则》。

8日至9日，学校在双创大讲堂召开"特色发展"大讨论交流会。校长郭爱先、副校长兼教务长吴益民，全校各单位主管（副主管）、各专业带头人、教研室主任、实验室主任、教学秘书、行政秘书以及全体科级以上干部参加了交流会。2020年10月起，为使全校上下进一步统一思想，凝聚共识，明确学校特色发展的方向和路径，落实学校建设"全国知名、特色鲜明的高水平民办本科大学"的发展目标，全校上下开展了"特色发展大讨论"活动。活动分四个阶段：动员部署阶段、学习研讨阶段、专题讨论阶段和活动总结阶段。活动过程中，全校各单位全员参与，深入学习了习近平总书记十八大以来关于高等教育的重要论述和河南省、郑州市以及新郑市相关发展规划等纲领性文件，并在此基础上重点讨论了学校教学特色打造，学科专业特色凝练，专业结构布局、调整和优化，专业集群、产业学院建设、校企合作协同育人开展等问题。此次交流会是各单位对"特色发展"大讨论成果的总结，会上14个教学单位和8个行政单位分别进行汇报交流。全校上下通过此次交流会，进一步提升理念，明确学校发展思路，完善体制机制，以期早日实现学校高水平应用型大学的办学目标。10月1日至12月10日，各学院分别举办特色发展及办学成果展，以各学院特色发展及取得的主要办学成果为主要展示内容，促进学院之间交流和学习。

15日，学校邀请中国高等教育学会常务理事、河南省政府参事、河南省优秀专家、河南大学原校长娄源功教授到校作《应用型大学战略规划与解码》专题报告。

29日，由郑州市委宣传部主办，郑州市版权协会、中共新郑市委宣传部、郑州版权纠纷调解中心和学校共同承办的2021年郑州市版权公益宣传"六进"活动启动仪式暨《唐宫夜宴》——郑州市优秀作品版权保护研讨会在双创大讲堂举行。中共郑州市委宣传部二级巡视员裴保顺，中共新郑市委常委、组织部部长黄卫东，中共郑州市委宣传部版权出版处处长王玉林，中共新郑市委宣传部副部长李明，龙湖教育园区管委会副主任张顺安，郑州市版权协会理事长倪天礼,郑州歌舞剧院副院长宋东东以及学校执行董事王新奇、校长郭爱先、副校长张金安、相关部门主管参加本次活动。

30日,在由中国国际贸易学会和全国外经贸职业教育教学指导委员会主办,中国国际贸易学会培训处和南京世格软件有限责任公司承办的第10届POCIB全国外贸从业能力大赛(春季赛)中,金贸学院国际经济与贸易本科一队获得全国特等奖,本科二队获得全国一等奖,专科队获得全国二等奖。

4月,学校健康中心更名为"升达经贸管理学院医务室"。

5月

1日至3日,由亚洲体育舞蹈联合会指导、中国体育舞蹈联合会确认、河南省体育舞蹈运动协会主办的国家级赛事——2021年中国体育舞蹈俱乐部联赛(河南站)暨第二十八届河南省体育舞蹈锦标赛在河南省体育馆举行。学校体育舞蹈代表队在此次比赛中获得5项冠军、3项亚军、4项季军。

6日,学校国旗班团支部获得共青团中央"全国五四红旗团支部"光荣称号,这是学校首个获此殊荣的团支部。全省仅有5所高校获此荣誉。

7日至8日,在由河南日报社主办的第十二届"黄河教育论坛"暨"黄河教育奖"颁奖典礼中,学校获得"河南综合实力10强院校"(民办高校)、"河南高等教育突出贡献单位"称号,董事长王淑芳获得"河南高等教育功勋人物"称号。

11日,由水利部、中国宋庆龄基金会联合举办的"第二届全国节约用水知识大赛"河南新郑赛区竞赛活动在学校举办。河南省节约用水办公室主任吴越、副主任吴顶,郑州市水利局三级调研员、郑州市节约用水中心主任张志功,新郑市水利局局长岳明旺,校执行董事王新奇、副校长兼总务长张其武等出席了此次活动。

11日,郑州市人大代表、河南省民办教育协会副会长、培训教育工作委员会理事长、郑州晨钟教育集团党委书记朱玉峰,郑州联大教育集团纪委书记甘润良,省民办教育协会党建工作委员会副秘书长张瑞峰一行莅校检查党建示范基地建设情况。

6日至12日,河南省第21届大学生田径运动会在河南牧业经济学院运动场举行。学校田径代表队获得金牌2枚(建校迄今共获金牌5枚)、铜牌1枚(打破学校纪录),获得团体第9名、女团总分第7名的佳绩,并获得本次运动会"体育道德风尚奖"荣誉称号。

13日,河南大学硕士研究生导师、图书馆信息部主任刘陆军莅校作"科技查新服务对学校教学科研工作的促进作用"主题报告。

10日至12日,在由河南省教育厅主办,河南师范大学、河南省师德教育宣传中心承办的"礼赞建党百年,矢志为党育人"师德主题诗歌朗诵比赛中,文法学院学前教育专业凌敏、孔书情、陈佳莹团队获得学生组三等奖。

12日至16日,由河南省教育厅主办的河南省大学生"华光"体育活动第三届五人制足球比赛在华北水利水电大学举行,校执行董事王新奇,副校长兼总务长张其武,发展规划处处长沈定军,体育学院党总支书记杨明志、院长张王利等到现场为学生加油鼓劲。学校女足勇夺比赛冠军。

20日,在由河南省委高校工委、河南省教育厅、共青团河南省委、河南广播电视台主办,河南广播电视台新闻事业部、大象新闻客户端、郑州师范学院承办的"百年党史青年说"——百校青年大学生讲党史大赛中,学校《刑场上的婚礼》获得一等奖,学校获"优秀组织奖",是全省唯一获得一等奖和优秀组织奖的民办高校。

21日,河南省教育厅下发《关于公布第二批河南省一流本科课程认定结果的通知》(教高〔2021〕174号),学校13门课程被认定为第二批河南省一流本科课程。

21日,学校在双创大讲堂举办"2021年辅导员素质能力大赛决赛暨辅导员表彰大会",这是学校举办的第一届辅导员素质能力大赛。执行董事王新奇、校党委书记雷霆、校长郭爱先等校领导出席活动并担任比赛评委,党委宣传部、党委学工部、校纪委机关等相关部门负责人,各学院党总支书记、行政秘书、全体辅导员以及学生代表共220余人参加活动。管理学院齐利利获得特等奖;文法学院刘瑜、会计学院孟醒获得一等奖;管理学院程华斌、祖鹏阳、张惠丽等3人获得二等奖;会计学院鲁玲玉、郭军学、胡翔宇,外语学院田倩倩等4人获得三等奖;金贸学院秦童、文法学院张甜梦、商学院张楠、艺术学院孙凤娟、交通学院杨田田等5人获得优秀奖。管理学院、会计学院获得优秀组织奖。

20日至23日，由河南省体育局、河南省教育厅、河南省科技厅主办的第十四届河南省定向锦标赛在新乡辉县市举行。学校代表队在比赛中共获冠军5项(9人次,含接力两项)，亚军3项(5人次)，季军2项(2人次)，第五名2项(2人次)，第七名2项(2人次)。

22日，河南省高校图书馆2021年工作会议在河南财经政法大学举办，会上对全省高校图书馆"阅百年历程，传精神力量，展馆员风采"主题展演活动获奖学校予以现场颁奖;学校《万卷诗书写芬芳》获得一等奖，是省内唯一获得一等奖的民办高校。

25日，河南省民办教育协会党建工作委员会换届工作筹备会在学校召开。中国民办教育协会党建工委副主任、河南省民办教育协会副会长、河南民办教育研究院执行院长王建庄，河南省民办教育协会秘书长汤保梅，河南省民办教育协会副秘书长王道勋，河南省民办教育协会副会长、校执行董事王新奇、校党委书记雷霆出席会议，部分民办学校党组织负责人参加会议。

26日，学校郑州市"校友之家"授牌仪式在郑州如家商旅酒店高铁东站东广场店举行，这是学校首个郑州市"校友之家"。

26日至28日，河南省图书馆学会召开第十次会员代表大会暨理事会换届会议，学校图书馆被选推成为省图书馆学会理事单位，图书馆馆长晁国立为省图书馆学会第十届常务理事，学校成为河南省唯一担任该职务的民办高校。此次大会授予学校2019年度"全民阅读先进单位"、2020年度"全民阅读先进单位"称号，授予图书馆胡芳2019年度"全民阅读先进个人"、张鹏2020年度"全民阅读先进个人"称号。

27日，学校马克思主义学院教师张玉明在2021年河南省高校思想政治理论课教师教学技能大赛中获得一等奖。

28日，由全国民办高校学报研究会主办，浙江树人大学承办的二届三次全国民办高校学报工作研讨会在浙江树人大学举行;学校学报被评为"优秀学报一等奖"，相关论文获得"优秀编辑学论文二等奖"。

28日，校长郭爱先、会计学院副院长张新成、校地合作处王彦雨等一行在用友集团北京产业园区与用友新道科技股份有限公司签署了智能会计产业学院合作协议。

29日至30日,由全国民办高校学生工作者联席会主办的第九届全国民办高校学生工作创新研讨会在南京举行,学校学生工作创新论文《少数民族大学生心理特点及其高校教育管理创新研究》获得2021年度全国民办高校学生工作创新奖一等奖。

5月,共青团河南省委下发《关于发布2020年度"活力杯"河南学校共青团基层基础工作大赛获奖名单的通知》(豫青办字〔2021〕8号),外国语学院2018级翻译1班团支书李萌获得河南省百优"魅力团支书"称号,会计学院审计学专业2018级2班团支部获得河南省百优"活力团支部"称号。

5月,共青团河南省委下发《关于表扬2020年度"河南省五四红旗团委(团支部)""河南省优秀共青团员""河南省优秀共青团干部"的通知》(豫青字〔2021〕11号),会计学院团委获得"河南省五四红旗团委"荣誉称号;校青年志愿者协会团支部、文法学院2017级法学本科2班团支部获得"河南省红旗团支部"荣誉称号;文法学院团委书记郑玲玲获得"河南省优秀共青团干部"荣誉称号;外语学院2018级翻译一班李萌获得"河南省优秀共青团员"荣誉称号。

6月

3日,郑州市委常委、统战部部长杨福平莅校,以《百年党史就是为民党史,人民力量依靠法宝聚集》为题为师生讲授思想政治理论课。

3日,河南科技大学博士生导师郭志军莅校作"电动汽车新技术"主题讲座。

5日,河南省民办教育协会党建工作委员会换届暨党建基地建设工作会议在学校国际会议厅召开。协会名誉会长、黄河科技学院董事长胡大白、上届党建工作委员会执行主任王建庄、协会监事会主席甘宇祥、省民办教育协会会长任锋、校党委书记雷霆、校长郭爱先以及来自全省50多家民办院校的80多名代表参加了会议。会上,学校被授予"党建示范基地建设单位"。

5日，在第十二届"蓝桥杯"全国软件和信息技术专业人才大赛全国总决赛中，学校获得国家级三等奖3项，优秀奖1项的优异成绩。

5日至6日，由教育部中国大学生体育协会主办，中国大学生体育协会篮球分会协办的2020-2021赛季中国大学生3×3篮球联赛河南省冠军赛在河南牧业经济学院举办，学校男篮、女篮勇夺2020—2021赛季中国大学生3×3篮球联赛河南赛区两个组别冠军；体育学院2018级社会体育指导专业学生位子龙夺得"最强球王"的单项冠军。7月3-5日，校男、女篮代表河南省大学生参加全国比赛，最终双双晋级2020—2021赛季中国大学生3×3篮球联赛全国总决赛16强。

10日，学校与新郑市政务服务和大数据管理局在第一会议室举行战略合作协议签约仪式。新郑市政务服务和大数据管理局局长马纯杰，副局长李水英、秦建军、周湘贞，办公室主任王博；校执行董事王新奇，副校长张金安，副校长吴益民，就业处兼校地合作处处长冯科，信工学院院长白鑫出席了仪式。

11日，中原大讲堂"不忘初心坚定制度自信，牢记使命开辟崭新历程"主题讲座在学校双创大讲堂举行。本次讲座由郑州市社科联主办，郑州市民办教育史展馆承办，中南财经政法大学教授、当代青年学者、作家、诗人、中国作家协会会员程韬光主讲。

9日至13日，由河南省文化和旅游厅、河南省文联、河南省教育厅联合主办，河南省舞蹈家协会承办的河南省第九届专业舞蹈大赛暨第五届"洛神杯"舞蹈展演在郑州师范学院举行，学校艺术学院舞蹈团在此次比赛中获得三等奖。

15日，在新郑市庆祝建党100周年"永远跟党走，奋进新征程"合唱比赛中，学校艺术学院合唱团获得高校组一等奖。

19日至20日，在第十一届全国大学生电子商务"创新、创意及创业"挑战赛河南赛区选拔赛中，商学院"翻滚吧后浪"团队的"豫和畅三农绿色红梨"项目和"创新五味子"团队的"吃定校园"项目获得省级二等奖。

20日，在第十二届"外教社"杯全国高校外语教学大赛河南省赛中，基础部教师黄永佳获视听说组大赛一等奖。

23日,学校与中国联通郑州市分公司举行5G智慧校园建设战略合作签约仪式。中国联通郑州市分公司总经理朱焰天、副总经理马成,郑州市分公司龙湖区营销中心总经理张建伟等;校执行董事王新奇,校党委书记雷霆,副校长兼工会主席张金安,副校长兼总务长张其武等出席了仪式。

24日,学校举行庆祝中国共产党成立100周年暨"七一"表彰大会。全体校领导,党委委员、纪委委员,各机关部门和二级单位党政主要负责人,获奖单位和个人代表,师生党员代表,特邀民主党派和无党派人士代表参加会议。党委委员、副校长、工会主席张金安宣读了《关于表彰优秀共产党员、优秀党务工作者和先进基层党组织的决定》,雷丹等49名优秀共产党员、王一柳等13名优秀党务工作者、金融贸易学院党委等4个先进基层党委(党总支)、机关党委图书馆党支部等11个先进党支部受到表彰。会上,校党委书记雷霆以《学习百年党史,汲取精神力量,奋力推进学校党建和教育事业高质量发展》为题讲了专题党课。

24日,河南省教育厅下发《河南省教育厅关于公布2021年度河南省高等学校教学名师入选人员名单的通知》(教高〔2021〕232号),发展规划处处长沈定军被评为2021年度河南省高等学校教学名师。

7月

1日,在由中国民办教育协会主办的全国民办高校党史学习教育知识竞赛中,金融贸易学院师生代表获得"优秀组织奖"和全国"三等奖"。

5日,学校在国际会议厅召开2021年度工作要点落实情况交流会。执行董事王新奇、党委书记雷霆、校长郭爱先、校领导张德伟、副校长兼工会主席张金安、副校长兼教务长吴益民、副校长兼总务长张其武出席会议,各单位主管、副主管参加会议。各学院、各部门认真回顾和总结了本学期工作要点的落实情况、工作亮点及改革创新举措。郭爱先指出,本次交流会促进了各部门之间的相互学习,加强了部门配合,有力地推进各项工作要点和重点工作的深入落实;同时也促进了主管理念更新、工作思路明晰、履职能力提升。

19日,郑州市遇特大洪涝灾害,学校受灾严重,部分区域短时间内积水达十余米深。校领导王新奇、郭爱先、张金安、张其武深入一线,迅速组织力量防汛救灾。20日,学校配合新郑市政府防汛救灾工作,舍小家为大家,主动配合相关部门泄洪到校区的相关工作。此次灾害造成艺术大楼、建工大楼、书望书院、教职工宿舍4号楼、学生宿舍6、10、11、12、27号楼等15栋楼宇不同程度受损,直接经济损失共计3269.89万元,师生无人员伤亡。全校师生响应党委号召,在校园、社区等防汛救灾一线积极主动开展志愿服务,慷慨捐款给受灾严重地区。

29日,河南省教育厅防汛救灾督导组平奇副处长、金春晖一行莅校检查督导防汛救灾工作。

7月,学校教师代晓雅的论文《建党百年中国道路自信的生成逻辑及提升路径》入选河南省社科理论界庆祝中国共产党成立100周年理论研讨会论文。

8月

1日,正值中国人民解放军建军94周年,校执行董事王新奇、党委书记雷霆前往郑州出入境边防检查站开展建军节走访慰问活动,慰问现役军人,致以节日问候。

5日,根据《郑州市新冠肺炎疫情防控领导小组办公室关于对部分区域实行封控管理的通告》(2021年15号),"新郑市域内新旧G107国道连接线以北、S103省道连接李诚路连接翠竹路连接Y062乡道连接S103省道以东、绕城高速以南、中华路以西区域内的居民小区调整为封控区",学校处于封控区域内。6日、9日、10日、11日、19日,学校多次召开疫情防控工作会议,全体校领导及疫情防控各工作专班组长、部分单位负责人、工作人员通过网络视频参加会议,部署学校疫情防控、灾后重建、秋季学期返校开学等工作。封控时期,学校执行封闭管理,开展师生信息排查、师生分级分类管理、校园管控、核酸检测、防疫消杀工作,做好线上教学准备、值班安排等工作。26日,郑州发布34号通告,学校解除封控。

13日,河南省教育厅下发《关于公布"礼赞建党百年,矢志为党育人"诗歌朗诵比赛、师德教育主题征文和师德师风优秀案例评选结果的通知》(教师[2021]289号),金融贸易学院教师孙媛作品获征文一等奖,金融贸易学院教师徐娜娜作品获征文二等奖,发展规划处处长沈定军和信息化处职员李园园的作品获征文三等奖;文法学院学生凌敏、孔书情、陈佳莹的作品获诗歌朗诵比赛三等奖。

8月,河南省教育厅、河南省美术家协会、河南省书法家协会面向全省高校教师举办"立德树人,百年筑梦——庆祝中国共产党成立100周年河南省高等院校教师书画作品展览"。在本次展览中,学校艺术学院赵维平教授、卢承华副教授的作品分别获得绘画和书法类作品二等奖。

9月

2日,河南省教育厅政策法规处二级调研员张宝柱一行莅校督导疫情防控及秋季开学准备工作。

9日,学校在国际会议厅举办2021级新生线上开学典礼。执行董事王新奇、党委书记雷霆、校长郭爱先、副校长兼工会主席张金安、副校长兼教务长吴益民、副校长兼总务长张其武出席会议,各部门主管、教职工代表、学生代表及2021级新生参会。校长郭爱先作重要指示《在2021级新生线上开学典礼上的讲话》。

12日,学校37号综合宿舍楼主体正式封顶。

24日,学校召开疫情防控及返校复学专题会议。校领导王新奇、雷霆、郭爱先、张金安、吴益民、张其武及学校疫情防控各工作专班组长、相关部门工作人员参加会议。会议就开学演练、核酸检测、新生体检、校园管控等工作进行了研究部署。26日,学校举行2021年秋季学期返校开学疫情防控应急演练,提高突发疫情应急处置能力。

24日,新郑市教育园区管委会招商引资局局长张春旺,新郑市卫健委分包学校负责人赵耀辉、赵振伟、新郑市市场监管局副所长范伟强、新郑市教育防控部第二督查组组长郭建伟、龙湖镇小乔村党支部书记赵留喜一行6人,莅校检查指导学校2021年秋季学期开学准备工作。

24日,由中国证监会河南省监管局组织的第四批河南省证券期货投资者教育基地授牌仪式在郑州千禧广场58楼举行,学校黄河投资者教育基地获得"河南省证券期货投资者教育基地"称号。

24日,由国家税务总局主办、全国注册税务师协会组织的第十一届

（2021年）全国税法知识竞赛颁奖仪式在河南省注册税务师协会举行，学校河南赛区优秀组织奖（一等奖）。

27日，河南省教育厅下发《关于公布2021年度河南省教育信息化优秀成果奖获奖名单的通知》（教科技〔2021〕348号），学校共获7项奖励，其中一等奖3项、二等奖4项。

30日，学校体育学院教师3篇论文被第十二届全国体育科学大会论文录用，其中含专题口头汇报1篇（王春丽），墙报交流2篇（张遥、乔亚珺）。全国体育科学大会是由中国体育科学学会主办的国内最高规格水平的综合性体育学术会议。

9月，在由河南省教科文卫体工会委员会主办，河南大学工会委员会、河南大学美术学院承办的河南省高校教职工"中国梦·劳动美——永远跟党走"摄影、书法、绘画展比赛中，总务处鹿好杰获得书法类银奖。

10月

9日，河南省教育厅下发《关于公布"100名师生颂党情"——"永远跟党走，奋斗新征程"庆祝建党100周年活动获奖名单的通知》（教思政〔2021〕360号），在"1岁致敬100岁"活动中学校，2名学生获得二等奖；在"讲个故事给党听"活动中，1名学生获得三等奖；在"青春寄语党"活动中，1名教师获得特等奖，1名教师获得最佳优秀指导教师奖，2名学生获得三等奖，学校获得优秀组织奖。

13日，省委高校工委第三巡回指导组成员、省教育厅组织干部处二级调研员李志刚，河南警察学院宣传统战部副部长孔平一行莅校指导学校党史学习教育工作。

14日，中央候补委员，全国人大常委会委员，全国台联党组书记、会长黄志贤在郑州台商大厦与台商代表举行座谈，中共河南省委常委、统战部部长孙守刚出席座谈会，学校执行董事王新奇应邀参会。王新奇向黄志贤介绍了创办人王广亚回馈桑梓的事迹和王淑芳董事长为学校建设付出的努力，汇报了学校办学情况。黄志贤对创办人及董事长的奉献精神和学校办学成绩表示高度肯定。

16日至17日,由郑州市人力资源和社会保障局主办,郑州市高技能人才公共实训管理服务中心承办,学校本相茶文化学院、河南本相茶文化研究院有限公司协办的郑州市第七届职业技能竞赛茶艺师大赛暨河南省第一届职业技能竞赛茶艺师大赛选拔赛在学校思源会馆和实训大楼同时举行。

19日,河南省教育厅下发《关于公布第二批省级教师教学发展示范中心的通知》(教高〔2021〕381号),学校教师发展中心入选第二批省级教师教学发展示范中心。

20日,在由河南省委高校工委、河南省教育厅主办,南阳市教育局、南阳市文明办、南阳师范学院承办的河南省诗词大赛中,文法学院2019级汉语言文学本科1班学生杜亚伟获得省级三等奖。

22日,在由郑州市教育局、郑州市反邪教协会主办,郑州地方高校反邪教协会联盟、郑州科技学院反邪教协会承办的郑州市第二届"思政课上反邪教"讲课比赛(决赛)中,马克思主义学院教师张素杰获得一等奖。

23日至24日,在由中国人力资源开发研究会劳动关系分会主办,中南财经政法大学承办的第九届全国高校模拟集体协商(谈判)大赛中,学校管理学院人力资源管理专业8名学生分别获得资方二等奖和劳方三等奖。学生陈杰、李雅文获得优秀谈判员一等奖;教师郑钊、王军旗获得优秀指导教师奖。

25日,广东铂涛集团副总裁、上海锦江国际集团WeHotel总裁、中数旅科技董事长、广东省互联网协会副主席、河南艾尚集团总裁孟令航,上海大浪影业创始人&CEO梁晨,河南艾尚国际教育咨询有限公司执行董事、3Q儿童商学院创始人任韵静,河南艾尚国际教育咨询有限公司湖北河南大区总经理、3Q儿童商学院直营公司总经理庞艳军等一行6人莅校交流,并就校企合作进行座谈。11月16日,学校与艾尚国际教育公司签订校企战略合作协议书,共建升达经贸管理学院3Q童商产业学院。

28日,学校在国际会议厅举行第三届"淑芳师德奖"评选会,外国语学院崔瑾英、信息化处徐亚杰、双创学院曹华莹获得第三届"淑芳师德奖"先进个人。

30日,在由中共新郑市委宣传部、新郑市文化广电旅游体育局共同主办,新郑市文化馆、新郑市舞蹈家协会共同承办的新郑市青年舞蹈大赛中,学校艺术学院舞蹈表演专业艺术舞蹈学生作品共获得1项一等奖,2项三等奖,2项优秀奖。

30日至31日,在第十二届全国高校外语教学大赛(河南赛区)英语专业组比赛中,学校外国语学院教师李笑寒获得二等奖,是唯一获奖的民办高校教师。

10月,在由河南省高校校报研究会和河南省新闻工作者协会高校报委员会联合举办的2020年度河南省高校好新闻奖及新闻论文奖主题活动评选中,学校融媒体中心共报送参评13篇作品全部获奖,其中2篇作品获一等奖,2篇作品获二等奖,9篇作品获三等奖。

10月,河南省教育厅、河南省总工会印发《关于表彰2021年全省教学技能竞赛获奖单位和个人的决定》(豫工文〔2021〕89号)文件,建筑工程学院璩媛媛、基础部丁艳风、外国语学院张丽娟、体育学院张晓丹、会计学院郭苏敬获得一等奖,并被授予"河南省教学标兵"称号;基础部黄永佳、管理学院董芳芳、创新创业教育学院张芳获得二等奖;马克思主义学院晏玲玲、信息工程学院田海丽获得三等奖。

11月

11月1日是校庆纪念日,学校举行系列活动庆祝建校28周年。8时,在建校纪念碑广场创办人纪念像前举行献花仪式。9时,在学校图书馆大厅举行阅读推广活动启动暨《梅花香自苦寒来》新书首发仪式、创办人书画作品展暨建校二十八周年办学成果展,同时在郑州升达艺术馆举办创办人书画艺术展。省教育厅原党组员、巡视员,省民办教育协会会长任锋;校友代表周延翟、牛草、韩卫华、刘旭静、乔艳、康叶茂、李鹏、高允浩;永威安防集团董事长任太平;永威学校校长申芳芳;快乐微型艺术会会长潘丽琼;校执行董事王新奇、党委书记雷霆、校长郭爱先、副校长兼工会主席张金安、副校长兼教务长吴益民、副校长兼总务长张其武,学校各处室主管、教学院部院长(主任)、书记、副院长(副主任)等出席了活动。

1日,中南财经政法大学教授程韬光莅校作"唐诗精神的当代意义"主题讲座。

6日至7日,"外研社杯"(河南赛区)全国大学生英语写作、阅读、演讲大赛在线上拉开帷幕。经过两天激烈角逐,学校学生共获得写作大赛二等奖1项、三等奖2项,阅读大赛三等奖3项,演讲大赛三等奖2项。

11日,学校第三次学生代表大会在学校国际会议厅和教学1至4号楼视频直播教室召开。校执行董事王新奇,校党委委员、副校长兼工会主席张金安,校团委书记李霄锋出席开幕式,各学院团委负责人、全校各单位的325名正式代表参加开幕式。大会听取了耿海釜代表校第二届学生会委员会所作的题为《牢记初心使命坚定理想信念——为建设特色鲜明高水平应用型民办大学谱写青春华章》的工作报告,表决通过了郑州升达经贸管理学院第二届学生会委员会工作报告的决议,以无记名投票方式差额选举产生了郑州升达经贸管理学院第三届学生会委员会及郑州升达经贸管理学院第三届学生会主席团。

14日上午,在由中国审计学会教育分会主办、南京审计大学承办的2021年"福思特杯"全国大学生审计精英挑战赛中,会计学院朱梦琦、辛国艳、宋世朋获得本科组二等奖。

14日,学校第四届大学生创新创业大赛决赛在商管楼117教室举行。创意岛孵化器运营总监、教育部"互联网+"大学生国际创新创业大赛国赛入库专家、国赛评委王智晓,亚太中泓基金管理有限公司副总裁、"互联网+"全国大学生创新创业大赛国赛评委张键等作为评委出席本次决赛;赛云九洲科技股份有限公司董事长辛世伟、创业就业指导副教授王谭以及河南省大中专就业服务中心副主任李胜利通过线上方式出席决赛;学校创新创业教育学院院长王铮,实践管理科科长彭凯等参会。

20日,在第十三届全国高等院校学生"斯维尔杯"BIM-CIM创新大赛(个人赛)中,建工学院学生张宗跃获得一等奖,吕建坤获得二等奖,李帅兵、代海博获得三等奖。

22日,河南省教育厅、河南省发展和改革委员会、河南省财政厅下发《关于公布河南省博士硕士学位授予单位和学位授权点立项建设名单的通知》(教研〔2021〕420号),学校获批硕士学位授予重点立项培育单位。

22日,河南省卫生健康委员会、河南省教育厅、河南省红十字会下发

《关于表扬2020年度河南省大中专院校无偿献血工作先进集体和先进个人的通报》，学校获得"无偿献血优秀团队奖"，校团委职工孔靖雯、校青年志愿者协会学生刘梦瑶获得"无偿献血先进个人奖"。

23日，在河南省第二十五届教育教学信息化交流活动中，学校13项作品获奖，其中一等奖1项，二等奖3项，三等奖9项。

24日，河南省教育厅印发《河南省教育厅关于公布2021年本科高校课程思政项目建设名单的通知》（教高〔2021〕432号），学校"大学生创业基础"课程被认定为河南省2021年本科高校课程思政样板课程，"工商管理专业课程思政教学团队"获批河南省课程思政教学团队建设项目立项。

26日，学校与菲律宾维萨亚斯大学在国际会议厅举行合作签约仪式。执行董事王新奇、副校长兼教务长吴益民出席会议，菲律宾维萨亚斯大学首席执行官伊尼戈、首席财务和行政官罗斯玛丽、首席学术官安娜·卢、研究执行总监维多利亚、研究主任莉莎·洛伦娜参加视频会议，发展规划处、科研处、人事处、国际交流处相关部门及相关教师参加会议。此次合作将推动两校在人才培养、学术研究方面的交流，共同培育出适应国际化趋势、社会发展需要的应用复合型人才。

27日至28日，在河南省数学会第十次会员代表大会上，基础部党总支书记张志银副教授当选为河南省数学会第十届理事会理事。

11月，在教育部、国家语委主办的第三届中华经典诵写讲大赛中，文法学院教师杨春艳获得"迦陵杯·诗教中国"诗词讲解大赛全国大学教师组二等奖。

11月，在中共河南省委高校工委、河南省教育厅、河南广播电视台开展的"100年党史100问"——"永远跟党走，奋斗新征程"庆祝建党100周年河南微党课征集活动中，学校基础部教师张培丽《"冰雕连"——不朽的雄魂》获得一等奖。

11月，在由中国青年报社主办、中青在线承办的2021年"请党放心，强国有我"全国大学生"千校千项"网络展示活动遴选中，学校"郑道"反邪教宣讲团获得"团队风采"荣誉称号。

12月

2日，中国共产党郑州升达经贸管理学院第二次代表大会在艺术大楼音乐厅开幕。中共河南省委高校工委组织干部处处长冯轩友，执行董事王新奇，中共郑州升达经贸管理学院第一届委员会党委书记雷霆、党委副书记、校长郭爱先，第一届党委原书记张德伟，第一届党委委员、副校长、工会主席张金安，副校长、教务长吴益民，第一届纪委委员、副校长、总务长张其武等出席会议。大会主题是：高举习近平新时代中国特色社会主义思想伟大旗帜，团结带领全校广大党员和师生员工，牢记使命、担当实干、勇毅前行，全面贯彻党的教育方针，全面推动学校高质量发展，努力开创建设特色鲜明的高水平应用型民办大学新局面。会上，雷霆代表郑州升达经贸管理学院第一届委员会作题为《牢记使命，勇毅前行，全面推动学校高质量发展》的报告。大会选举产生中国共产党郑州升达经贸管理学院第二届委员会和中国共产党郑州升达经贸管理学院第二届纪律检查委员会。第二届党委委员为：朱永恒、杨存博、沈定军、张红阳、张其武、张欣、张金安、秦旻、郭爱先、职正路、雷霆。第二届纪委委员为：王新平、石皓召、白鑫、冯科、张欣、钟江鸽、袁征。

2日，中国共产党郑州升达经贸管理学院第二届委员会和中国共产党郑州升达经贸管理学院第二届纪律检查委员会分别召开第一次全体会议。在二届党委一次全会上，雷霆同志当选为党委书记，郭爱先、张金安、张欣同志当选为党委副书记。在二届纪委一次全会上，张欣同志当选为纪委书记，袁征同志当选为纪委副书记。新当选的党委书记雷霆在二届党委一次全会上发表讲话。他指出，第二次党代会是在学校迈入高质量发展新阶段的关键时期召开的一次十分重要的会议。大会实事求是地总结了学校第一次党代会以来的工作，客观分析了学校改革发展面临的新形势，围绕学校确立的奋斗目标，全面部署了未来五年学校党的建设的主要任务。新一届的学校党委肩负着加强党的建设、推动学校发展的重要责任。在学校高质量发展新阶段，全体委员使命光荣，任务艰巨，责任重大，要高举习近平新时代中国特色社会主义思想伟大旗帜，不辱使命，奋勇担当，坚定正确政治方向，聚焦凝聚师生员工、聚焦推动学校发展，深入引领校园文化、深入参与人事管理服务、深入加强自身建设,充分发挥党委政治核心作用、党支部战斗堡垒作用和党员先锋模范作用,团结带领全体党员和广大师生员工,不忘初心、牢记使命,真抓实干、勇毅前行,切实以高质量党建全面推动学校高质量发展,为早日建成特色鲜明的高水平应用型民办大学而努力奋斗。

2日,安徽大学傅勇教授作题为《把握新一轮审核评估B3方案要点,做好学校评建工作》的专题报告。

3日,在由中国教育在线发起的"2021年度中国高校就业最佳奖项"评选活动中,学校获得"2021年度中国高校就业最受欢迎奖"。

3日至5日,在由中国光华科技基金会公益支持、中国劳动关系学院承办的第七届中国大学生人力资源职业技能总竞展中,管理学院人力资源管理专业朱雨欣、徐萌萌、魏梦娇,刘妍妍、汪雪松组成的团队获得全国总决赛团体三等奖,并获得1项个人一等奖、1项二等奖、3项三等奖的好成绩。

4日,学校被河南高校工委、河南省教育厅评为"全省教育信息工作先进单位",有13篇新闻作品喜获省高校校报"好新闻奖",并获得"2020年度全省教育系统新媒体及融媒体工作突出贡献单位"称号,入选"2020年度河南省教育系统抖音短视频传播力TOP10""2020年度河南省教育系统快手短视频传播力TOP10"名单。

4日至7日,学校信工学院33名学生参加2021年全国大学生电子设计竞赛,获得河南省一等奖1项、二等奖1项、三等奖6项、成功参赛奖3项。

6日,河南省教育厅发布关于增补2021年度河南省一流本科专业建设点拟立项名单的通知,学校金融学专业入选。

6日,学校校长郭爱先主持的项目"民办高校以应用转型推进高质量发展的研究与实践"、发展规划处处长沈定军主持的项目"新时代'立德树人'融入高校就业创新创业教育教学的改革研究与实践"获得2021年度河南省高等教育教学成果奖一等奖。

6日,四川大学法学院教授、博士生导师、四川省司法制度改革研究基地主任韩旭莅校作题为《认罪认罚从宽制度实施中若干争议问题》学术讲座。

10日,学校与京东科技信息技术有限公司就校企共建——升达·京东云乡村振兴电商产业学院举行签约仪式。京东校企合作总经理杨程,京东校企合作大区负责人颜士淞、吴欣桐,京东校企合作区域运营经理樊鹏,校长郭爱先,就业处兼校地合作处处长冯科,商学院副院长白朋飞,昆山学院院长曹恒丰参加了签约仪式。此次签约将加快双方在人才培养、专业建设、产教深度融合、创新创业、服务区域经济发展等领域的合作。

13日,河南省教育厅发布《关于2021年度河南省本科高等学校优秀基层教学组织认定名单的公示》,学校财务管理教研室、市场营销教研室通过河南省本科高等学校优秀基层教学组织认定。

14日,学校在全国高校的信息化管理应用评比中获第三届智慧高校"凌云奖"中的"智慧高校创新实践奖"奖项。

15日,河南省教育厅网站发布《关于河南省2021年本科高校大学生校外实践教育基地名单的公示》,学校会计学院的新文科(会计学)实习实践基地被直接认定为河南省2021年本科高校大学生校外实践教育基地;建工学院的新工科(工程管理)实习实践基地、信工学院的新工科(计算机科学与技术)实习实践基地获批河南省2021年本科高校大学生校外实践教育基地立项建设。

15日,学校与腾讯、河南科诚数字科技有限公司举行共建腾讯云现代产业学院签约仪式。河南科诚数字科技有限公司董事长陈哲、腾讯教育行业总监李杰,校执行董事王新奇、校长郭爱先、副校长吴益民以及相关院部主管参加签约仪式。

17日,河南省教育厅公布了《2021年度河南省高等学校精品在线开放课程立项建设名单》(教高〔2021〕474号),学校教师吴则斌的"形象设计"、孙植华的"计量经济学"、李裔辉的"旅游景区管理"和创新创业学院院长王铮的"大学生职业发展"4门课程获批立项建设。

17日,由河南省教育厅主办的河南省第六届学生体育舞蹈锦标赛在郑州中学体育馆举行,学校体育舞蹈专业参加了大学生专业组10个组别的比赛,最终夺得6项第一名,同时获得5项第二名、4项第三名、4项第四名、2项第五名、2项第六名的优异成绩。

21日,共青团中央、全国学联公布了2020年度"中国大学生自强之星"

奖学金名单,学校会计学院2018级审计本科2班秦广达获得2020年度"中国大学生自强之星"称号。这是学校学生连续第4年获得此项殊荣。

22日,河南省教育厅下发《河南省教育厅关于公布第三届河南省本科高校教师课堂教学创新大赛获奖名单的通知》(教高〔2021〕485号),外国语学院教师张彬获得青年组一等奖。

25日,在郑州举行的《河南民办教育蓝皮书:河南民办教育发展报告(2021)》新书发布会上,河南省民办教育研究院对河南民办教育蓝皮书优秀科研人员、先进科研单位和科研工作者进行了表彰;校执行董事王新奇博士的文章《分类管理改革中民办高校非营利性选择影响因素分析》获得2020年度河南民办教育发展报告研创优秀成果特等奖。

26日至27日,共青团河南省第十五次代表大会在省人民会堂召开。省委书记楼阳生、省长王凯、省政协主席刘伟等出席开幕式,团中央书记处书记徐晓,省委常委、组织部部长陈舜出席并分别代表团中央书记处和省委讲话。学校团委书记李霄锋在大会第二次全体会议上当选为共青团河南省第十五届委员会候补委员。

28日,在郑州市版权协会第三届第四次年会暨2021年度工作总结表彰大会上,学校文法学院当选郑州市版权协会副理事长单位,院长段丰乐当选协会副理事长。文法学院同时获评2021年度郑州市版权工作先进单位,院长段丰乐、副院长赵严俊、教师刘凡义在本次年会上荣膺2021年度郑州市版权先进工作者称号。

30日,郑州市公安局下发《关于表彰2021年度高校维稳安保工作先进单位和个人的决定》(郑公通〔2021〕286号),学校获得"郑州市2021年度高校维稳安保工作先进单位"称号,副校长兼总务长张其武,学务长张红阳,教职工刘帅、王紫瑞被评为全市"2021年度高校维稳安保工作先进个人"。

31日,郑州市教育局公布了地方高校技术技能名师工作室、教学成果奖等评审结果。学校智能科学与技术名师工作室获批2021年度郑州地方高校技术技能名师工作室立项建设;吴娟娟、王莉莉、沈定军主持的项目获得2021年度郑州地方高校教育教学成果奖一等奖;建筑工程学院工程造价教研室顺利通过优秀基层教学组织中期监测,验收合格。

12月,2020年度"中国电信奖学金"推选结果揭晓,学校商学院2018级物流管理本科1班耿海釜同学获得"中国电信奖学金·飞Young奖"荣誉称号,这是学校学生连续第2年获此项殊荣。

12月,2021年全国大学生数学建模竞赛成绩揭晓,学校共组织35支队伍参赛,29支队伍获奖,其中河南省赛区"省级一等奖"6组,"省级二等奖"8组,"省级三等奖"15组。

(校长办公室供稿)

附 录

2021 年董事会发文目录

日期	编号	名称
2021 年 4 月 2 日	1	关于印发《郑州升达经贸管理学院第二届董事会第八次会议纪要》的通知
2021 年 4 月 2 日	2	关于印发《郑州升达经贸管理学院第三届董事会第一次会议纪要》的通知
2021 年 4 月 2 日	3	关于印发王淑芳董事长在第三届董事会第一次会议上的讲话通知
2021 年 4 月 14 日	4	郑州升达经贸学院董事会关于印发《郑州升达经贸管理学院第三届董事会备案》的报告
2021 年 10 月 19 日	5	关于印发《郑州升达经贸管理学院第三届董事会第二次会议纪要》的通知
2021 年 10 月 19 日	6	关于印发《郑州升达经贸管理学院第三届董事会第三次会议纪要》的通知
2021 年 12 月 27 日	7	郑州升达经贸管理学院董事会关于王宪政等同志的聘任决定

（董事会办公室供稿）

2021年党委发文目录

日期	编号	名称	主办部门
2021年1月12日	1	关于印发《2020年度党员领导干部民主生活会实施方案》的通知	组织部
2021年2月9日	2	关于组织开展河南省政研会2020年度优秀研究成果评选推荐工作的通知	宣传部
2021年2月24日	3	关于组织观看全国脱贫攻坚总结表彰大会直播的通知	宣传部
2021年2月25日	4	关于参加"庆祝中国共产党成立100周年"教师书画作品展览的通知	宣传部
2021年3月3日	5	关于组织收听收看"两会"开幕式及学习"两会"精神的通知	宣传部
2021年3月11日	6	关于开展2021年春季开学"思政第一课"活动的通知	宣传部
2021年3月19日	7	关于开展"礼赞建党百年,矢志为党育人"诗歌朗诵比赛、师德教育主题征文和师德师风优秀案例评选活动有关事项通知	宣传部
2021年3月19日	8	关于党费收缴使用和管理情况的自查报告	组织部
2021年3月24日	9	关于印发《2021年党建工作要点》的通知	党办
2021年3月24日	10	关于印发《郑州升达经贸管理学院一体推进不敢腐、不能腐、不想腐,深化以案促改实施方案》的通知	校纪委
2021年3月24日	11	关于印发《关于在全校开展党史学习教育的实施方案》的通知	宣传部
2021年4月8日	12	关于印发《中共郑州升达经贸管理学院委员会会议议事规则》的通知	党办
2021年4月8日	13	关于印发《郑州升达经贸管理学院党委理论学习中心组学习规则》的通知	宣传部

续表

日期	编号	名称	主办部门
2021年4月12日	14	关于委管高校优秀共产党员、优秀党务工作者和先进基层党组织的推荐报告	组织部
2021年4月13日	15	关于深入开展"我为群众办实事"实践活动的通知	党办
2021年4月21日	16	关于印发《郑州升达经贸管理学院庆祝建党100周年活动实施方案》的通知	宣传部
2021年6月8日	17	关于评选优秀共产党员、优秀党务工作者和先进基层党组织的通知	组织部
2021年6月15日	18	关于调整二级党组织设置的通知	组织部
2021年6月24日	19	关于表彰优秀共产党员、优秀党务工作者和先进基层党组织的决定	组织部
2021年6月24日	20	关于印发《郑州升达经贸管理学院庆祝建党100周年安保维稳工作方案》的通知	党办
2021年6月29日	21	关于认真学习贯彻习近平总书记"七一"重要讲话精神的通知	宣传部
2021年7月2日	22	关于召开党史学习教育专题组织生活会的通知	组织部
2021年7月2日	23	中共郑州升达经贸管理学院委员会开展党史、新中国史、改革开放史、社会主义发展史宣传教育实施方案	宣传部
2021年7月26日	24	关于在防汛救灾中充分发挥基层党组织战斗堡垒作用和广大党员先锋模范作用的通知	组织部
2021年8月6日	25	关于持续深化"把灾难当教材,与祖国共成长"主题教育活动的通知	宣传部
2021年8月13日	26	关于转发《中共河南省委高校工委中共河南省教育厅党组关于全省教育系统在疫情防控和灾后重建工作中进一步发挥基层党组织战斗堡垒作用和广大党员先锋模范作用的通知》的通知	党办

续表

日期	编号	名称	主办部门
2021年9月26日	27	关于成立中共郑州升达经贸管理学院第二次代表大会筹备领导小组的通知	党办
2021年9月26日	28	关于做好召开中共郑州升达经贸管理学院第二次代表大会筹备工作的通知	党办
2021年9月26日	29	关于第二次党代会代表选举工作的通知	组织部
2021年9月26日	30	关于党的十九届六中全会前党史学习教育工作安排的通知	宣传部
2021年09月28日	31	郑州升达经贸管理学院学习宣传贯彻落实省委工作会议精神实施方案	宣传部
2021年10月25日	32	关于推荐中共郑州升达经贸管理学院第二届委员会和纪律检查委员会委员候选人初步人选的通知	组织部
2021年10月29日	33	关于同意召开郑州升达经贸管理学院第三次学生代表大会的批复	党办
2021年11月3日	34	关于调整精神文明建设领导小组的通知	宣传部
2021年11月30日	35	关于召开第二次党代会的通知	党办
2021年12月8日	36	关于做好2021年度党群干部述职述廉述学工作的通知	党办
2021年12月9日	37	关于调整民族宗教工作领导小组成员的通知	统战部
2021年12月14日	38	关于开展2021年度生活困难党员慰问工作的通知	组织部
2021年12月16日	39	关于做好2021年度党组织书记抓基层党建述职评议考核工作的通知	组织部
2021年12月27日	40	关于印发《郑州升达经贸管理学院党史学习教育专题民主生活会实施方案》的通知	组织部

续表

日期	编号	名称	主办部门
2021年12月27日	41	郑州升达经贸管理学院2021年度意识形态工作报告	宣传部
2021年12月27日	42	郑州升达经贸管理学院2021年度网络意识形态工作报告	宣传部
2021年12月28日	43	中共郑州升达经贸管理学院委员会关于中共郑州升达经贸管理学院第二次代表大会和第二届党委、纪委第一次全体会议选举结果的报告	组织部
2021年12月29日	44	关于成立中共郑州升达经贸管理学院委员会保卫工作部的通知	党办
2021年12月29日	45	关于张其武、冯亚飞同志任职的通知	党办
2021年12月29日	46	关于党委班子成员分工的通知	党办

（党委办公室供稿）

2021年行政发文目录

日期	编号	名称	主办部门
2021年1月5日	1	郑州升达经贸管理学院2020年度高校教师(实验人员)中、高级职称自主评审工作方案	人事处
2021年1月10日	2	郑州升达经贸管理学院关于确定学校2020年度教师(实验人员)中级职称自主评审委员会成员的通知	人事处
2021年1月10日	3	郑州升达经贸管理学院关于确定学校2020年度教师(实验人员)高级职称自主评审委员会成员的通知	人事处
2021年1月11日	4	郑州升达经贸管理学院关于公布2020年度混合式课程项目立项名单的通知	教务处
2021年1月12日	5	郑州升达经贸管理学院关于公布2020—2021学年第一学期教学质量考评结果的决定	教务处

续表

日期	编号	名称	主办部门
2021年1月14日	6	郑州升达经贸管理学院关于参加2021年高职单招的申请	招生办公室
2021年1月15日	7	郑州升达经贸管理学院现代学校制度建设方案	发展规划处
2021年1月23日	8	郑州升达经贸管理学院关于公布2020年省级一流本科课程申报遴选推荐结果的通知	教务处
2021年1月26日	9	郑州升达经贸管理学院关于举报张王利职称问题的调查报告	人事处
2021年2月24日	10	郑州升达经贸管理学院关于学校职工李博申请返校上班的请示	校长办公室
2021年2月24日	11	郑州升达经贸管理学院关于学校职工李博申请返校上班的请示	校长办公室
2021年3月15日	12	郑州升达经贸管理学院关于学校职工李博返校上班的请示	校长办公室
2021年3月19日	13	郑州升达经贸管理学院关于举办第十一届中青年教师课堂教学比赛的通知	教务处课务科
2021年3月18日	14	郑州升达经贸管理学院关于申报2021年招生规模的报告	招生办公室

(校长办公室供稿)

郑州昇达经贸管理学院校历
2020-2021学年第二学期

周次	一	二	三	四	五	六	日	备注
1	3月	2	3	4	5	6	7	1.2021年3月1-19日上三周网课。
2	8	9	10	11	12	13	14	2.2021年3月15日教职工报到上班。
3	15	16	17	18	19	20	21	3.2021年3月16-17日2020级本专科学生报到,3月18-19日2019级本专科学生报到,3月20-21日2018级本科、2020级专升本学生报到,3月22日开始上面授课。
4	22	23	24	25	26	27	28	
5	29	30	31	4月	2	3	清明	
6	5	6	7	8	9	10	11	
7	12	13	14	15	16	17	18	
8	19	20	21	22	23	24	25	
9	26	27	28	29	30	劳动	2	4.2021年3月22日至4月2日进行期初补缓考。
10	3	4	5	6	7	8	9	5.第8周举行期中考试。
11	10	11	12	13	14	15	16	6.4月29-30日春季运动会。
12	17	18	19	20	21	22	23	
13	24	25	26	27	28	29	30	
14	31	6月	2	3	4	5	6	7.第14周举行2021届毕业生毕业典礼。
15	7	8	9	10	11	12	13	
16	端午	15	16	17	18	19	20	8.本学期3月1日至7月2日共18周。其中第1-16周为教学周,第17周为机动周,第18周为期末考试周。
17	21	22	23	24	25	26	27	
18	28	29	30	7月	2	3	4	
19	5	6	7	8	9	10	11	
20	12	13	14	15	16	17	18	
21	19	20	21	22	23	24	25	9.2021年7月3日学生开始放暑假。
22	26	27	28	29	30	31	8月	
23	2	3	4	5	6	7	8	
24	9	10	11	12	13	14	15	
25	16	17	18	19	20	21	22	
26	23	24	25	26	27	28	29	
27	30	31	9月	2	3	4	5	

附录

郑州昇达经贸管理学院校历
2021-2022学年第一学期

周次	一	二	三	四	五	六	日	备 注
	30	31	9月	2	3	4	5	1.2021年8月30日专任教职工报到上班。
1	6	7	8	9	10	11	12	
2	13	14	15	16	17	18	19	2.2021年9月2日兼职教师报到。
3	20	中秋	22	23	24	25	26	
4	27	28	29	30	国庆	2	3	3.2021年9月4日2021级专升本学生报到，9月5日领教材，9月6日开始上课。
5	4	5	6	7	8	9	10	
6	11	12	13	14	15	16	17	
7	18	19	20	21	22	23	24	4.2021年9月4日老生注册报到，9月5日领教材，9月6日开始上课。
8	25	26	27	28	29	30	31	
9	11月	2	3	4	5	6	7	
10	8	9	10	11	12	13	14	5.2021年9月7-8日2021级本、专科新生报到。
11	15	16	17	18	19	20	21	
12	22	23	24	25	26	27	28	6.2021年9月6日至9月17日期初补缓考。
13	29	30	12月	2	3	4	5	
14	6	7	8	9	10	11	12	7.第8周举行期中考试。
15	13	14	15	16	17	18	19	
16	20	21	22	23	24	25	26	8.本学期2021年9月6日至2022年1月14日共19周。其中1-16周为教学周，第17、18周为机动周，19周为期末考试周。
17	27	28	29	30	31	元旦	2	
18	3	4	5	6	7	8	9	
19	10	11	12	13	14	15	16	
20	17	18	19	20	21	22	23	9.2022年1月15日学生开始放寒假。
21	24	25	26	27	28	29	30	
22	除夕	春节	2	3	4	5	6	10.2022年2月1日春节。
23	7	8	9	10	11	12	13	
24	14	元宵	16	17	18	19	20	
25	21	22	23	24	25	26	27	

(教务处供稿)